ZWISCHEN MACHT UND DIENST

Beiträge zur Geschichte
und Gegenwart von Frauen
im kirchlichen Leben der Schweiz

ZWISCHEN MACHT UND DIENST

BEITRÄGE ZUR GESCHICHTE UND GEGENWART VON FRAUEN IM KIRCHLICHEN LEBEN DER SCHWEIZ

Herausgeberinnen und Herausgeber:

Sophia Bietenhard

Rudolf Dellsperger

Hermann Kocher

Brigitta Stoll

Verlag Stämpfli+Cie AG Bern · 1991

Umschlagillustration: Max Hari, Langenthal

©
Verlag Stämpfli+Cie AG Bern · 1991
Gesamtherstellung:
Stämpfli+Cie AG, Graphisches Unternehmen, Bern
Printed in Switzerland
ISBN 3-7272-9379-9

INHALTSVERZEICHNIS

VORWORT

Das vorliegende Buch geht auf eine Ringvorlesung zurück, die unter dem Titel «Frauen in den Kirchen der Schweiz» im Wintersemester 1988/89 an der Evangelisch-Theologischen Fakultät Bern gehalten wurde. Die Referentinnen und Referenten stellten einem breiten Publikum aus Kirche und Universität ausgewählte Stationen der Frauengeschichte und der gegenwärtigen Situation von Frauen im Umfeld der Schweizer Kirchen vor.

Eröffnet wurde die Reihe mit einem Dialog zwischen Frau Hanna Lindt, der ersten vollamtlichen Synodalrätin der Evangelisch-Reformierten Kirche des Kantons Bern, und Frau Marianne Morgenthaler, Gemeindehelferin und Synodalin. Dieses Gespräch kann hier nicht wiedergegeben werden. Doch bereits sein programmatischer Titel «Frauen im Kreuzfeuer zwischen Macht und Dienst - Kirchenfrauen der Gegenwart» führt mitten in die Thematik des Buches hinein.

In den einzelnen Beiträgen wird deutlich, dass durch das Aufzeigen von historischen Zusammenhängen, das Nacherzählen von Geschehnissen in Kirche und Gesellschaft und die behutsame Annäherung an einzelne Frauengestalten früherer Zeiten die Gegenwart von Frauen und Männern in der Kirche besser verstanden und gedeutet werden kann. Die unterschiedlichen methodischen und inhaltlichen Zugänge, die im vorliegenden Buch zum Tragen kommen, hängen damit zusammen. «Spiritualität aus weiblicher Sicht», «Frauenbilder» sowie «Emanzipationsprozesse und Befreiungsbewegungen» sind die drei thematischen Schwerpunkte.

Bereits bei der Planung der Vorlesungsreihe waren wir uns bewusst, mit den drei Themenblöcken einen Beitrag, aber gewiss keine abgerundete Darstellung der Geschichte der Frauen in den Kirchen der Schweiz bieten zu können.

Zu unserem Bedauern können zwei Referate hier nicht abgedruckt werden: der Beitrag von Frau Pfr. Susanna Kammacher zum Thema «Gelebte Spiritualität - Die Suche nach neuen Lebensformen in Kommunitäten und Lebensgemeinschaften im reformierten Raum» und der Beitrag von Frau Eveline Hasler mit dem Titel «Die Hexen und die Geschichte ihrer Passion am Beispiel von Anna Göldin». Wir verweisen an dieser Stelle auf Eveline Haslers Buch «Anna Göldin. Letzte Hexe» (dtv Taschenbuch 10457).

Die ökumenische Ausrichtung der Vortragsreihe wie auch des Buches war und ist uns ein besonderes Anliegen. So zeugt dieses Buch von einer selbstverständlichen, die konfessionellen Grenzen überschreitenden kirchlichen Praxis vieler Leserinnen und Leser.

Der Erfolg der Vorlesungsreihe und das breite Echo über den Raum der Universität hinaus haben uns ermutigt, eine Drucklegung zu wagen. Dies wäre ohne finanzielle Unterstützung nicht möglich gewesen. Unser Dank für namhafte Beiträge an die Druckkosten geht an das Bischöfliche Ordinariat der Diözese Basel in Solothurn, den Synodalrat des evang.-ref. Synodalverbandes Bern-Jura und die synodalrätliche Kommission für Frauenfragen, die Stiftung für Ökumenische und Historische Theologie an der Universität Bern, den Vorstand des Schweizerischen Evangelischen Kirchenbundes sowie die Ernst Göhner Stiftung in Zug.

Zu Dank verpflichtet sind wir Herrn Max Hari (Langenthal) für die gelungene künstlerische Gestaltung des Einbandes sowie dem Verlag Stämpfli & Cie AG in Bern für alle Flexibilität und die gute Zusammenarbeit während der Produktion dieses Bandes. Danken möchten wir schliesslich auch Andreas Gygli und Gottfried Locher, den beiden Mitarbeitern des Bereichs «Neuere Kirchengeschichte» der evang.-theol. Fakultät in Bern, die bei der Erfassung der Texte auf Computer grosse Arbeit geleistet haben.

Bern, im Frühjahr 1991
Die Herausgeberinnen und Herausgeber

I

SPIRITUALITÄT AUS WEIBLICHER SICHT

INES BUHOFER

NONNEN-MYSTIK[1]

I. EINLEITUNG

Die Nonnenviten des 14. Jahrhunderts aus den Dominikanerinnenklöstern des oberdeutschen Raumes (Adelhausen/Freiburg, Katharinental/Diessenhofen, Engelthal/Nürnberg, Kirchberg/Sulz, Ötenbach/Zürich, Töss/Winterthur, Unterlinden/Kolmar, Weiler/Esslingen) gehören in die Spätzeit der sogenannten mittelalterlichen religiösen Frauenbewegung. Der religiöse Aufbruch im 11./12. Jahrhundert, ausgelöst vor allem durch die Bettelorden und die Ketzerbewegung, hatte neue Werte und Massstäbe für ein evangeliumgemässes Leben geschaffen. In diesem allgemeinen religiösen Aufbruch haben die Frauen eine besondere Rolle gespielt und die neuen religiösen Werte oft ernster genommen als die Männer. Die Bezeichnung «religiöse Frauenbewegung» stammt allerdings erst aus unserer Zeit, von Herbert Grundmann[2], der sie 1935 eingeführt hat. Danach hat es im Mittelalter eine Frauenbewegung gegeben, die vornehmlich religiös geprägt war - so verschieden ihre Entstehungsgründe gewesen sein mögen. Sie stehen hier nicht zur Diskussion. Sicher ist auch, dass diese religiöse Frauenbewegung zu neuen vielfältigen Gemeinschaftsformen unter den Frauen geführt hat - zu den Beginen und beginenartigen Gruppierungen, die die praktische Nach-

---

1 Abgesehen von den unten genannten Titeln verweise ich auf folgende Literatur: PETER DINZELBACHER / DIETER R. BAUER (Hg.), Religiöse Frauenbewegung und mystische Frömmigkeit im Mittelalter, Köln-Wien 1988 (BAKG 28). - OTTO LANGER, Mystische Erfahrung und spirituelle Theologie, Zu Meister Eckharts Auseinandersetzung mit der Frauenfrömmigkeit seiner Zeit, Zürich 1987. - WALTER MUSCHG (Hg.), Mystische Texte aus dem Mittelalter, Von Bernhard von Clairvaux bis Niklaus von der Flüe, Diogenes TB 21444, Zürich 1986. - URSULA PETERS, Religiöse Erfahrung als literarisches Faktum, Zur Vorgeschichte und Genese frauenmystischer Texte des 13. und 14. Jahrhunderts, Tübingen 1988 (Herm., NF 56). - JOHANNES THIELE (Hg.), Mein Herz schmilzt wie Eis am Feuer, Die religiöse Frauenbewegung des Mittelalters in Porträts, Stuttgart 1988 (Wege der Mystik).

2 HERBERT GRUNDMANN, Religiöse Bewegungen im Mittelalter, Untersuchungen über die geschichtlichen Zusammenhänge zwischen der Ketzerei, den Bettelorden und der religiösen Frauenbewegung im 12. und 13. Jahrhundert und über die geschichtlichen Grundlagen der deutschen Mystik, Berlin 1935 (HS 267).

folge des Evangeliums betonten, auf der einen Seite, zu den neuen Frauenkonventen, in denen ein kontemplatives Leben gelebt wurde, auf der anderen Seite. Von den Beginen wird nächstes Mal die Rede sein[3], von Frauenkonventen heute.

Was bot ein Kloster den Frauen im Mittelalter? Wenn man vom Idealzustand ausgeht und die vielen Zerrformen und Verfallserscheinungen vergisst, so war das Kloster für viele Frauen ein Ort, an dem sie einer aufgezwungenen Ehe, ungewollten Schwangerschaften und starren Standespflichten entgingen. Es war ein Ort, an dem ihnen gewisse Bildungsmöglichkeiten geboten wurden, von denen sie sonst ausgeschlossen waren, und die Möglichkeit einer Selbstentfaltung, die ihnen das zivile Leben sonst vorenthielt. Das Kloster bot zudem Frauen eine Geltung, die sie sonst nicht besassen. In der theologischen Anthropologie war die krasse Abqualifizierung der Frau seit Thomas von Aquin an der Tagesordnung. Er hatte, im Anschluss an Aristoteles, die Ansicht vertreten, der Mann verkörpere das geistige Prinzip, die Frau den Körper.[4] Sie wurde zum Symbol für Verführung und Sünde. Dem Mann gleichwertig war sie nur, wenn sie durch das Gelübde der Keuschheit eine neue Heiligkeit zugesprochen bekam. Mit den Gelübden, die sie im Orden ablegte, war sie dem Mann ebenbürtig. So hat es aus vielen verschiedenen Gründen im Zusammenhang mit der neu erwachten Religiosität im Mittelalter einen Ansturm auf die Frauenklöster gegeben, denen die Orden nicht gewachsen waren. Nach der Auflösung der Doppelklöster aus der Zeit der Reformbewegungen hat es relativ wenig Frauenklöster gegeben. Auch haben sich die Orden, denen die Betreuung neu entstandener Klöster oblag, bald überfordert gefühlt und zunächst einen Aufnahmestop für Frauenklöster durchgesetzt, später ein Verbot der Gründung neuer Klöster (4. Laterankonzil von 1215). Dazu haben sich schliesslich auch die Orden durchgerungen, die sich am Anfang relativ frauenfreundlich zeigten: Die Prämonstratenser und die Zisterzienser. Die Dominikaner waren sich nicht einig und haben einen Zickzackkurs verfolgt. Sie haben jedoch immer versucht, ihren Verpflichtungen den Frauen gegenüber nachzukommen, selbst wenn die offizielle Ordenspo-

---

3 Vgl. den Beitrag von Kathrin Utz Tremp in diesem Band.
4 Vgl. INGETRAUT LUDOLPHY, Art. Frau, V. Alte Kirche und Mittelalter, in: TRE 11, 1983, 438.

litik manchmal anders verlief. Die Frauen haben sich mit dieser Situation zumeist nicht abgefunden und direkt in Rom ihre Rechte einzuklagen versucht, mit wechselndem, aber schliesslich endgültigem Erfolg.

Das ist der Hintergrund, vor dem sich die Nonnenviten abgespielt haben, von denen heute die Rede sein soll. Sie sind eine umstrittene Erscheinung. Von den einen als Höhepunkt der Frauenmystik im 14. Jahrhundert bezeichnet, werden sie von anderen als pathologische Erscheinung abgetan oder als geistiger Niedergang beklagt. Einen ganz neuen Zugang zur Besonderheit dieser Texte hat man in neuester Zeit über die Literaturwissenschaft und die Erforschung der literarischen Eigenart der Viten gefunden. Ich selbst bin Theologin und in erster Linie an der Spiritualität, die sich in den Erzählungen von Visionen und Gnadenerlebnissen einzelner Schwestern zeigt, interessiert und möchte davon erzählen. Die Viten gehören zur sogenannten «Erlebnismystik», im Gegensatz zur spekulativen Mystik, wie sie in Meister Eckhart ihren grössten Verteter gefunden hat. Die Grenzen zwischen beiden sind immer wieder fliessend. Eckhart hat mit ziemlicher Sicherheit im Kloster Ötenbach und in Diessenhofen gepredigt und die Nonnen vor ihren Erlebnissen gewarnt und sie kritisiert. In seiner spekulativen, abstrakt spirituellen Mystik hatte der affektive Bezug der Schwestern zur Wahrheit kaum einen Platz. Diese hatten indessen kaum eine andere Wahl, als über Visionen und Ekstasen sich mitzuteilen. Das Predigen war ihnen ebenso verboten wie jegliche Beschäftigung mit theologischen Themen, die an den Universitäten diskutiert wurden. Die Mystik der Dominikanerinnen im 14. Jahrhundert ist das besondere Ergebnis der Begegnung der Dominikaner mit der religiösen Erlebniswelt klausurierter Frauengemeinschaften. Während den Schwestern durch die Predigten und die Unterweisung der Dominikaner die christliche Tradition und theologische Bildung nahegebracht wurden, haben die Dominikaner sich auf die besondere Erlebniswelt der Frauen einstellen und auf sie eingehen müssen.

II. ZUR LITERARISCHEN FORM DER NONNENVITEN

Die Nonnenviten sind keine biographischen Berichte, die unmittelbare persönliche Erlebnisse enthalten, sondern Erbauungstexte, die belehren, verkündigen und in das mystische Leben einführen wollen. Sie schildern keine individuellen Lebenssituationen, sondern ideale; es sind Modelle, die der Vermittlung mystischer Erlebnisse mit Hilfe einer literarischen Form dienen, vornehmlich der Heiligenlegende. Die Legende bringt die Wahrheit in Bildern, nicht in Begriffen, sie erzählt und belehrt, aber sie argumentiert nicht und macht keine abstrakten Aussagen. Sie scheint für das Anliegen, das die Texte vertreten, besonders geeignet gewesen zu sein: sie bietet Rollen an - die Rolle eines begnadeten Menschen, der besonderer religiöser Erlebnisse gewürdigt wird, und sie zeigt Wege, die in die unmittelbare Nähe Gottes führen.

Überlieferungsgeschichtlich gesehen stellen die Nonnenviten einen bestimmten Typ von Texten aus der ersten Hälfte des 14. Jahrhunderts dar, bei denen Motive, Bildkomplexe, Wunder, Visionen und besondere Gnadenerweise bewusst oder unbewusst aus früheren literarischen Quellen übernommen sind. Ich nenne als Beispiel einer solchen Abhängigkeit von einer literarischen Tradition die wiederholte Schilderung einer brutalen, blutigen Asketpraxis. Sie zeigt eine nähere Kenntnis der Eremitenliteratur. Die Religiosität der Wüstenväter und ihre asketische Praxis war Vorbild für die Nonnen, die sie auf ihre Frömmigkeitspraxis übertrugen, genauer, auf ihre sehr konkrete Passionsmystik.

Darüberhinaus sind die Viten frühe volkssprachliche Zeugnisse von Prosaliteratur der Frauenfrömmigkeit - erste Ansätze aus früherer Zeit hatten sich als wenig beständig und entwicklungsfähig erwiesen. Zum ersten Mal gab es eine Umsetzung der Leidensfrömmigkeit in eine literarische Form.

Die Verfasserfrage für die Schwesternbücher ist kompliziert. Es handelt sich offenbar um die Vereinigung zweier literarischer Teile, Offenbarungen und Viten, die miteinander verschmolzen wurden, oder um die redaktionelle Überarbeitung von Offenbarungen, denen die Vitenform gegeben wurde, auf jeden Fall also um stark überarbeitete Texte. Das Schwesternbuch von Ötenbach, das in einer Handschrift aus dem 15. Jahrhundert vorliegt, nennt keine Verfasser. Es enthält Berichte über sechs mystisch begnadete Schwestern. Das Schwesternbuch aus Töss, das in drei Handschriften aus dem 15. Jahrhundert vorliegt, berichtet über das Leben von vierzig Schwestern. Als Verfasserin wird Elsbeth Stagel, eine Freundin Seuses, angegeben, der sie als Hauptverfasserin nennt, was aber wohl so nicht zutrifft. Ihre Mitarbeit ist dagegen nicht zu bezweifeln. Die vierundfünfzig Viten aus dem Kloster Katharinental bei Diessenhofen sind von einer unbekannten Nonne gesammelt worden und liegen in einer aus Frauenfeld stammenden Handschrift aus dem 15. Jahrhundert vor.

III. ZUR ENTSTEHUNG DER KLÖSTER

Die Domikanerinnenklöster von Töss und Ötenbach sind die Fortführung von Beginensammlungen, die dadurch, dass sie sich dem Dominikanerorden unterstellten, zu Frauenkonventen wurden. Im Unterschied zu Ötenbach besass Töss einen Stifter, den Grafen Hermann von Kyburg. Nach dem Aussterben der Kyburger ging das Kloster an das Haus Habsburg über. Durch Schenkungen, Erbgang und Kauf ist es bald zu grossem Grundbesitz gelangt und damit zu einer hohen wirtschaftlichen und kulturellen Blüte. Viele Frauen aus dem Adel und dem Bürgertum haben hier gelebt. Das Kloster Katharinental/Diessenhofen geht auf eine Niederlassung von Augustinerinnen zurück, die 1230 wegen des Stadtlärms von Winterthur nach Diessenhofen übersiedelten und sich dem Dominikanerorden anschlossen. Da einzig vom Kloster Ötenbach eine etwas ausführlichere Chronik über die Entstehung und erste Zeit vorliegt, möchte ich kurz darauf eingehen. Diese Chronik zeigt, welche nachhaltige Wirkung die Predigt der Dominikaner besass, die 1222 nach Zürich gekommen waren. In diesem Zusammenhang werden zwei Frauen erwähnt, die neben dem Predigerkloster lebten und von der Lebensweise und Frömmigkeit der Brüder so berührt waren, dass sie ähnliches verwirklichen wollten. So zogen sie in ein verlassenes Haus, in das es hineinregnete, lebten von Wasser und Brot und von dem, was von der Reichen Tisch fiel, zu denen sie selbst einmal gehört hatten. Eine von ihnen, Mechthild von Wolishofen, stammte jedenfalls aus einem angesehenen Zürcher Ratsgeschlecht. Bald schlossen sich ihnen andere Frauen an, die nach längerer Suche ein einfaches Holzkloster in Ötenbach (in der Nähe des heutigen Zürichhorns) bezogen. Obwohl das Kloster bald unter päpstlichen Schutz gestellt wurde, musste es um seine Bestätigung zunächst kämpfen. Jedenfalls zogen 1239 zwei Schwestern zusammen mit dem Leutpriester von Ötenbach zu Fuss nach Rom, um

dies zu erreichen. 1245 wurde das Kloster von Papst Innozenz IV. dem
Predigerorden unterstellt, zu dem es immer schon intensive Beziehungen unterhalten hatte. 1285 übersiedelten die Schwestern in ein aus
Steinen gebautes Kloster in der Stadt, oder in Teile davon. Die erste
Zeit des Klosters war von grosser wirtschaftlicher Not gezeichnet. Die
mühseligen Lebensumstände der Schwestern sind in der Klosterchronik
eindrücklich beschrieben. Man hatte fast gar kein Gesinde für die täglichen Hausarbeiten, nicht einmal einen Bäcker, der Brot buk. Das Brot,
das eine der Schwestern herstellte, war für gewöhnlich ungeniessbar,
sauer und nass. Wenn man es zum Trocknen an die Sonne legte, fiel es
auseinander und wurde steinhart. Der Hunger war an der Tagesordnung. Nicht einmal für die Kranken hatte man Medizin und kurierte sie
mit Kümmelwasser. Erst durch den Zuzug reicherer Schwestern und
durch Schenkungen von Gönnern hat sich diese Situation verbessert. Als
der Dominikanerorden nach langem Hin und Her über die Eingliederung der Frauenklöster in den Orden sich definitiv zur Übernahme der
seelsorgerlichen und finanziellen Verpflichtungen bereit erklärte, begann er mit einer Neuorganisation, die die wirtschaftliche Situation der
Schwestern sicherstellen sollte. Es kam zu einer drastischen Verkleinerung der Klöster, in denen nur so viele Schwestern leben durften, wie
vom Kloster ernährt werden konnten. Auch Ötenbach wurde 1310 gezwungen, die Zahl der Nonnen von 120 auf 60 zu reduzieren. Damit
war aber auch die Armutsbewegung faktisch beendet. Der weitere Niedergang des Klosters hängt dann auch mit der Laschheit in der Frage
der Besitzlosigkeit und mit dem Verblassen des asketischen Ideals zusammen. In Töss ist es ähnlich gewesen.

IV. SPIRITUALITÄT

Die Spiritualität, die uns aus den Nonnenviten entgegentritt, ist das lebensbestimmende Element der Schwestern, freilich eine uns fremd und
phantastisch anmutende Spiritualität, zu der wir heute mühsam oder
kaum einen Zugang finden. Hinter ihr steht die Befriedigung eines grossen Hungers nach religiöser Erfahrung, ein Phänomen, das für mich die
mittelalterliche Frauenbewegung mit Teilen der heutigen Frauenbewegung verbinden lässt. Mit Spiritualität meine ich im folgenden nicht nur

den spirituellen Gehalt dieser «Nonnenfrömmigkeit», sondern auch die
dazugehörende Lebensform, die bei jeder Spiritualität immer wieder andere geschichtliche Ausprägung findet. Im Fall der Nonnenviten war es
die fast ausschliessliche Konzentration auf ein kontemplatives Leben,
frei von allen karitativen und organisatorischen Tätigkeiten in völliger
Weltabgeschiedenheit. Bis auf wenige Stunden, die dem Schlaf vorbehalten waren, und einigen wenigen, auf ein Mindestmass beschränkten
praktischen Tätigkeiten, haben die Schwestern sich dem Gebet gewidmet, bis zu acht Stunden täglich. Das Gebet war Hauptbeschäftigung,
war Lebensprinzip, Existenzgrund. Im Mittelpunkt stand das mehrmals
am Tag gemeinsam praktizierte und sorgfältig vorbereitete Chorgebet,
bei dem die Nonnen stellvertretend für die ganze Menschheit sich Gott
zuwandten. Hinter den betenden und singenden Schwestern stand die
bittende, leidende Menschheit - so verstanden sich die Frauen, die sich
zu diesem Leben entschlossen hatten. Neben dem Chorgebet gab es das,
ebenfalls sorgfältig vorbereitete, Privatgebet mit der persönlichen Für-
bitte und unzähligen (tausenden) Paternostern und Ave Marias. Höhepunkt des gottesdienstlichen Lebens war die Messe, der Kommunions-
empfang, der jedoch selten, nicht einmal an allen Feiertagen, stattfand.
In der «Betrachtung» wurde die Zeit zwischen den festen Gottesdienst-
anlässen ausgefüllt, es war die eigentliche Konventsübung, bei der nicht
nur der Gehalt einer Predigt oder eines Vortrags, sondern auch Ereignisse des Kirchenjahres, Bilder und Statuen aus den Räumen des Klosters, Bibeltexte, liturgische Texte, Tischlesungen als Vorlage dienten.

Es wäre indessen falsch, das beschauliche Moment dieses Gebetslebens
in den Vordergrund zu stellen. Es gab auch noch eine andere Seite. Innere Kämpfe, Anfechtungen, der Umgang mit Teufeln und Dämonen
haben diese Spiritualität gezeichnet, bei der auch die lichtvollen Seiten
etwas von der Erschütterung der von Gott Angerührten zeigen. Ita von
Hohenfels, die in die frühe Zeit des Klosters Ötenbach gehört, ist besonders teuflischen Heimsuchungen ausgeliefert gewesen. Die Teufel
summten wie Fliegen um sie herum. Es gibt eine Parallele in moderner
Zeit. In Sartres Theaterstück «Die Fliegen» setzen sich die Erinnyen, die
Rachegöttinnen, wie Fliegen auf die Seele Elektras und rufen, sie würden sich auf das verweste Herz Elektras setzen, wie Fliegen auf einen
Kuchen. Elektra verfällt den Erinnyen. - Mechthild von Stans wird bei
ihren geistlichen Übungen oft vom Getrommel und Pfeifenspiel des

Teufels erschreckt, er droht auch, das Gewölbe der Kirche einzureissen. Elsbeth von Beggenhofen hat nachts das Gefühl, der Teufel stürze das ganze Kloster auf sie, «und nam das pet, dar auf sie lag und hänkt das auf an ein schnur, und swangt sie umb und umb [rundherum]», sodass sie bald nicht mehr weiss, ob sie tot oder lebendig ist.[5]

Theologische Begriffe haben in dieser Spiritualität keine Rolle gespielt, aber Phantasie und Imagination, mit der die Glaubenswahrheiten aufgefangen und in Bildern wiedergegeben wurden. Man hat sich, etwa über die Trinität, nicht in dogmatischen Begriffen verständigt, sondern in Bildern: sie wird als Brunnen, als Quelle in einer leuchtenden Wiese beschrieben. Die Sprache, die die Nonnen für die Wiedergabe ihrer religiösen Erlebnisse benutzten, war erotisch, die sinnlichen Bezüge standen im Vordergrund.

Im folgenden möchte ich versuchen, die Spiritualität der Nonnenviten mit ein paar Begriffen zu ordnen und darzustellen, die auch in der heutigen Frauenbewegung eine Rolle spielen. Natürlich handelt es sich dabei um einen Raster, die Begriffe selbst kommen in den Viten nicht vor: Radikalität, Subjektivität, Sinnenhaftigkeit, Ganzheitlichkeit.

1. Radikalität

Ich möchte bei meiner Kennzeichnung der Spiritualität der Nonnenviten mit der Radikalität beginnen, obwohl sie kein einzelner Gesichtspunkt ist, sondern alle Aspekte dieser Spiritualität betrifft. Radikal war zunächst die Abkehr von der «Welt» und die Hinwendung zu einem Leben in der Klausur. Die Frauen haben auf der ganzen Linie ihrem zivilen Leben eine Absage erteilt. Einige von ihnen haben sich von ihrer Familie getrennt und ihre Ehen aufgegeben. Das war nicht nur eine Flucht ins Kloster, sondern eine bewusste Entscheidung von Frauen, meistens aus den höheren Gesellschaftsschichten, denen durchaus andere Lebensmöglichkeiten offenstanden, die sie irgendwann nicht mehr interessierten. Es war auch die Hinwendung zu einer Lebensform,

---

5 Die Stiftungen des Klosters Ötenbach und das Leben der seligen Schwestern daselbst, hg. v. HEINRICH ZELLER-WERDMÜLLER und JAKOB BÄCHTOLD, in: Zürcher Taschenbuch auf das Jahr 1889, NF 12, 1889, 264.

die ihnen sehr viel mehr Möglichkeiten zur Selbstentfaltung bot als die Gesellschaft, trotz der strengen Ordensdisziplin. Die Übernahme von Armut und Keuschheit bot die Gelegenheit, wiederentdeckte religiöse Werte mit der eigenen Lebensführung zu verbinden; sie kann aber auch als Protest und Kritik an dem hohl gewordenen Gefüge der damaligen Gesellschaft gesehen werden. Sehr sensibel haben vor allem Frauen gespürt, dass der aufkommende, immer grösser werdende Reichtum des Bürgertums, aus dem sie selbst stammten, sich mit dem Evangelium für die Armen schlecht vereinbaren liess. Ötenbach zum Beispiel war in den Anfängen ein freier Zusammenschluss von Frauen, die sich der Verwirklichung neuer Lebenswerte verschrieben hatten. Die Bewegung der Frauen war kein Aufstand oder Ausstieg der Armen, sondern der Reichen, die sich dem damals bestehenden Gesellschaftssystem entzogen. In der Betonung des Heilswertes der Armut gibt es durchaus Parallelen zur heutigen Befreiungstheologie.

Mit all dem haben sich die Frauen auch dem Anspruch und der Mittlerschaft der Kirche und ihren erstarrten Frömmigkeitsformen zu entziehen versucht. Die Sehnsucht nach einem persönlichen Verhältnis zu Gott war aufgebrochen, nach einer persönlichen Frömmigkeit. Neue, radikale Vorstellungen von Heiligkeit entstanden, wobei die Radikalität selbst fast ein heiliger Wert wurde. Man suchte Transzendenz und Gotteinigung, bis hin zur Vergottung. Für diese Konzentration auf das Wesentliche, auf die «Beschauung» und das Gebet, wurden alle anderen Lebensbedürfnisse, vor allem auch die des Körpers, unterdrückt. Die Viten berichten immer wieder von Schwestern, die lange ohne Schlaf, ohne Essen und Trinken auskamen. Die Sehnsucht, manchmal auch die Sucht nach Grenzerlebnissen führte zu aussergewöhnlichen, fast brutalen asketischen Übungen, wobei der Alltag selbst für unsere Verhältnisse schon asketisch genug war. Von Schwester Margrit Willi aus Töss wird berichtet, dass sie ein Kopfkissen aus Weidengeflecht benutzte und unter einem alten Bettuch mit einem harten Reisiggeflecht schlief. Ihr Bett bestand aus genau so viel Steinen, wie nötig waren, einen Fussboden zu pflastern. Sie trug ein härenes Hemd mit grausigen Knoten und eine starke eiserne Kette um ihren Leib. Immer wieder wurden Geisselungen vorgenommen, von den Oberinnen aber auch verboten. Vor allem in den frühen Nonnenviten in Ötenbach treten uns Frauen gegenüber, die mit aussergewöhnlichen körperlichen Übungen ihrem geistlichen Leben Akzente setzten und es in bestimmte Bahnen lenkten: Ita von Hohenfels schnitt sich mit Messern bis auf die Knochen, sodass sie eine Blutspur hinterliess; als man ihr das verbot, feilte sie sich Eisennadeln, die sie sich so tief ins Fleisch jagte, dass sie sie kaum herausziehen konnte. Elsbeth von Oye befestigte sich ein mit spitzen Nägeln versehenes Kreuz mit einem Gürtel so fest am Körper, dass sie kaum atmen konnte und die Nägel tief ins Fleisch eingedrückt wurden.

Solche Praktiken wirken auf uns heute unbegreiflich und abstossend. Sie waren jedoch nur ein erster Schritt auf dem mystischen Weg. Sie dienten der Reinigung, der Abtötung des eigenen Willens und Begehrens, der Vorbereitung zur Teilhabe am echten, am göttlichen Leiden. Ähnliche Praktiken gibt es in allen Religionen zur Vorbereitung des Gnadenempfangs. Entgegen dem damals geltenden Dreierschema des mystischen Weges - via purgativa, via illuminativa, via unitiva (Reinigungsweg, Weg der Erleuchtung, Weg zur Vereinigung) - finden wir in den Nonnenviten öfter ein Schema mit fünf Schritten: contemplatio, compassio, imitatio, admiratio, exultatio, resolutio, quies (Beschauung, Mitleid, Nachfolge, Bewunderung, Jubel, Lösung, Ruhe).[6]

Wichtiger als die Diskussion der einzelnen Schritte und der damit verbundenen Praktiken wäre für mich die Frage, inwieweit der Weg als Ganzes, der die Nachahmung des Leidens zum Ziel hat, anfechtbar ist.

2. Subjektivität

Die uns überlieferten Viten enthalten wenig Konkretes über die äusseren Lebensumstände der Schwestern und fast ausschliesslich Berichte über innere Erlebnisse. Immer wieder sind aber äussere und innere Erlebnisse ineinander verwoben. Schwester Margrit Willi aus Töss, die sich einmal gegen ihre Gewohnheit vor der Prim hingelegt hatte, hörte eine

---

6 «Unter contemplatio ist in diesem Zusammenhang des konkrete (nachdenkliche) Hinschauen zu verstehen, sie führt zur compassio (die ihrem Wesen nach bereits auf Identität beruht) und imitatio. Unter admiratio und exultatio sind zweifelsohne Formen des Aussersichseins, der Ekstase, zu verstehen, unter resolutio die Loslösung vom eigenen Fleische, unter quies die Frucht dieses Absterbens: die unio mystica» (KURT RUH, Zur Theologie des mittelalterlichen Passionstraktats, ThZ 6, 1950, 29).

Stimme neben sich, die sagte: «Die zit stund ich vor gericht: so list [liegst] du hie und schlafest.»[7] Als Elsbeth von Beggenhofen einmal zur Messe ging und der Wind ihren Schleier bewegte, hielt sie ihn fest und drückte ihn an ihr Gesicht. Da fiel ihr ein, wie Jesus bei Wind und Wetter barfuss gegangen ist. Sogleich entblösste sie ihr Gesicht wieder und tadelte sich. Es heisst: «Do wart ihr unsers hern menschheit, als [so wie] er auf ertrich gieng, als gegenwürtig [so gegenwärtig], daß ihr was [war], wie si in [ihn] pei der hant fürte mit ir ze kor [zum Chor].»[8] Alles, was von aussen auf die Schwestern einwirkte, Liturgie, Feste, Lesungen, Predigten, überhaupt jeder Betrachtungsstoff, wurde nach innen gekehrt und erhielt Bedeutung durch die eigene innere Erfahrung, die sich an ihm entzündete. Die Wahrheit wurde eine personale, subjektive Erfahrung. Eine Katechismusreligion, die die Wahrheit durch dogmatische Formeln vermitteln will, ist den Nonnenviten fremd. So verwandelte sich die äussere Welt immer wieder durch persönliche Erlebnisse. Elsbeth von Villigen aus Katharinental las ein Buch, aus dem ihr das Jesuskind entgegenlachte. Im Kloster Töss sprach ein Christusbild mit den Schwestern, Christus stieg von Kreuz herab und umarmte eine Schwester.

Die Sprache, in der von solchen Erlebnissen erzählt wird, ist die erotische Sprache der Brautmystik. Analog sind die Erlebnisse der Seele immer wieder Erlebnisse mit dem himmlischen Bräutigam. Ita von Huttwil hörte eine Stimme, die zu ihr sagte: «Ich wil mich dir geben ze einem insigel [Siegel] und ze einem pfand, daß ich mich von dir nimmer wil gescheiden.»[9] Luise von Stein (Diessenhofen) überliefert: «Lobe mich, so komme ich; Minne mich, so bleibe ich.»[10] Immer wieder spricht tiefe Zärtlichkeit aus dem, was die Schwestern in Visionen vernehmen: «Weshalb weinst du, und weshalb wird deine Seele betrübt? Ich bin dir ja nahe und werde in Ewigkeit bei dir sein und dich nicht verlassen und werde dein ewiger Lohn sein» (Unterlinden).[11] Und die Antwort: «Herr,

---

7 Das Leben der Schwestern zu Töss, beschrieben von Elsbet Stagel, hg. v. FERDINAND VETTER, Berlin 1906 (DTMA 6), 26.
8 Wie Anm. 5, 261.
9 Ebd. 252.
10 HIERONYMUS WILMS, Das Beten der Mystikerinnen, Leipzig 1916 (QGDOD 11), 166.
11 Ebd.

ich erlaub dir, daß du außer mir tust, was du wöllest, an [ohne] daß ich nit gescheiden werde von dir! Mach mich plint, lam, aussetzig, wie du wilt» (Ita von Huttwil).[12]

3. Sinnenhaftigkeit

Theologische Begriffe spielen in der Spiritualität der Nonnenviten kaum eine Rolle, umso mehr dominiert eine ausgeprägte Sinnenhaftigkeit. Die Gnade Gottes wird sichtbar, wahrnehmbar, seine Gegenwart unmittelbar erlebt, die Wirkungen der Gnade werden sinnlich erfahrbar, in Bildern geschaut, in überirdischen Tönen und himmlischen Gesängen gehört. Geschmacks- und Geruchssinn sind einbezogen. Die empfangene Hostie hat immer wieder einen süssen, wunderbaren Geschmack. Elsbeth von Beggenhofen erlebte zweimal eine unio mystica (mystische Vereinigung) während der Kommunion, die Gegenwart Gottes in seiner «süssikeit»[13], die sie mit allen Sinnen erfasste. Liebliche Düfte galten als Zeichen der Gnade und wehten immer wieder durch den Chor. Den Palmzweigen entströmte Himmelsduft. In der Adventszeit war der Chor voller Rosenduft. Die direkte Zuwendung Gottes erfuhren die Schwestern in Auditionen, Visionen, ekstatischen Zuständen und Verzückungen. Man darf sich all dies jedoch nicht spontan, ohne jede Voraussetzung und Vorgabe vorstellen. Der Visionsablauf zum Beispiel ist ein Prozess, der sich an Erscheinungen der äusseren Welt oder an inneren Zuständen entzündet. Bilder, die von aussen nach innen wirken und mit den äusseren Augen geschaut werden, entstammen häufig der Liturgie, dem Betrachtungsstoff und dem Kirchenjahr. Die Leidensbetrachtung kann zu einer visionären imitatio der Leiden Christi führen. In der Adventszeit stellte man für das Jesuskind eine Wiege auf oder bereitete ihm das Bad und dann stellten sich Visionen des Jesuskindes ein. Es lief im Chor umher, spielte zwischen den Schwestern und wurde auf dem Altar gesehen. Es setzte sich sogar der Schwester Elsbeth Bechlin aus Töss auf den Schoss und liess sich von ihr küssen. Im Laufe des Kirchenjahres sahen die Schwestern das Kind heranwachsen. Stoff für die Begegnung mit dem Erwachsengewordenen boten die Evangelien, in

---

12 Wie Anm. 5, 254.
13 Ebd. 263.

der Fasten- und Karzeit der Kreuzweg und die Kreuzesmeditation. Nicht nur der Betrachtungsstoff, sondern auch Bilder und Bildmotive haben Visionen ausgelöst, wurden wie Texte zu Meditationen benutzt, vor allem mit der Thematik von Weihnachten und der Passion. Lichtvisionen, von innen heraus mit dem geistigen Auge geschaut, gehörten zu den häufigsten Visionen; sie wurden immer wieder nicht nur von den Betroffenen, sondern auch von der Umwelt wahrgenommen. Schwester Elsbeth Schäffli aus Töss sah, wie der Körper ihrer Mitschwester Elsi von Elg, die vor dem Bild der Mutter Gottes betete, hell wie ein Kristall wurde und ein Licht daraus hervorbrach, das so schön und klar war «als ain lüchtende sunn».[14] Dieses Licht, das sie bald auch in sich verspürte, erkannte sie als die vor Freude tanzende Seele. Vor allem während des Sakramentsempfangs wurden Lichtphänomene wahrgenommen. Die Arme des Priesters, der die Hostie emporstreckte, wurde zu Licht, wie immer wieder die Hostie selbst. Ita von Huttwil sah aus den Wundmalen Christi ein Licht hervorbrechen, das mächtiger war als die Sonne. Aber auch andere Dinge, die die Schwestern umgaben, erfuhren eine «Vergoldung»: das Gebetbuch, eine Inschrift am Stuhl. Zu den eindrücklichsten Beschreibungen gehört in diesem Zusammenhang der Text um die Verzückung der Sophia von Klingnau aus Töss. Ein Licht kommt und durchleuchtet und durchsonnt sie, ihr Geist wird in die Luft erhoben und sie sieht ihre Seele, die sie als einen Lichtball mit einem rotgoldenen Schein beschreibt, sie sieht Gott als Licht und die Vereinigung mit ihm geschieht im Licht. Der Himmel öffnet sich und sie hört die Stimmen der Engel und Heiligen. Als die Seele aus diesem Zustand reinster und höchster Freude in den Körper zurückmuss, der wie ein Leichnam vor dem Bett liegt, macht ihr das Mühe, aber die Seligkeit hält noch lange über die Verzückung hinaus an.

Obwohl es zu den Stereotypen gehört, dass die Schwestern ihre Erlebnisse voreinander zu verbergen versuchten und sich Mühe gaben, ohne Aufsehen den normalen Klosteralltag mitzuleben, berichten die Quellen doch mehrfach von Gefühlsausbrüchen. Elsbeth von Villigen (Katharinental) brach eines Tages schreiend im Kapitelhaus zusammen, weil ihre Gefühle sie bis zur Ohnmacht überfluteten. Eine andere

---

14 Wie Anm. 7, 24f.

Schwester schrie vor Schmerz, weil sie einen Nagel des Kreuzes Christi in sich spürte und auch, wie man ihn herauszog.

Die Schwestern haben viel geweint. Immer wieder ist lautes Weinen aus dem Chor gedrungen. Sophia von Klingnau weinte, ob sie wollte oder nicht, im Gottesdienst und ausserhalb des Gottesdienstes, sodass man ihre Tränen zu Boden fallen sah, wenn sie sich verneigte. Tränen waren Zeichen tiefsten Berührtseins. Die «Gabe der Tränen» (donum lacrymarum) galt als Zeichen der Heiligkeit, wie umgekehrt Tränenlosigkeit in den Hexenprozessen ein Indiz für Teufelszugehörigkeit war.

4. Ganzheitlichkeit

Die Frömmigkeit der Schwestern war insgesamt Leidensfrömmigkeit. Gotteserfahrung, Nähe zu Christus, bedeutete darum vor allem Teilhabe am Leiden Christi in dieser Welt und führte in einen Gegensatz zu bestehenden Werten und ins Leiden. Auch Trauer über verpasste Gelegenheiten eines gottwohlgefälligen Lebens kam dazu. Reue über die eigene Sündhaftigkeit und Unvollkommenheit spielt in den Nonnenviten eine grosse Rolle. Den Eigenwillen aufgeben und den Willen Gottes übernehmen bedeutet Leiden, denn es ist gleichzeitig Selbstvernichtung. Jedoch nur wer diesen Schritt getan hat, kann der Gnade Gottes teilhaftig werden. Leiden entstehen durch Versuchungen, durch Anfechtungen, Leiden bringt die geringste Trübung im Verhältnis zu Gott. So sieht eine Existenz aus, die im Vergleich mit der himmlischen Herrlichkeit nur leidvoll sein kann. Leiden gehört zur Unerlöstheit des menschlichen Lebens.

Neben dieser allgemeinen Bestimmung des Lebens in der apostolischen Nachfolge als Leiden gibt es in den Nonnenviten den besonderen Aspekt der compassio, des Mitleidens mit Christus in dieser Welt. Die Begegnung mit Christus war die mit dem Gekreuzigten in seiner ganzen Menschlichkeit. Das war auch eine Kritik an einer Kirche, in der der Gekreuzigte heroisiert und den Menschen als Herrscher und König gepredigt wurde. Für die Nonnen war die Menschlichkeit mehr als die Göttlichkeit. Im Mitleiden spannte sich der Bogen von der Leidensbetrachtung und der Übernahme einzelner Gesten der Passion bis zur visionären imitatio Christi, in der eine weitgehende Identifizierung mit

dem Gekreuzigten geschah, die in seltenen Fällen sogar in einer Stig-
matisierung gipfelte, als letzte und äusserste Form der Übernahme des
Leidens Christi. Die Beziehung zum Schmerzensmann war aber
zugleich auch die zum Liebenden, zum Bräutigam. Leiden und Liebe
gehörten zusammen. Ita von Huttwil, die vor dem Bild des
Gekreuzigten stand und sich klein und unbedeutend fühlte, hörte eine
Stimme, die sagte: «wie gross ich pin, so pin ich klein worden, dar
umb, daß du mich mügest minnen [lieben].»[15]

Die Leidenserfahrungen, die die Schwestern machten, hatten auch körperliche Nachwirkungen. Das Mitfühlen wirkte sich bis in die physische
Verfassung hinein aus. Mechthild von Stans wurde bei Tischlesungen
aus der Passionsgeschichte regelmässig ohnmächtig. In der Karwoche
litt sie unter unerträglichen Schmerzen. Das Leiden Christi wurde von
den Schwestern übernommen und umgewandelt in eigenes körperliches
Erleben. Im Durchgang durch den Tod erlebten sie aber auch die Zuwendung einer göttlichen Liebe, die sprachlich dann nicht mehr fassbar
war. Was einzelne Schwestern in der unio erlebten, überstieg menschli-
ches Begreifen und die Wiedergabe durch Worte - das Grundproblem
jeder mystischen Erfahrung. Die Schwestern haben nicht das Leiden des
Leidens wegen gesucht, sondern wegen der Liebe, die sie im Nachvoll-
zug des Leidens erlebten. Hinter allen Bemühungen der Nonnen steht
das Bestreben, die Wirklichkeit Gottes im eigenen Leben existentiell an-
schaulich werden zu lassen. Die Frauen wollten die Wahrheit der
christlichen Offenbarung nicht nur geistig verstehen, sondern auch leib-
lich, ganzheitlich nachvollziehen.

Die Spiritualität der Dominikanerinnen im 14. Jahrhundert ist eine Episode geblieben. Man kann sie als krankhaft abtun. Man kann sie historisch auch als Kritik an einer in ihrer Formelhaftigkeit erstarrten Kirche
ansehen. Es bleibt die Frage, ob und was diese Spiritualität für uns
heute bedeuten könnte. Darüber würde ich gerne mit Ihnen diskutieren.

---

15 Wie Anm. 5, 254.

KATHRIN UTZ TREMP

ZWISCHEN KETZEREI UND KRANKENPFLEGE - DIE BEGINEN IN DER SPÄTMITTELALTERLICHEN STADT BERN[1]

Das Mittelalter ist in Mode. Eine Publikation dieser Welle trägt den Titel «Einladung ins Mittelalter» und vereinigt Aufsätze des bekannten Münchener Mediaevisten und Präsidenten der Monumenta Germaniae Historica, Horst Fuhrmann, über Papsttum und Kaisertum[2], zwei Mächte, die dem ganzen Mittelalter in der Tat ein spezifisches Gepräge verliehen. Die vorliegende Einladung beschränkt sich auf die beiden letzten Jahrhunderte des Mittelalters und zunächst auf den Beginn des 14. Jahrhunderts, immerhin die Jahre und Jahrzehnte, in welchen die Bestseller «Montaillou»[3] und «Der Name der Rose»[4] anzusiedeln sind. Den beiden ist gemeinsam, dass sie das Mittelalter in dem zu fassen versuchen, was nach damaliger offizieller Doktrin davon abwich: in der Ketzerei oder Häresie.[5] Der Anfang des 14. Jahrhunderts scheint tatsächlich eine «goldene» Zeit für die verschiedenartigsten Häresien

---

1 Beim folgenden Text handelt es sich um einen Vortrag, der zum ersten Mal am 30. Oktober 1987 vor dem Historischen Verein des Kantons Bern gehalten wurde. Er beruht auf einem Artikel über die Beginen in der Stadt Bern, welcher im Winter 1984/1985 für das Handbuch der Helvetia Sacra verfasst wurde und welcher in deren Abt. IX: Die religiösen Laiengemeinschaften des Mittelalters (Beginen, Begarden), erscheinen wird. Die Karte (Abb. 1) hat Herr ANDREAS BRODBECK vom Geographischen Institut der Universität Bern gezeichnet, wofür ihm auch an dieser Stelle gedankt sei. - Häufige Abkürzungen: AHVB = Archiv des Historischen Vereins des Kantons Bern, FRB = Fontes Rerum Bernensium, SRQ = Sammlung Schweizerischer Rechtsquellen.

2 HORST FUHRMANN, Einladung ins Mittelalter, München 1987.

3 EMMANUEL LE ROY LADURIE, Montaillou, Ein Dorf vor dem Inquisitor, 1294-1324. Aus dem Französischen übers. und bearb. v. PETER HAHLBROCK, Frankfurt/M.-Berlin-Wien 1983 (Ullstein Sachbuch 34114).

4 UMBERTO ECO, Der Name der Rose. Aus dem Italienischen von BURKHART KROEBER, München-Wien ²1982.

5 S. auch ALEXANDER PATSCHOVSKY, Was sind Ketzer? Über den geschichtlichen Ort der Häresien im Mittelalter, in: «... eine finstere und fast unglaubliche Geschichte»? Mediävistische Notizen zu Umberto Ecos Mönchsroman «Der Name der Rose», hg. v. MAX KERNER, Darmstadt 1987, 169-190.

gewesen zu sein[6], und der junge Mönch Adson von Melk, der im Roman «Der Name der Rose» die undankbare, aber rührende Rolle des fragenden Kriminalassistenten innehat, seufzt nicht umsonst in Parzivalscher Manier: «Ach Meister, mir scheint, ich bin nur ein tumber Tor. Es gelingt mir nicht, die ... Unterschiede zwischen den zahllosen Gruppen und Kategorien von Ketzern herauszufinden, heissen sie nun Waldenser, Katharer, Albigenser, Humiliaten, Beginen, Begarden, Lollarden, Lombarden, Joachimiten, Patarener, Apostoliker, lombardische Pauperes, Arnoldisten, Wilhelmiten, Anhänger der Bewegung des Freien Geistes oder Luziferaner und so weiter.»[7]

Wenn Adson die Beginen und ihr männliches Gegenstück, die Begarden, in eine Reihe mit den Waldensern, Katharern und Albigensern - um nur die wichtigsten zu nennen - stellt, dann unterliegt er damit einem weitverbreiteten zeitgenössischen Irrtum, der die Beginen von allem Anfang an der Häresie verdächtigte; entsprechend ist denn auch ihr Name vielleicht eine Verstümmelung des Ketzernamens «Albigenser».[8] In Wirklichkeit[9] waren die Beginen zunächst einmal halbreligiöse Frauen, die einzeln, zu zweien oder in Gruppen ein frommes, gottgefälliges Leben führten, ohne einem der regulären, institutionalisierten Orden anzugehören. Sie tauchen in der ersten Hälfte des 13. Jahrhunderts in den belgischen Niederlanden - wo noch heute die Beginenhöfe zu besichtigen sind - und am Niederrhein auf und sind um 1240 in Strassburg[10] sowie um 1270 in Basel nachweisbar. Dass sie sich keinem anerkannten Orden anschlosssen, hängt einerseits damit zusammen, dass die bestehenden Orden der Prämonstratenser und Zisterzienser dem grossen Ansturm von Frauen gar nicht mehr gewachsen waren und dass die Frauen

---

6 MALCOLM D. LAMBERT, Ketzerei im Mittelalter, Häresien von Bogumil bis Hus, München 1981, 249, 251f., 258, 296; GORDON LEFF, Heresy in the Later Middle Ages, The Relation of Heterodoxy to Dissent c. 1250-c. 1450, 2 Bde. (durchgehend paginiert), Manchester-New York 1967, 167.

7 ECO (wie Anm. 4) 250.

8 JEAN-CLAUDE SCHMITT, Mort d'une hérésie, L'Eglise et les clercs face aux béguines et aux béghards du Rhin supérieur du 14e au 15e siècle, Paris-La Haye-New York 1978 (Civilisations et Sociétés 56), insbes. 19, 64, 75.

9 Das folgende nach BRIGITTE DEGLER-SPENGLER, Die Beginen in Basel, Basel 1970 (Sonderdruck aus Bd. 69 und 70 der BZGAK 1969/1970), 5ff.

10 Zu Strassburg s. auch DAYTON PHILLIPS, Beguines in Medieval Strasburg, A Study of the Social Aspect of Beguine Life, Stanford University, California 1941.

andererseits - ähnlich wie Franziskus von Assisi - den etablierten Orden misstrauten und ein Leben in wirklicher Armut leben wollten. Es war nicht einfach - wie die Forschung früher gemeint hat - die Unmöglichkeit, einen Ehemann oder ein aufnahmebereites Kloster zu finden, welche die Beginen zu ihrem besonderen Status trieb, sondern ein Streben nach echter Emanzipation, welche im Mittelalter für Frauen fast nur auf religiösem Gebiet zu verwirklichen war.[11] Da ihnen aber das Priestertum verweigert wurde - und in der katholischen Kirche bis heute verweigert wird -, konnten sie in geistlicher Hinsicht nie ganz zu Selbstversorgern werden und waren bei aller Emanzipation nach wie vor auf männliche Hilfe angewiesen, ein grundlegendes Dilemma allen weiblichen Religiosentums.[12] Daher rührt auch eine gewisse reelle Anfälligkeit für Häresien, die den Frauen im allgemeinen eine bessere Stellung einräumten als die offizielle Kirche.[13]

Eine unverfängliche Möglichkeit bot der Anschluss an die ebenfalls erst neu entstandenen Bettelorden, welche neben der Armut grosses Gewicht auf die Seelsorge legten. Dieser vollzog sich allerdings häufig nicht mehr in der Form von geschlossenen Frauenklöstern, sondern unter eigenen Regeln, welche sowohl die Franziskaner als auch die Dominikaner für die sich ihrem Schutz und insbesondere ihre Pastoration anvertrauenden Laien, Frauen und Männer, bereitstellten; unter ihnen hat vor allem die franziskanische sogenannte Drittordensregel grosse Bedeutung erlangt[14], und wir werden noch davon zu sprechen haben. Als schwerwiegender Nachteil beim Anschluss an die Bettelorden erwies sich, dass die Beginen damit ins Schussfeld zwischen Weltklerus und Ordensgeist-

---

11 EDITH ENNEN, Frauen im Mittelalter, München 1984, insbes. 110-123.

12 BRIGITTE DEGLER-SPENGLER, Die religiöse Frauenbewegung des Mittelalters, Konversen - Nonnen - Beginen, in: Rottenburger Jb. für Kirchengeschichte 3, 1984, 75-88, insbes. 86.

13 GOTTFRIED KOCH, Frauenfrage und Ketzertum im Mittelalter, Die Frauenbewegung im Rahmen des Katharismus und des Waldensertums und ihre sozialen Wurzeln (12.-14. Jahrhundert), Berlin 1962 (Forschungen zur mittelalterlichen Geschichte 9).

14 S. dazu DEGLER-SPENGLER (wie Anm. 9) 10ff., und DIES., Drei Fassungen der Terziarenregel aus der Oberdeutschen Franziskanerprovinz, in: AFH 62, 1969, 503-517. - Die Berner Beginenhäuser mit der franziskanischen Drittordensregel hat PAUL LACHAT untersucht, in: AFrA 4, 1958, 59-74.

lichkeit gerieten, wo damals, da es um beträchtliche Einkünfte ging, ziemlich scharf geschossen wurde.[15]

Doch kehren wir noch einmal in die ersten Jahrzehnte des 14. Jahrhunderts zurück. Am 1. Juni 1310 wurde auf der Place de Grève in Paris die Begine Marguerite Porete aus Hainaut in der Nähe von Valenciennes verbrannt. Sie hatte ein Buch mit dem Titel «Le miroir des simples âmes» (Spiegel der einfältigen Seelen) geschrieben und es trotz einer kirchlichen Verurteilung weiter verbreitet.[16] In den Jahren 1311/1312 wurden im Zusammenhang mit dem Konzil von Vienne in zwei päpstlichen Dekreten der «Stand» (status) der Beginen, die sich zu keiner approbierten Regel bekannten sowie über Dreifaltigkeit und Gottheit diskutierten und predigten, verboten und die deutsche «Sekte» (secta) der Begarden und Beginen mitsamt ihren Irrtümern verdammt.[17] Obwohl die beiden Dekrete kurz nach ihrer Aufnahme ins Corpus iuris canonici im Jahr 1317 beträchtlich gemildert und abgeschwächt wurden[18], haben sie es doch allen, welche den Beginen aus irgendeinem Grund feindlich gesinnt waren, leicht gemacht, sie zu verfolgen, und damit letztlich sehr viel Unheil angerichtet. So kam es in den Jahren 1317-1319 in Strassburg und 1318-1321 in Basel zu blutigen Beginenverfolgungen. In Strassburg, wo man im Verlauf von drei Jahrhunderten insgesamt 85 Beginenhäuser zählt[19], wurden radikal-mystische Begarden und ihr weiblicher Anhang von Bischof Johann I. dem weltlichen Gericht übergeben, was einem Todesurteil gleichkam[20]. In Basel wurden vom Bischof und seinen Beamten neben den Beginen auch ihre Beschützer, die

---

15 DEGLER-SPENGLER (wie Anm. 9) 27.

16 HERBERT GRUNDMANN, Ketzerverhöre des Spätmittelalters als quellenkritisches Problem, in: DERS., Ausgewählte Schriften, Teil 1, Stuttgart 1976 (SMGH 25, 1), 364-416, 368ff.

17 «Cum de quibusdam mulieribus» und «Ad nostrum», Corpus juris canonici, Clem. lib. III, tit. XI, cap. 1; lib. V, tit. III, cap. 3, ed. EMIL FRIEDBERG, 2, Leipzig 1881, Sp. 1169 und 1183-1184.

18 «Ratio recta», Corpus juris canonici, Extr. com. lib. III, tit. IX, cap. 1, ed. EMIL FRIEDBERG, 2 (wie Anm. 17), Sp. 1279-1280. Zu diesem und den in Anm. 17 genannten Dekreten s. auch JACQUELINE TARRANT, The Clementine Decrees on the Beguines: Conciliar and Papal Versions, in: AHP 12, 1974, 300-308, und GRUNDMANN (wie Anm. 16) 374f.

19 SCHMITT (wie Anm. 8) 40.

20 ALEXANDER PATSCHOVSKY, Strassburger Beginenverfolgungen im 14. Jahrhundert, in: DA 30, 1974, 56-198, insbes. 99f.

Franziskaner, verfolgt.[21] Paradoxerweise bewirkten die Verfolgungen jedoch nicht - auch in Strassburg nicht -, dass die Beginen sich von ihren Beschützern lossagten, sondern dass sie sich ihnen im Gegenteil noch enger anschlossen, weil sie als Drittordensleute mit einer approbierten Regel von den Dekreten des Konzils von Vienne ausgenommen wurden.[22]

Mit Strassburg und Basel befinden wir uns in dem Raum, in welchem damals Meister Eckhart wirkte. Zwischen seiner Mystik und der Spiritualität der Beginen sieht man neuerdings enge Parallelen. Es ist nicht auszuschliessen, dass Eckhart in den Jahren 1311-1313 in Paris das verurteilte Buch der Marguerite Porete kennengelernt und dass er in den Jahren 1314-1322 (oder 1323) in Strassburg die Verfolgung der Beginen mitangesehen und miterlebt hat.[23] Im Jahr 1326 wurde gegen ihn selber ein Inquisitionsverfahren eingeleitet, das drei Jahre später kurz nach seinem Tod mit einer Verurteilung von 28 Sätzen aus seinen Traktaten und Predigten als häretisch oder zumindest häresieverdächtig endete.[24] Einem Inquisitionsgericht, welches in den Jahren 1318-1325 in Südfrankreich tagte, sind auch die Prozessakten zu verdanken, welche uns mit dem Alltagsleben der Katharer von Montaillou bis ins letzte Detail vertraut machen.[25] In Analogie zur Vielfalt der Häresien hatte zu Beginn des 14. Jahrhunderts auch die Inquisition, die eigens zu deren Bekämpfung eingerichtet worden war, einen ersten Höhepunkt erreicht.[26] Wenn ein ganzes Inquisitionsgericht, verpackt in einen unförmigen, geschlossenen Wagen, 1327 über einen Berg hinabstürzt, so geschieht dies nur in der Verfilmung des Romans «Der Name der Rose», nicht einmal im Roman selber und noch viel weniger in Wirklichkeit.[27]

---

21 DEGLER-SPENGLER (wie Anm. 9) 26f.

22 PATSCHOVSKY (wie Anm. 20) insbes. 105f.

23 KURT RUH, Meister Eckhart und die Spiritualität der Beginen, in: Perspektiven der Philosophie. Neues Jb. 8, 1982, 323-334. S. auch DENS., Meister Eckhart: Theologe, Prediger, Mystiker, München 1985, 95-114.

24 RUH, Meister Eckhart: Theologe, Prediger, Mystiker (wie Anm. 23) 168-186.

25 LE ROY LADURIE (wie Anm. 3) Einleitung.

26 LEFF (wie Anm. 6) 34-47.

27 S. auch BERNHARD SCHIMMELPFENNIG, Intoleranz und Repression, Die Inquisition, Bernard Gui und William von Baskerville, in: «... eine finstere und fast unglaubliche Geschichte»? (wie Anm. 5) 191-213, insbes. 191f.

Und in Bern? Auch hier hatte sich in jenen Jahren und Jahrzehnten nach
der Wende vom 13. zum 14. Jahrhundert einiges getan, wenn Schlim-
meres auch verhütet werden konnte. Hier gab es damals zwei Beginenhäuser, das Haus an der Brügg und dasjenige am Pfarrkirchhof. Das
Haus an der Brügg war in der zweiten Hälfte des 13. Jahrhunderts - wie
der Name sagt - an der Untertorbrücke auf der anderen Seite der Aare
gegründet und bei der Belagerung der Stadt Bern durch König Rudolf
von Habsburg im Jahr 1288 an die Herrengasse verlegt worden; dabei
nahmen die Beginen den Namen «an der Brügg» in die Stadt mit[28] und
hinterliessen an der Stelle, wo sie vor der Verlegung wahrscheinlich
gewohnt hatten, den Namen «Klösterli». Das Haus der Beginen am
Pfarrkirchhof, das man sich ungefähr an der Stelle des Westflügels des
heutigen Stiftsgebäudes vorzustellen hat, muss um 1300 gegründet worden sein.[29] Davon spaltete sich um 1320 eine sogenannte Obere Samnung ab, deren Name daher rührt, dass sie ein Haus weiter oben, also
wahrscheinlich an der Herrengasse, bezog. Zwischen ihr und dem Mutterhaus, welches nun entsprechend Niedere Samnung genannt wurde,
kam es im Jahr 1322 zu einem Ausscheidungsvertrag.[30] Es ist nicht auszuschliessen, dass die Obere Samnung die franziskanische Drittordensregel angenommen hatte[31] und den Franziskanern, deren Kloster an der
Stelle des heutigen Casinos stand, auch räumlich näher gerückt war.

Hier muss nun der Berner Rat eingegriffen haben, wahrscheinlich weil
er verhindern wollte, dass die franziskanische Drittordensregel, welche
im oberrheinischen Raum scheinbar so viel Unheil stiftete, in seiner
Stadt weitere Verbreitung fand. Jedenfalls wurden drei abtrünnige Beginen Anfang der dreissiger Jahre gezwungen, ihre Samnung aufzugeben.
Als Busse wurde ihnen vom bernischen Leutpriester, Diebold Baselwind, auferlegt, dass sie ihr Leben lang jeden Donnerstag zwölf arme
Kinder oder Dürftige speisen und ihnen die Füsse waschen mussten.
Nach ihrem Tod sollte diese Speisung und Fusswaschung, die ebenso
wie die biblische bei der Abendmahlseinsetzung «mandatum» genannt

---

28 Die Berner-Chronik des Conrad Justinger, hg. v. GOTTLIEB STUDER, Bern 1871, 32
   Kap. 53.
29 FRB 4, 64f. Nr. 56 (22.6.1301) (erste Erwähnung).
30 FRB 5, 281f. Nr. 233 (7.6.1322).
31 S. FRB 8, 236 Nr. 633 (27.1.1358).

wurde, von den Beginen im Bröwenhaus weitergeführt werden[32], von dem gleich die Rede sein wird. Die Niedere Samnung kehrte seit 1333 zu ihrem alten Namen zurück und wurde, damit sich in ihr keine neuen Abweichungen entwickeln konnten, im Jahr 1342 in ein geschlossenes Kloster von Deutschordensschwestern umgewandelt.[33] Zu diesem Zweck war es vorgängig mit beträchtlichem Besitz ausgestattet worden, der es den Nonnen erlaubte, ein kontemplatives Leben zu führen und auf das Betteln zu verzichten. Entsprechend zeigt die Meisterinnenliste - schon vor der Inkorporation in den Deutschen Orden - ein gehobenes soziales Niveau: Mechthild von Diessenhofen, Margareta von Belp, Bela (oder Belina) von Trachselwald, Anna Siblin, Agnes von Seedorf.[34]

Aber nicht genug. Im Jahr 1331 wurden in Bern zwei eigentliche Musterbeginenhäuser gegründet, die zeigen, welche Vorstellungen man sich damals sowohl auf städtischer als auch auf kirchlicher Seite von einem gesitteten Beginentum machte. Fünf Jahre zuvor hatte eine fromme Frau, Bela Scheppelerin von Thun (oder Burgdorf), ihr Haus an der Kirchgasse (heutige Junkerngasse Nr. 49) dem Deutschordensbruder Ulrich Bröwo zum Zweck einer wohltätigen Stiftung übergeben.[35] Am 28. Juni 1331 schenkte Ulrich Bröwo dieses Haus zusammen mit einem anderen, das auf der gegenüberliegenden Strassenseite (Junkerngasse Nr. 48) lag und dem verstorbenen Arzt Meister Jordan gehört hatte, dem 1307 von der Stadt gegründeten Niederen Spital. Dieses sollte in jedem der beiden Häuser höchstens dreizehn - nach der Zahl Christi und seiner Jünger - und mindestens zehn Frauen halten, welche Vertraute (lat. familiares) des Spitals und der Kranken sein und zugleich der Bruderschaft des Deutschordenshauses Bern oder sonst einer «approbierten und nicht verdächtigen Regel» (vita approbata et non suspecta) angehören mussten. Damit das Spital diese Häuser ihrem Zweck nicht entfremden könnte, übertrug Bröwo das Eigentumsrecht dem Deutschordenshaus Bern, unter der Bedingung, dass dieses das Spital bei der Besetzung der Häuser mit Frauen zum Nutzen und nach

---

[32] FRB 6, 67f. Nr. 74 (Aug. 1333), 185f. Nr. 194 (März 1335).
[33] FRB 6, 660f. Nr. 677 (6.5.1342).
[34] S. Helvetia Sacra, Die religiösen Laiengemeinschaften, Kt. Bern, Stadt Bern, Schwestern am Pfarrkirchhof, ungedrucktes Ms. (KATHRIN UTZ TREMP).

besonderem Bedarf der Kranken nicht hindern durfte. Wenn aber eine von den dreizehn Frauen in einen vom Konzil von Vienne (1311/1312) verdammten oder einen anderen Irrtum verfallen würde, war das Spital berechtigt, sie «wie ein räudiges Schaf» (velut ovem morbidum) auszustossen, damit sie nicht die anderen Frauen ansteckte, ebenso wenn eine der Frauen ihr Keuschheitsgelübde brechen sollte.[36]

Die vorliegende Gründungsurkunde zeichnet sich durch die grosse Präzision aus, mit welcher das später so genannte Bröwenhaus - wie auch das Jordanhaus - zwischen dem Niederen Spital mit dem Nutzungsrecht und dem Deutschordenshaus mit dem Eigentumsrecht so abgesichert wurde, dass praktisch kein Missbrauch entstehen konnte. Darüberhinaus wurden Vermögen und Arbeitskraft der Frauen einem im städtischen Sinn nützlichen Zweck, nämlich dem städtischen Spital, zugeführt. Vor allem fürchtete man sich vor einer Abweichung von den Bestimmungen des Konzils von Vienne, das, wie wir am Anfang ausgeführt haben, den Beginenstand verboten hatte. Mit diesen Dekreten hatte Ulrich Bröwo sich in seinem nicht überlieferten «Büchlein vom Himmlischen Tier» (libellus «animalis celestis») offenbar persönlich auseinandergesetzt. In dem bekannten Deutschordensleutpriester Diebold Baselwind, der aus dem Elsass stammte[37], hatte der bernische Rat wahrscheinlich einen eigenen, direkten Informanten über die Beginenverfolgungen in den oberrheinischen Städten, welche man in Bern unter allen Umständen verhüten wollte. In einer weiteren Urkunde wurde den Beginen im Bröwenhaus im Mai 1334 die Annahme der franziskanischen Drittordensregel denn auch noch ausdrücklich verboten und ihnen die Durchführung des «Mandats», das heisst der donnerstäglichen Speisung und Fusswaschung, ans Herz gelegt.[38]

Als nächste vergabte am 10. November 1340 die reiche, kinderlose Witwe Ita Isenhut ihr Haus an der Marktgasse (heutige Kramgasse?) dreizehn armen Frauen, die namentlich aufgezählt werden. Diese

---

[35] FRB 5, 514f. Nr. 474 (Juni 1326).

[36] FRB 5, 800-805 Nr. 752 (28.6.1331), s. auch ebd. 811-817 Nr. 760 (9.8.1331) (dt. Revers des Niederen Spitals). Zur Bezeichnung von Ketzern als «räudigen Schafen» s. PATSCHOVSKY (wie Anm. 5) 173.

[37] Sammlung Bernischer Biographien, hg. v. Historischen Verein des Kantons Bern, 5 Bde., Bern 1884-1906, 1, 241-244.

Schenkung geschah mit Zustimmung von Itas Vogt, dem damaligen Schultheissen Johann von Bubenberg d.J., der zugleich die Vogtei über das neue Beginenhaus übernahm, sowie im Einverständnis mit Itas Beichtvater, dem Deutschordensbruder Ulrich Bröwo. Wenn eine von den dreizehn Frauen sterben oder das Haus verlassen würde, sollte sie innerhalb von vierzehn Tagen ersetzt werden, und zwar nach den Kriterien der Bedürftigkeit, Armut, Krankheit und des Alters. Aber auch der Aufnahme von reichen Frauen, gewissermassen als Fördermitglieder, sollte nichts im Weg stehen, vorausgesetzt dass sie sich mit den gleichen Bedingungen begnügten, wie sie den armen geboten wurden. Am Schluss der Gründungsurkunde können wir wiederum die Abneigung des Deutschordensbruders Ulrich Bröwo gegen jegliche Abweichung von den «Gesetzen und Geboten der heiligen Christenheit» fassen; er gibt seine Abneigung hier als diejenige der Ita Isenhut aus: «Und vergich [sage] och offenlich ..., daz ich mit dirre gabe ... mines huses nit han willen ..., ze machenne deheinon [keine] samnunge ..., dü in dehein weg si oder sin müge wider Got und wider die gesetzede und dien gebotten der heiligen cristenheit, want ich wil, daz die personen, die offenlich werdent begriffen in deheinen dingen, die verdampnot sint von der heiligen cristenheit oder die von gewissen sachen argwenig werin, daz man die bi nüt emphahe in daz huse, noch die da inne behalte noch beschirme.»[39]

Bei diesem Gründungsakt findet sich manches, was im Fall des Bröwenhauses in mehreren Schritten geschah, zusammengefasst: hier wurden Erfahrungen verwertet, die man inzwischen bei der Gründung von solchen Häusern gemacht hatte. Aber noch in anderer Hinsicht ist die Gründung des Isenhuthauses als Reaktion auf Bröwen- und Jordanhaus zu verstehen: offenbar war dem Bedarf mit zwei Häusern von je dreizehn Plätzen Genüge getan, ja wahrscheinlich bestand bereits ein Überangebot, denn Bröwen- und Jordanhaus zählten nie je dreizehn Beginen und letzteres siechte neben dem ersteren sichtlich dahin.[40] Deshalb griff man mit dem Isenhuthaus eine Stufe tiefer und nahm Frauen auf, die selber bedürftig waren. Hier war das Armutsideal der Bettelorden inso-

---

[38] FRB 6, 115-117 Nr. 125.
[39] FRB 6, 548-551 Nr. 564.

fern vom Kopf wieder auf die Füsse gestellt, als die Frauen - von einzelnen Ausnahmen abgesehen - die Armut nicht freiwillig auf sich nahmen, sondern nur bewusster, unter von einer reichen Frau geschaffenen erleichterten Bedingungen lebten.

Am 24. April 1344 beschloss der Grosse Rat, dass in Zukunft keine Frau ohne seine Zustimmung ihr Gut anderen als ihren natürlichen Erben vermachen sollte.[41] Da Ita Isenhut ihr Vermächtnis im Einverständnis mit dem Schultheissen gemacht hatte, war diese Satzung wahrscheinlich nicht auf sie gemünzt. Trotzdem spricht aus ihr der Wille des Rats, solche wohltätigen Stiftungen, zu denen man offensichtlich mehr die Frauen als die Männer für fähig hielt, unter seine Kontrolle zu bringen und damit den Bedürfnissen der Stadt, wie er sie sah, anzupassen. Diese Satzung muss während des Pestjahres 1349, als sowohl die Notwendigkeit solcher Stiftungen als auch die Neigung dazu wuchs, noch an Bedeutung gewonnen haben. Jedenfalls wandelte am 29. November 1354 Anna Seiler im ausdrücklichen Einverständnis mit dem Kleinen und Grossen Rat ihre Häuser in der Neuenstadt vor den Predigern in ein Spital für dreizehn bettlägerige und bedürftige Personen um. Im Unterschied zu einem Beginenhaus war das Geschlecht der Pfleglinge nicht vorgeschrieben und sollten sie entlassen werden, sobald sie wieder zu Kräften gekommen waren[42]; und doch sieht man in Bern vielleicht besser als anderswo, dass die Übergänge zwischen Beginen und Spitalwesen fliessend waren, gerade zwischen Isenhuthaus und Seilerinspital, aber auch, auf der Ebene der aktiven Krankenpflege, zwischen Bröwenhaus und Niederem Spital. Aus der Gründungsurkunde des 1356 gestifteten Krattingerhauses, von dem wir gleich sprechen werden, lässt sich ebenfalls herauslesen, dass darin zumindest teilweise kranke Frauen Aufnahme finden konnten.

Am 1. Mai 1356 verabschiedeten Schultheiss, Kleiner und Grosser Rat eine Satzung, wonach in Zukunft «nieman in unser statt sin hus und sin hofstat geben ... sol ze deheinem convent noch samnung».[43] Damit be-

---

40 S. Helvetia Sacra, Die religiösen Laiengemeinschaften, Kt. Bern, Stadt Bern, Jordanhaus, ungedrucktes Ms. (KATHRIN UTZ TREMP).
41 SRQ Bern, Stadtrechte 1 und 2, 250 Nr. 74.
42 FRB 8, 78-81 Nr. 188.
43 SRQ Bern, Stadtrechte 1 und 2, 113 Nr. 80, s. ebd. 313 Nr. 208.

kundete die Führung der Stadt einmal mehr ihren Willen, nach überstandener Pest die Flut der frommen Stiftungen einzudämmen und den Besitz der Toten Hand nicht ins Unendliche wachsen zu lassen. Es kann deshalb nur mit ihrer Zustimmung geschehen sein, wenn zwei Wochen später Peter Krattinger, selber Mitglied des Kleinen Rats, sein Haus an der Herrengasse oberhalb von «Michels Türli» (heutige Nr. 3) sechs Beginen vermachte, und zwar - die zweite Überraschung bei dieser Stiftung - sechs «Regelschwestern vom Dritten Orden des Barfüsserordens».[44] Offenbar war der Rat seiner Sache inzwischen so sicher geworden, dass er es sich leisten konnte, selbst die bisher verpönte franziskanische Drittordensregel wieder zuzulassen. Entsprechend waren die Bestimmungen bezüglich eines gemeinsamen Lebens und persönlicher Armut beim Krattingerhaus strenger als bei den anderen bernischen Beginenhäusern. Die Zahl von nur sechs Beginen trug der Tatsache Rechnung, dass es in Bern mittlerweilen mit dem Bröwen-, dem Jordan- und dem Isenhuthaus bereits über vierzig Plätze für arme und weniger arme Beginen gab.

Nach dem Krattingerhaus entstanden in Bern gemäss dem «Stiftungs-Stopp» von 1356 keine weiteren Beginenhäuser mehr, mit einer Ausnahme, dem Dietrichhaus, von dem wir indessen weder den Gründer noch den Zeitpunkt der Gründung kennen. Es ist lediglich zum ersten Mal im Tellbuch (Steuerbuch) von 1389 in der Neuenstadt schattenhalb (heutige Marktgasse Nr. 21) belegt[45] und scheint recht bald auf Aussterbeetat gesetzt worden zu sein[46], möglicherweise weil es gegen den Willen des Rats gegründet worden war. Als zweite «wilde» Gründung kann vielleicht das Haus der Willigen Armen vor den Predigern bezeichnet werden, welches 1337 ganz zufällig zum ersten Mal erwähnt wird[47] und welches - allerdings laut sehr viel späteren Zeugnissen - ebenfalls die franziskanische Drittordensregel befolgte[48]. Abgesehen

44 FRB 8, 128-130 Nr. 349 (16.5.1356).

45 Die Tellbücher der Stadt Bern aus dem Jahre 1389, bearb. v. FRIEDRICH EMIL WELTI, in: AHVB 14, 1896, 505-704, 529 Nr. 416.

46 S. Staatsarchiv Bern, Fach Mushafen, 10.9.1400, 27.11.1410; Burgerbibliothek Bern, Archiv Burgerspital, Ob. Spital Nr. 103 (14.1.1414).

47 FRB 6, 346 Nr. 356 (Apr. 1337).

48 SRQ Bern, Stadtrechte 6/1, 93f. Nr. 9Ae (29.3.1501).

davon hatte der bernische Rat spätestens seit 1330 stärksten Einfluss auf das Geschehen genommen, um ähnlichen Auswüchsen, wie sie beim Beginenwesen im oberrheinischen Raum festzustellen sind, vorzubeugen. Bei den meisten bernischen Beginenhäusern handelt es sich nicht um zufällige Gründungen, sondern um von oben gesteuerte, die deshalb auch sozusagen auseinander hervorgehen, indem man bei jeder Neugründung Konsequenzen aus den Erfolgen und Fehlern der vorangegangenen zog. So sind Bröwen- und Jordanhaus als Reaktion auf die Obere Samnung zu sehen, das Isenhuthaus als Reaktion auf Bröwen- und Jordanhaus. Die bernischen Beginenhäuser hatten alle von Anfang an einen städtischen Vogt, nicht selten den Schultheissen selbst[49], was doch eher aussergewöhnlich ist. Weiter ist nicht einfach als selbstverständlich anzusehen, dass die Beginen überhaupt in grösseren Gruppen in Häusern mit halböffentlichem Charakter lebten; im benachbarten Freiburg sind während des ganzen 14. Jahrhunderts weitaus mehr Beginen nachzuweisen, die einzeln oder zu zweien in Privathäusern wohnten, als solche, die sich zu einer Regel oder einem Beginenhaus bekannten.[50]

Indem man sie sozusagen in Häuser «einsperrte», machte man in Bern die Beginen sowie ihr Tun und Lassen kontrollierbar. Mehr noch: es gelang, ihnen vorzuschreiben, *was* sie zu tun und *was* sie zu lassen hatten. Sie hatten Kranke zu pflegen und jede Beschäftigung mit theologischen Fragen, die bei ihrer Halbbildung leicht zu Ketzereien führen konnte, zu unterlassen. Das Vorgehen war von Erfolg gekrönt: es gab zwar in der zweiten Hälfte des 14. Jahrhunderts in bernischem Gebiet durchaus noch Fälle von Häresie, aber Beginen waren darin, soweit wir sehen, nicht verwickelt.[51] Im Spannungsfeld zwischen Ketzerei und Krankenpflege[52] standen die bernischen Beginen ganz auf der Seite der Krankenpflege und entwickelten deshalb auch kaum eigene Spiritualität. Nur: ebensowenig wie von Ketzerei hören wir in der zweiten Hälfte des

---

[49] SRQ Bern, Stadtrechte 1 und 2, 306 Nr. 195 (undatierte Satzung, von 1464?).
[50] Helvetia Sacra, Die religiösen Laiengemeinschaften, Kt. Freiburg, Stadt Freiburg, ungedrucktes Ms. (KATHRIN UTZ TREMP).
[51] JUSTINGER (wie Anm. 28) 147f. Kap. 228, 186 Kap. 303.
[52] S. dazu auch MARTINA WEHRLI-JOHNS, Maria und Martha in der religiösen Frauenbewegung, in: Abendländische Mystik im Mittelalter, Symposion Kloster Engelberg

14. Jahrhunderts von Krankenpflege. Stattdessen widmeten sich die stadtbernischen Beginenhäuser - auch diejenigen, welche für die Krankenpflege gegründet worden waren - unterschiedslos der Begehung von Jahrzeiten.[53] Darunter sind Gedächtnisgottesdienste zu verstehen, die jeweils am Jahrestag eines Hinschiedes abgehalten wurden und an denen die Beginen, ähnlich wie an der Beerdigung selbst, in der Rolle von Trauernden teilnahmen. Dafür wurden sie ebenso wie die Priester, welche die Jahrzeitmessen zelebrierten, aus dem Stiftungskapital einer Jahrzeit bezahlt. Das Kapital selbst wurde in der Regel nicht von den Beginen verwaltet, sondern von den grossen Ordenshäusern der Deutschherren, Franziskaner und Dominikaner oder von den Spitälern, die allen Mitwirkenden am Jahrzeitgottesdienst den ihnen vom Verstorbenen zugedachten Zinsanteil auszurichten hatten.

Anders in Basel. Hier[54] verwalteten die Beginen, insbesondere die Franziskaner-Terziarinnen, diese Gelder in grossem Umfang selber, vor allem bei den Jahrzeiten, die im Franziskanerkloster begangen wurden. Dies erlaubte den dortigen Barfüssern, sich den Schein von Besitzlosigkeit noch zu geben, als sie längst feste Einkünfte bezogen, und wurde den Basler Beginen letztlich zum Verhängnis. Es waren Angehörige der beiden anderen Bettelordensniederlassungen, der Dominikaner und der Augustinereremiten, welche den Franziskanern diesen Schein nicht gönnten und sich deshalb in den ersten Jahren des 15. Jahrhunderts vornehmlich in der Predigt gegen sie wandten. Dabei tat sich insbesondere der Dominikanerpater Johannes Mulberg[55] hervor, welcher die Beginen als «Milchkühe» der Franziskaner bezeichnete und ihnen als Laien das

---

53 1984, hg. v. KURT RUH, Stuttgart 1986 (Germanistische Symposien, Berichtsbd. 7), 354-367, 466-468.

53 Helvetia Sacra, Die religiösen Laiengemeinschaften, Kt. Bern, Stadt Bern, ungedrucktes Ms. (KATHRIN UTZ TREMP) passim.

54 Das folgende nach BERNHARD NEIDIGER, Mendikanten zwischen Ordensideal und städtischer Realität, Untersuchungen zum wirtschaftlichen Verhalten der Bettelorden in Basel, Berlin 1981 (Berliner historische Studien 5; Ordensstudien III), insbes. 126-132, und BRIGITTE DEGLER-SPENGLER, Der Beginenstreit in Basel, 1400-1411, Neue Forschungsergebnisse und weitere Fragen, in: Il movimento francescano della penitenzia nella società medioevale, Atti del 3° convegno di studi francescani, Padova, 25-26-27 settembre 1979, a cura di MARIANO D'ALATRI, Roma 1980, 95-105.

55 Zu ihm s. zuletzt BERNHARD NEIDIGER und KURT RUH, in: VerLex 6, Berlin-New York ²1987, Sp. 725-734.

Recht bestritt, von kirchlichen Einkünften, Jahrzeitstiftungen und Almosen zu leben. Stattdessen sollten die kräftigen Frauen sich von ihrer Hände Arbeit ernähren. Die jahrelange Hetze sowie ein an der Kurie in Rom angestrengter Prozess führten schliesslich dazu, dass im Jahr 1411 sämtliche Beginen, etwa 400 an der Zahl, aus Basel vertrieben und ihre Häuser beschlagnahmt wurden. Das war gewiss eine extrem brutale Lösung des Beginenproblems, aber auch in den meisten anderen Städten, etwa in Zürich[56] oder Freiburg[57], verschwanden diese frommen Frauen im 15. Jahrhundert völlig von der Bildfläche, wenn auch in allmählichem Niedergang und nicht in gewaltmässiger Vertreibung.

Und in Bern? Hier kam es im 15. Jahrhundert zu einer ganz erstaunlichen Blüte des Beginenwesens, wie wir sie sonst nirgends finden, und dies, obwohl es an der Wende vom 14. zum 15. Jahrhundert auch in Bern so etwas wie eine Beginenverfolgung gegeben hatte. Die Angaben, welche der Chronist Konrad Justinger darüber macht[58], sind umso wert-

---

56 MARTINA WEHRLI-JOHNS, Geschichte des Zürcher Predigerkonvents (1230-1524), Mendikantentum zwischen Kirche, Adel und Stadt, Zürich 1980, insbes. 122.

57 Wie Anm. 50.

58 JUSTINGER (wie Anm. 28) 193f. Kap. 319: «Daz man die beginen vertreib. Do man zalte von gots geburt MCCCCIIII jar, waz gar ein seliger gelerter man ze Basel, hies bruder Johans von Mulberg, Predier ordens; der hat geprediet wider die beghart und beginen und wider ir müssiggan und wider die starken betler so lang, daz er daselbs vertreib wol fünfzehen hundert beghart und beginen und stark betler. Die mere kamen gen Bern, da vil hüser sint mit beginen, die almusen nement. Die rete ze Bern wolten gedenken, waz inen harinne ze tun were, und besanten den official von Losen und alle ir gelerten pfafheit, und baten innen harunder raten, waz ze tunde were. Und nachdem do die pfafheit der Barfussen bullen und brief verhorten, die [si] ouch gern geschirmt hetten, do gab die pfafheit den reten ze antwurt uf ir priesterlich ampt, daz die beginen ze Bern mit irem stat, mit ir wise und mit dem almusennemen, die sich ân daz almusen wol began möchten, mit dem rechten nit bestan möchten. Darumb man den beginen gebot, daz si die kabesköpf abteten und die tüchlin haruss hangkten. Daz taten si nit lang und achtoten klein, ob es recht oder letz were.» Ebd. 196 Kap. 324: «Waz die beginen sprachen. Do morndes wart am fritag, do waz die schöne stat Bern ein arm ellend angesicht. Der am abent waz rich, der waz am morgen ein betler. Und gap man vil lüten in die hospitale, und waz ein kleglich not umb vil erber lüten, so verbrunnen warent. Nu sprachent etlich beginen, man hette daz unglück an inen verschult, darumb daz si die kabesköpf nit me tragen sölten und die tüchli ushenken. Daz düchte si als ein gros sach sin, daz darumb land und lüt undergan sölte. Daz verantwurten etlich lüt also: warumb het denne Got verhenget, daz drü beginenhüser ouch verbrunnen sint?»

voller, als sie von einem Zeitgenossen und Augenzeugen stammen. Ausserdem sind die beiden Chronikkapitel - was gar nicht recht zum Ernst der Lage passen will - ganz amüsant zu lesen und enden in einem Scherz über den Ernst, mit welchem die Beginen selber - verständlicherweise - auf ihre Verfolgung reagierten. Dies lässt sich letztlich damit erklären, dass man in Bern gar nie auf den Gedanken gekommen wäre, die Beginen in Frage zu stellen oder gar zu vertreiben, wenn man nicht - laut Justinger - aus Basel gehört hätte, dass dort ein gelehrter Dominikanerbruder namens Johannes Mulberg gegen die faulen Beginen predige. Darauf stellte man fest, dass es auch in Bern viele Häuser mit Beginen gab, die von Almosen (hier wohl als Jahrzeitzinsen zu verstehen) lebten. Dennoch war der Rat - immer laut Justinger - vorerst gar nicht sicher, ob überhaupt und wie man gegen sie vorgehen müsste, und setzte deshalb zunächst einmal eine geistliche Expertenkommission ein. Diese kam zum Schluss, dass der Beginenstand mit kirchlichen Einkünften und eigener Ordenstracht sich mit dem (kanonischen) Recht tatsächlich nicht in Einklang bringen lasse. Darauf gebot der Rat den Beginen, ihre besondere Kopfbedeckung, die im Volk «Kabiskopf» genannt wurde, abzulegen. Diesem Gebot wurde indessen kaum Folge geleistet, nicht zuletzt weil der Rat offensichtlich nichts unternahm, um ihm Nachdruck zu verschaffen. Vielmehr forderte der grosse Stadtbrand von 1405 seine ganze Aufmerksamkeit, und die widerspenstigen Beginen blieben nicht nur ungestraft, sondern waren zudem noch hochmütig genug (so zumindest verstehe ich Justinger), den Brand als Strafe Gottes für die Stadt zu interpretieren, welche ihnen die «Kabisköpfe» hatte verbieten wollen. Die schlagfertige Antwort, welche bei Justinger wiedergegeben wird, konnte nur sein, dass Gott in diesem Fall nicht auch drei Beginenhäuser hätte verbrennen lassen dürfen.

Die Berner Beginen«verfolgung» (Verfolgung in Anführungszeichen) zeigt sehr schön, wie sich gerade im Fall der Beginen die Polemik selbständig machen und deshalb auch auf unfruchtbaren Boden fallen konnte. Dem Argument, dass arbeitsfähige Leute von ihrer Arbeit und nicht vom Bettel leben sollten, war in der europäischen Geschichte der Neuzeit eine grosse Zukunft beschieden. Bei Mulberg hatte es in der Polemik gegen die Beginen zumindest teilweise den Häresieverdacht abgelöst.[59] In Bern scheint es - vorläufig noch - ungehört verhallt zu sein, vielleicht weil die Beginen hier im Spital tatsächlich Arbeit im neuzeitlichen Sinn verrichteten oder weil man auch das Begehen von Jahrzeiten als Arbeit betrachtete. Der Hauptgrund war wohl, dass gar kein echtes Bedürfnis bestand, irgendetwas gegen die Beginen zu unternehmen, und man deshalb auch keinen Vorwand dazu brauchte. Im Unterschied zu Basel hatte in Bern die Zahl der Beginen dank der ständigen Überwachung durch den Rat ein erträgliches Mass keineswegs überschritten, und diese waren zudem sozial besser in der städtischen Bevölkerung integriert als die Basler Beginen.[60] Man könnte noch weitergehen und die Hypothese wagen, dass das Beginentum in einer Stadt mit so ausgeprägtem Kirchenregiment, wie wir es bei Bern immer wieder feststellen[61], eine ideale Form weiblichen Religiosentums darstellte, weil auf diese Weise keine mächtigen Ordensverbände die weisen Anordnungen des städtischen Rats in Frage stellen konnten.

Es erhob denn auch niemand Einspruch dagegen, dass der Rat im Lauf des 15. Jahrhunderts die sieben Beginenhäuser, welche zu Beginn des 15. Jahrhunderts bestanden, auf vier reduzierte. Dabei kann es nicht sein Ziel gewesen sein, den Beginenstand zu schwächen, sonst wären aus der Zusammenlegung von je drei Häusern mit der gleichen Regel kaum vier Häuser gestärkt hervorgegangen.[62] Zwischen 1420 und 1435 wurde das Dietrichhaus, welches vermutlich nie die Gnade des Rates gefunden hatte, mit dessen ausdrücklicher Zustimmung mit dem Haus der Willigen Armen vor den Predigern zusammengelegt. Zwischen 1438 und 1458 verschwand das Jordanhaus, welches nie aus dem Schatten des Bröwenhauses herausgekommen war, und wurde mit dem Isenhuthaus oder allenfalls mit dem Bröwenhaus selbst vereinigt. Damit entstand, nachdem das Isenhuthaus zu einem unbestimmten Zeitpunkt von der Kramgasse (?) ebenfalls an die Junkerngasse verlegt worden war, an der letzteren ein Zentrum von Schwestern, die alle dem Niederen Spital und dem Deutschordenshaus unterstellt waren und alle nach ihrem weissen

---

59 SCHMITT (wie Anm. 8) insbes. 152-160.
60 Zu Basel s. DEGLER-SPENGLER (wie Anm. 9) insbes. 66f.
61 S. KATHRIN TREMP-UTZ, Das Kollegiatstift St. Vinzenz in Bern, von der Gründung 1484/85 bis zur Aufhebung 1528, Bern 1985 (AHVB 69), insbes. 211f.
62 Die Einzelbelege zum folgenden in Helvetia Sacra, Die religiösen Laiengemeinschaften, Kt. Bern, Stadt Bern, ungedrucktes Ms. (KATHRIN UTZ TREMP).

Gewand «Weisse» Schwestern genannt wurden. Die Junkerngasse aber situiert sich auch räumlich zwischen dem Niederen Spital und der vom Deutschen Orden betreuten Leutkirche. Zwischen 1459 und 1467 (allenfalls 1471) schliesslich verschwand das Krattingerhaus und wurde möglicherweise mit dem Haus der Beginen an der Brügg zusammengelegt. Damit war an der Herrengasse ebenfalls ein Zentrum von Schwestern entstanden, die alle dem Franziskanerkloster und seit 1409 ausdrücklich auch der Leutkirche unterstellt waren und die alle nach dem grauen Kleid der Drittordensleute «Graue» Schwestern genannt wurden. Auch die Herrengasse situiert sich räumlich zwischen dem Barfüsserkloster und der Leutkirche, den beiden Polen, zwischen welchen die Grauen Schwestern sich bewegen durften. Auf solche Weise werden die herrschaftlichen und spirituellen Strukturen, in welche die bernischen Beginenhäuser eingebettet waren, auf dem Stadtplan entlang der Achse Herrengasse-Junkerngasse sichtbar (Abb. 1). Den Weissen Schwestern an der Junkerngasse kam auch deshalb besonderes Gewicht zu, weil sie in mehrfacher Hinsicht die Nachfolge der Deutschordensschwestern am Pfarrkirchhof angetreten hatten, deren Kloster in den Jahren 1426/1427 wegen des Münsterneubaues hatte abgebrochen werden müssen.[63] Ihre Meisterinnen, etwa Margreth Diesbachin oder Margreth Tüdingerin, waren stadtbekannte Persönlichkeiten, die in vielen Testamenten mit individuellen Legaten bedacht wurden.[64]

Der Verteilung der Beginenhäuser in der Stadt entsprach eine Aufteilung ihrer «Arbeit» (hier noch in Anführungszeichen), wie sie sich sehr schön aus dem Testament des 1499 verstorbenen Urs Werder herauslesen lässt. Dieses ist vor allem deshalb so interessant, weil es vom Rat mit Zusätzen versehen worden war, von denen einer die vier Beginenhäuser betraf. Werder hatte ursprünglich nur die Beginen im Bröwenhaus mit jährlich 7 Schilling bedacht, damit sie an seinem Jahrzeittag

---

63 SRQ Bern, Stadtrechte 6/1, 69-71 Nr. 8 b (14.10.1426), 75-77 Nr. 8c/1 (1.5.1427).
64 Staatsarchiv Bern, Fach Burgdorf, 23.1.1459; ebd., Testamentenbuch 1, f. 180r (1470/16.11.1472); 2, f. 1v (9.3.1488), 23r (18.11.1493); 3, f. 75r (11.9.1519). Ein hübsches und vielleicht nicht einmal ganz falsches Bild vom spätmittelalterlichen Bröwenhaus hat MARIA WASER in ihrer Novelle «Die letzte Liebe des Stadtschreibers» (in: Von der Liebe und vom Tod, Novellen aus drei Jahrhunderten, Stuttgart-Berlin 1919, 9-78) gezeichnet.

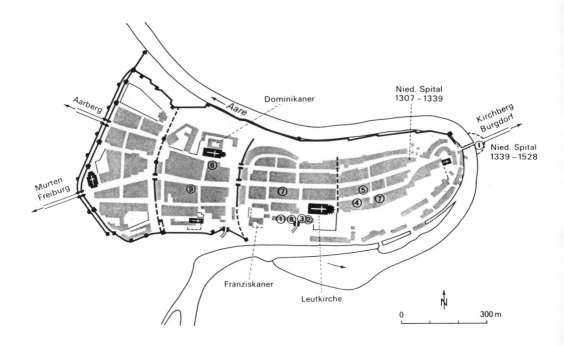

Abb. 1: Die bernischen Beginenhäuser

Erläuterungen zu Abb. 1:

<u>Die bernischen Beginenhäuser</u>
(in chronologischer Reihenfolge)

1 - 1   *Schwestern an der Brügg oder Graue Schwestern*
        (1288 [1264?]-1528)
        an der Untertorbrücke - Herrengasse Nr. 9

    2   *Schwestern am Pfarrkirchhof*
        (1301-1342)
        an der Stelle des Westflügels des heutigen Stiftsgebäudes

    3   *Obere Samnung*
        (1322-1331)
        Herrengasse schattenhalb (?)

    4   *Schwestern im Bröwenhaus oder Weisse Schwestern*
        (1331-1528/1562)
        Junkerngasse Nr. 49

    5   *Jordanhaus*
        (1331-1438/1458)
        Junkerngasse Nr. 48

    6   *Die Willigen Armen vor den Predigern*
        (1337-1528)
        Zeughausgasse Nr. 25

7 - 7   *Isenhuthaus*
        (1340-1528)
        Kramgasse (?) - Junkerngasse Nr. 37

    8   *Krattingerhaus*
        (1356-1459/1467 [1471?])
        Herrengasse Nr. 3

    9   *Dietrichhaus*
        (1389-1420/1435)
        Marktgasse Nr. 21

sein Grab und dasjenige seiner Frau «zeichneten» und mit dem Kreuz darüber gingen. Dagegen wollte der Rat für den gleichen Dienst alle vier Beginenhäuser mit je 1 Pfund bedacht haben, und zwar sollten «die swestern vor den Predigern jerlich uff dem jarzittlichen tag ein grab zuo den Predigern, so darumb geordnet wirdt, zeichnen, dessglichen ... die swestern an der Herrengassen von Egerden ein ir grab zuo den Barfuossen und aber die wissen swestern in dem Bröuwenhus mitt hilff deren in Isenhuotts hus die zwey greber in Unnser lieben frowen bruoderschafft capellen (im Münster)».[65] Damit erscheinen die Beginen im Bröwen- und Isenhuthaus dem Münster zugeordnet, die Beginen an der Brügg der Franziskanerkirche und die Willigen Armen vor den Predigern der Dominikanerkirche. Auf diese Weise hatten um 1500 alle vier stadtbernischen Beginenhäuser in Zuordnung zu den drei wichtigsten Kirchen der Stadt ihren dem Rat wohlgefälligen Platz gefunden.

Wenn wir abschliessend auf die Frage zurückkommen wollen, welche «Arbeiten» (immer noch in Anführungszeichen) die bernischen Beginen verrichtet haben, so weil davon ganz stark ihre Bewertung durch das vorreformatorische und reformatorische Bern abhing. Die Hauptquelle für diese Fragestellung sind die Testamente, welche seit ungefähr 1400 einigermassen vollständig in den städtischen Testamentenbüchern überliefert sind. Dabei stand an erster Stelle zweifellos das Begehen von Jahrzeiten, auch bei denjenigen Beginenhäusern, die wie das Bröwen- und Jordanhaus im Hinblick auf die Pflege der Kranken gegründet worden waren und die sich bereits in der zweiten Hälfte des 14. Jahrhunderts auch der Begehung von Jahrzeiten «mit Gebeten und guten Werken» widmeten.[66] Unter den Gebeten sind Gebete für die Verstorbenen zu verstehen, unter den guten Werken Spenden für die Armen und Opferbeiträge in den Kirchen, zu welchen den Beginen die Mittel von den Stiftern der Jahrzeiten zur Verfügung gestellt wurden. Zum Begehen einer Jahrzeit gehörten in jedem Fall der Gang über das Grab am Abend

65 Staatsarchiv Bern, Testamentenbuch 2, f. 54v-55r, 66v (undat.), s. ebd., Fach Insel Nr. 509 (7.12.1499). S. dazu RUDOLF FETSCHERIN, Urs Werders Testament, Ein Beitrag zur Geschichte Berns aus dem 15. Jahrhundert, in: Berner Tb. 3, 1854, 51-72.

66 Die Einzelbelege zum folgenden in Helvetia Sacra, Die religiösen Laiengemeinschaften, Kt. Bern, Stadt Bern, Einleitung, ungedrucktes Ms. (KATHRIN UTZ TREMP).

vor dem Jahrzeittag (Vigil) und am Morgen des Tages selbst sowie das sogenannte Bezeichnen (Segnen?) der Gräber mit Gras oder Tüchern und Kerzen, und ferner die Anwesenheit bei den Seelmessen, so dass die Beginen ganz von selbst zu Aufsichtspersonen über die richtige Durchführung der Jahrzeiten durch die Priester wurden; in einem Fall wird ihnen sogar aufgetragen, die Angehörigen des Verstorbenen daran zu erinnern, wann dessen Jahrzeit abgehalten wurde. Mit der Zeit scheint man auch immer mehr Wert auf die Anwesenheit der Beginen beim Begräbnis sowie bei den Messen am siebenten und dreissigsten Tag nach dem Tod gelegt zu haben, so dass diese zu eigentlichen «Leidfrauen» wurden. So kann man denn auch in den trauernden Frauen der plastischen Heiliggrabdarstellung von 1433 in der Kathedrale von Freiburg ohne weiteres Beginen sehen (Abb. 2a und 2b).

Die Krankenpflegedienste, welche die Beginen der bernischen Bevölkerung leisteten, sind viel weniger aktenkundig als die bei den Jahrzeiten geleisteten Dienste. In der Gründungsurkunde des Bröwen- und Jordanhauses werden die Beginen als «Familiaren» (mittelhochdeutsch «Heimlicher») des Niederen Spitals bezeichnet[67], in einer päpstlichen Bestätigung von 1415 deutlicher als «Frauen und treue Personen, welche zeitweise den in diesem Armenspital liegenden Armen und Kranken dienen und aufwarten» (mulieres et persone fideles ministrantes et famulantes pro tempore pauperibus et infirmis in eodem hospitali pauperum decumbentibus)[68]. Wenn abgesehen davon das Bröwenhaus im 15. Jahrhundert kaum mehr im Zusammenhang mit dem Niederen Spital erscheint, dann mag dies auch darin begründet sein, dass das Spital seinen Charakter verändert hatte und zu einer Pfründenanstalt geworden war.[69] Das nachreformatorische Bröwenhausurbar von 1558 wirft den Beginen in einer historischen Einleitung vor, dass sie vor allem reichen Kranken und Sterbenden abgewartet hätten.[70] Für individuelle Krankenpflege gibt es in der Tat einige Zeugnisse, so wenn die ehemalige Magd der wohlhabenden und frommen Frau Anna von Krauchtal, Greda zer Flü,

---

67 Wie Anm. 36.
68 Staatsarchiv Bern, Fach Insel Nr. 184 (23.2.1415).
69 HANS MORGENTHALER, Geschichte des Burgerspitals der Stadt Bern, Bern 1945, 22ff.
70 Staatsarchiv Bern, Urbar Bern Insel Nr. 3 (1558), f. Vv–VIr.

Abb. 2a: Grablegung (1433, Ausschnitt)

Heiliggrabkapelle, Kathedrale Freiburg/Schweiz

Von links nach rechts:
Nikodemus, Engel, trauernde Frau, Maria, Johannes,
trauernde Frau, Joseph von Arimathia, Maria Magdalena

Abb. 2b: Grablegung (1433, Ausschnitt)

Heiliggrabkapelle, Kathedrale Freiburg/Schweiz

Trauernde Frau zwischen Johannes und Maria Magdalena

vorübergehend aus dem Bröwenhaus entlassen wurde, um deren letzte
Pflege zu übernehmen[71], oder - ein negativer Beleg - wenn sich der
mächtige Stiftspropst Johannes Armbruster in seinem Testament ausdrücklich die Anwesenheit und Hilfe jeder Frau oder Begine in seiner
Todesstunde verbat[72]. Die Funktion der Beginen als «Leidfrauen» geht
zwanglos aus ihrer Funktion als Krankenpflegerinnen hervor. Das beste Zeugnis aber hat den Beginen - gerade auch den Grauen Schwestern -
der Totentanzmaler Niklaus Manuel in seinen das Bild der Begine be-
gleitenden Versen ausgestellt, auch wenn das Bild nachträglich übermalt
und die Begine durch Anfügung von Schnauz und Bärtchen zu einem
hässlichen Begarden verunstaltet worden ist (Abb. 3):

> «Der Tod spricht zu der Bägin:

> Khum har, Bägin im grouwen Kleyd,
> Muost tantzen, es sye dir lieb oder leyd!
> Jetz muost den Wäg ouch selber gan,
> Den du den Krancken zeygtest an!

> Die Bägin gibt Antwort:

> Den Siechen wachet ich Tag und Nacht,
> Den Tod ich inen han liecht gemacht;
> Jetz bin ich ouch am selben Ort
> Und empfind, das nüt helfend die Wort.»[73]

Aufgrund der von ihnen geleisteten Arbeit (jetzt nicht mehr in Anführungszeichen) fiel die Bewertung der Beginen durch das vorreformatorische und reformatorische Bern insgesamt sehr viel positiver aus als etwa
diejenige der Frauenklöster. Von ihrer Tätigkeit als «Leidfrauen» hielt
man freilich nicht mehr viel und schränkte diese zusammen mit den
weiteren Begräbnisfeierlichkeiten bereits fünf Jahre vor der Reformation

---

71 Staatsarchiv Bern, Fach Burgdorf, 23 1.1459; ebd., Testamentenbuch 1, f. 116r-
116v; ebd., Fach Insel Nr. 410, 418, 419 (13.4.; 6., 22.10.1466).
72 Staatsarchiv Bern, Testamentenbuch 2, f. 158v (3.2.1508).
73 Der Berner Totentanz des Niklaus Manuel (etwa 1484 bis 1530), in den Nachbil-
dungen von Albrecht Kauw (1649), hg. und eingel. v. PAUL ZINSLI, Bern 21979
(Berner Heimatbücher 54/55), Text zu Tafel IX.

Abb. 3: Begine

(zu einem Begarden verunstaltet?)

Im Totentanz des Niklaus Manuel (1516/17)

Ausschnitt aus Albrecht Kauws Aquarellkopie (1649)

Bernisches Historisches Museum

ein.[74] Die Reformation beseitigte schliesslich jeglichen «todten dienst, als vigiln, selmess, selgrät, sibend, trissgost, jarzyt, amplen, kerzen und derglichen», und nahm damit den Beginen ihr wichtigstes Betätigungsfeld und mit dem Befehl zur Rückerstattung der Jahrzeitstiftungen auch die materiellen Grundlagen weg.[75] Es war nur konsequent, wenn der Rat ihnen am 24. Juli 1528 gebot, «die Kutten abzuziehen».[76] Dagegen stimmte das Bröwenhaus zumindest in seinen Ursprüngen so sehr mit reformatorischen Vorstellungen überein, dass der Rat ganze zwanzig Jahre über die Reformation hinaus schwankte, ob er es aufheben oder weiterbestehen lassen wollte, eine Frage, die sich ihm bei keinem andern Kloster stellte. Das Zögern lässt sich noch aus der Einleitung zum Bröwenhausurbar von 1558 herauslesen, wo es heisst, dass man solche Schwestern insbesondere in Pestzeiten gut gebrauchen könnte und deshalb auch aus öffentlichen Mitteln besolden würde, dass sich aber leider kein Nachwuchs mehr finden lasse, weil über dem Bröwenhaus wie über einem Ordenshaus der Schatten der abergläubischen päpstlichen Missbräuche liege.[77] Aus diesem Dilemma hat den Bernern erst das von Sophie Dändliker-Wurstemberger im 19. Jahrhundert begründete Diakonissenhaus herausgeholfen, welches hiermit im Bröwenhaus zu einem wohl eher unerwarteten mittelalterlichen Vorgänger gekommen ist.[78]

---

[74] SRQ Bern, Stadtrechte 1 und 2, 428 Nr. 395 (2.4.1523), s. Aktensammlung zur Geschichte der Berner-Reformation 1521-1532, hg. v. RUDOLF STECK und GUSTAV TOBLER, Bern 1923, 87 Nr. 338 (6.1.1524), 89-92 Nr. 344 (16.1.1524).

[75] Aktensammlung (wie Anm. 74) 521 Nr. 1371 (17.11.1527), 702 Nr. 1647 (27.4.1528).

[76] Aktensammlung (wie Anm. 74) 770 Nr. 1788.

[77] Wie Anm. 70.

[78] Sammlung Bernischer Biographien (wie Anm. 37) 4, 1902, 399-419, insbes. 399-401.

II

FRAUENBILDER

ALICE ZIMMERLI-WITSCHI

VOM KLOSTER ZUR KÜCHE -
FRAUEN IN DER REFORMATIONSZEIT

I. EINLEITUNG

Als Historikerin wollte ich untersuchen, wie Frauen in dieser Zeit des Umbruchs und der Neugestaltung gedacht und gehandelt hatten. Ich war neugierig darauf zu wissen, ob hier wohl Dinge passiert sein könnten, von denen wir nichts wissen, über die sich - wie oft - wieder der Staub der Geschichte gelegt haben könnte. Hier wollte ich sozusagen den Spaten ansetzen, umgraben, und aufzudecken versuchen. Meine Untersuchungen - die Ergebnisse langjährigen Akten- und Quellenstudiums - habe ich in der Dissertation «Frauen in der Reformationszeit» veröffentlicht.[1]

Wenn ich mich also zu Frauen in der Reformationszeit äussere, so möchte ich das weitgehend aus der Sicht von Frauen der Zeit selbst tun, das heisst basierend auf Frauenschrifttum der Zeit. Einleitend zuerst ein paar Bemerkungen zur Quellensituation:

Es ist naheliegend, dass beim geringen Grad der Alphabetisierung der damaligen Bevölkerung nur wenige Frauen in der Lage waren, sich schriftlich zu ihrer Situation zu äussern. Dadurch, dass die neue Lehre Zölibat und Klosterstand vehement ablehnte, gehörten vor allem *Klosterfrauen* zu den ganz direkt und unmittelbar betroffenen Frauen. Durch ihren für diese Zeit oftmals beträchtlich hohen Bildungsstand waren die Klosterfrauen in der Lage, sich zu artikulieren und in beredter Weise schriftlich Zeugnisse dieser Epoche zu geben.

Interessante Dokumente sind zum Beispiel die chronikartigen Aufzeichnungen der Klostervorsteherinnen von St. Leonhard in St. Gallen, St. Katharinental bei Diessenhofen und die besonders hervorzuhebende mehrhundertseitige Schrift der Klosterschreiberin Jeanne de Jussie von St. Klara in Genf. Gutes Quellenmaterial bieten auch die «Akten-

---

1 ALICE ZIMMERLI-WITSCHI, Frauen in der Reformationszeit, Diss., Zürich 1981.

sammlungen zur Geschichte der Reformation», Chroniken, sowie allgemein die «Quellen zur Geschichte der Täufer in der Schweiz».

Ich möchte nun zunächst auf die Frauen eingehen, die die neue Lehre ablehnten und sich mit Leib und Seele für ihren Klosterstand engagierten.

Die Überzeugung, durch das Klostergelübde eine gottgeweihte Person, ein Wesen höherer Ordnung geworden zu sein, war für viele der tiefreligiös empfindenden Frauen der Gedanke, der eine Annahme der Reformation zum vornherein ausschloss.

Aus der Fülle des Materials wähle ich die folgenden Beispiele aus:

Eines der Frauenklöster, das in der Austrittsfrage einen deutlich negativen Standpunkt einnahm, war das Kloster St. Klara in Nürnberg. Die Äbtissin, die gelehrte *Charitas Pirckheimer*, leistete zusammen mit ihren Frauen erbitterten Widerstand gegen die Angriffe auf das Kloster und gegen dessen Auflösung. Trotzdem die Bemühungen zur Erhaltung des Klosters letztlich nicht erfolgreich waren, muss doch die Tatsache hervorgehoben werden, dass von den sechzig Nürnberger Klarissinnen nur eine einzige Frau freiwillig das Kloster verlassen hat!

Solche *überzeugte Klosterfrauen* finden wir auch an verschiedenen Orten in der Schweiz, zum Beispiel im Dominikanerinnenkloster *St. Katharinental* bei Diessenhofen, wo zur Zeit der Reformation 33 Nonnen lebten. Wie der Schrift der Priorin zu entnehmen ist, flohen die Frauen aus dem Kloster vor der Gewalt der ungestümen Neuerer 1529 nach Villingen. Sie lebten dort in steter Hoffnung auf eine Rückkehr nach St. Katharinental. Die Standhaftigkeit und Beharrlichkeit der Frauen war nicht umsonst.

Nach dem Kappelerkrieg wurde im Zweiten Landfrieden vereinbart, dass der alte Glaube wieder ungehindert praktiziert werden dürfe. Aufgrund der Bestimmungen konnte die Rekatholisierung im Thurgau durchgeführt werden, die vertriebenen Frauen von St. Katharinental hielten wieder Einzug im Kloster. Auch die elf während der ganzen Zeit im Kloster verbliebenen Frauen, welche die Ordenstracht abzulegen gezwungen worden waren, nahmen wieder mit Freuden die alte Lebensweise auf.

Grosse Standhaftigkeit in ihrem Glauben bewiesen auch die Klosterfrauen der *St. Galler* Frauenklöster, nämlich die Klosterfrauen von St.
Leonhard und von St. Klara.

Trotzdem diese ihr gewohntes Leben in der Reformationszeit längst
nicht mehr weiterführen konnten und als Verachtete kein leichtes Dasein
fristeten, nahm keine der Frauen das am 3. November 1529 erfolgte
Angebot der Obrigkeit an, auszutreten und dafür hundert Gulden als
Mitgift zu beziehen. Alle wollten beisammen bleiben. Doch kaum ein
halbes Jahr verging, so mussten die Frauen von St. Leonhard wieder
vor dem Rat in St. Gallen erscheinen, für den die baldige Räumung des
Klosters feststand. Nach Erhalt ihres «eingebrachten Guts» sollten die
Frauen auseinandergehen. Auf dieses Ansinnen des Rates hin wies eine
der beherzten Nonnen auf den Wert ihrer in dreissig Jahren geleisteten
Arbeit hin, der nirgends abgegolten werden sollte. Als alte Frau betonte
sie auch den Verlust durch die Geldentwertung, von dem sie besonders
hart betroffen wäre. Begreiflicherweise erregte dieses wahrscheinlich
unerwartete Votum den Ärger der Amtspersonen. «Do ward der bur-
germeister vast zornig und hiess sie schwigen oder ir würd böser begegnen», heisst es in der Chronik. Da die reformierte Obrigkeit sich bei
ihrem Entschluss, das Kloster aufzuheben, auf das Evangelium berief,
entgegneten die Frauen, dass sie aber nicht im Evangelium bestätigt
fänden, «dass man aim das sin sol nemen».[2]

Den interessantesten und umfangreichsten Bericht über ein Frauenkloster in der Reformationszeit hat die Genfer Klarissin *Jeanne Jussie* mit
ihrem «Le levain du Calvinisme, ou commencement de l'héresie de Genève» verfasst.

Die Genfer Klarissinnen gehörten, wie die obgenannten Klosterfrauen,
zu den Gegnerinnen der neuen Lehre. Beinahe geschlossen (mit nur einer Ausnahme) lehnten sie den Übertritt zur neuen Lehre ab und zogen
es vor, nach Annecy in Frankreich ins Exil zu gehen. Die Nonnen vergassen den Ort der Gründung ihres Klosters nie. Sie gaben die Hoffnung auf eine Rückkehr nach Genf nie auf. Die Äbtissinnen unterzeich-
neten bis zur Aufhebung des Klosters in der französischen Revolution

---

2 Bericht über das Frauenkloster St. Leonhard in St. Gallen von Frau Mutter Viborada
   Fluri, in: AnzSG 45, NF 13, 1915, 38.

all die 258 Jahre mit ihrem Titel «Abbesse de Sainte-Claire de Genève, réfugiée à Annecy»!

Wie schon erwähnt war das standhafte Festhalten am alten Glauben und an der klösterlichen Existenz Folge der tiefen religiösen Überzeugung der Klosterfrauen.

Politische Gründe für den Verbleib im Kloster müssen aber ebenso genannt werden, wenn sie auch nicht gleichermassen bestimmend gewirkt haben mögen. So ist zum Beispiel im Falle von St. Klara in Genf die besondere realpolitische Konsequenz einer Annahme der Reformation besonders deutlich. Reformation war hier gleichbedeutend mit der Einnahme einer bernfreundlichen Haltung. Dies war für die meist savoyischen Geschlechtern entstammenden und dem Hause Savoyen verbundenen Frauen eine Unmöglichkeit.

Marie Dentière

Ich möchte mich in einem nächsten Teilstück meines Referates den Frauen zuwenden, die das Kloster verliessen, mit dem Bewusstsein, ein Leben draussen in der Welt zu führen. Eine besonders interessante Frauengestalt dieser «Kategorie» ist die Genferin Marie Dentière. Marie Dentière, eine ehemalige Äbtissin aus Tournay, war in zweiter Ehe mit dem Genfer Reformator Froment verehelicht und Mutter von fünf Kindern. In Genf setzte sie sich sofort engagiert für die Sache der Reformation ein. Als Augenzeugin und als Frau eines der Hauptakteure verfasste sie 1536 ihr Werk «La guerre et deslivrance de la ville de Genève».[3]

In diesem Zusammenhang ist die Tatsache, dass es zwei Frauen waren, Jeanne Jussie und Marie Dentière, die als Erste über das Geschehen im Genf der Reformationszeit berichteten, besonders erwähnenswert.

---

[3] Vgl. dazu und zu den Zitaten aus Marie Dentières Schriften ALICE ZIMMERLI-WITSCHI (Anm. 1) 57ff. - Die beiden Schriften von Marie Dentière sind im letzten Jahrhundert publiziert worden: MARIE DENTIERE, La guerre de Genève et sa deslivrance fidellement faite et composée par un marchant demeurant en icelle, in: Mémoires et documents publiés par la société d'histoire et d'archéologie de Genève, Tome 20, Genève 1881; DIES., Epistre très utile faicte et composé par une femme Chrestienne de Tournay, Envoyée à la Royne de Navarre seur du Roy de France, 1539, ed. AIME LOUIS HERMINJARD, in: Correspondence des Reformateurs dans les pays de la langue française, Tome 5, Genève 1878.

Marie Dentières Werk kennzeichnet eine faszinierende Unmittelbarkeit. Ihre glühende Parteinahme für die Sache der Reformation vermittelt sie der Leserschaft in hastig hingeworfenen Sätzen, geprägt von einer ungezähmten Ausdrucksfreude.

Es ist hier nicht der Ort, um auf Detailfragen betreffs der Konflikte im Zusammenhang mit der Reformation in Genf einzugehen. Festgestellt sei lediglich, dass die nächste Schrift der Marie Dentière verfasst wurde, um die Schwester des französischen Königs Franz I. (François premier), Margarethe von Navarra, über die Situation in Genf, nach der Vertreibung von Farel und Calvin, zu informieren. Dieses Schreiben an Margarethe von Navarra besteht aus drei Teilen:

1. dem «lettre d'envoi» an die Königin;
2. dem Abschnitt «la défense pour les Femmes»;
3. dem eigentlichen «Epistre».

Die Schrift erschien 1539 im Druck. Worin bestand ihr Inhalt? Den *lettre d' envoi* habe sie geschrieben - so gesteht Marie Dentière -, um anderen Frauen Mut zu machen, sich mit den Fragen des Glaubens zu beschäftigen und sich darüber zu äussern. Da es den Frauen verweigert sei, in Kirchen zu predigen und an Versammlungen zu sprechen, sollten sie ihre Anliegen durch Schriften verbreiten. Aus dem Brieftext geht eindeutig hervor, dass Marie Dentière mit der Stellung der Frau in der Kirche nicht zufrieden war. Sie beklagt die Position der Unmündigkeit des weiblichen Geschlechts. Der «lettre d'envoi» schliesst jedoch hoffnungsfroh, im Französisch der Zeit heisst das so: «... espérant en Dieu, que doresenavant les femmes ne seront plus tant mesprisées comme par le passé. Car Dieu change en bien de jour en jour le coeur du siens. Lequel je prie qu'en brief soit ainsi par toute la terre. Amen.»

Das zweite Teilstück des Schreibens an Margarethe von Navarra, betitelt *La défense pour les femmes*, ist einer ausführlichen Stellungnahme zur Frage der Stellung der Frau in Kirche und Gesellschaft ihrer Zeit gewidmet. Es hat den Charakter einer Kampfschrift und gipfelt gewissermassen in der Frage «Avons-nous deux Evangiles, l'un pour les hommes, et l'autre pour les femmes?»

Dieser und ähnliche Aussprüche legten den Gedanken nahe, dass Marie Dentière in letzter Konsequenz ihrer Überlegungen an die Übernahme des Pfarramtes durch Frauen gedacht hat, fordert sie doch die Frauen engagiert zum Durchhalten auf, indem sie ihnen zuruft: «A! ce seroit trop hardiement fait les [femmes] vouloir empecher, et à nous, faict trop follement de cacher le talent que Dieu nous a donné, qui nous doint grâce de persévérer jusques à la fin. Amen!»

Das ganze dreiteilige Schreiben kam 1539 in 1'500 Exemplaren heraus und wurde zum Skandal. Der Rat von Genf veranlasste, die gesamte Edition zu konfiszieren und den Drucker zu verhaften.

Als Folge der Affäre um das Werk der Marie Dentière wurde in Genf die Zensur eingeführt. Besonderen Anstoss nahm man daran, dass das konfiszierte Werk von einer Frau stammte. Antoine Froment, der Ehemann der Marie Dentière, versuchte wiederholt eine Herausgabe zu erwirken, jedoch ohne Erfolg.

Es kann nicht daran gezweifelt werden, dass das Scheitern ihrer hochfliegenden Pläne bezüglich der Auswirkungen der evangelischen Lehre auf Kirche und Alltag Marie Dentière schwer zu schaffen machte. Die zweifellos sehr begabte Frau litt unter dem Misserfolg. Einer Stelle aus einem Brief Farels an Calvin zufolge suchte sie einen sehr zu bedauernden «Ausweg» im übermässigen Alkoholgenuss.

Nach Marie Dentières Publikationen erschien im Genf des 16. Jahrhunderts kein von einer Frau verfasstes Buch mehr. Die Frauen waren verstummt. Pierre Viret, einer der Gutachter des Werkes von Marie Dentière, hatte 1560 erklärt, dass Mann und Frau vor Christus wohl gleichwertig seien, dass durch das Evangelium aber die natürliche Ordnung (!) und diejenige der menschlichen Gesellschaft nicht aufgehoben werde. Sogar einer Frau, die über grössere geistige Gaben und ein profunderes theologisches Wissen verfüge als der Mann, könne daher nicht erlaubt werden, öffentlich in der christlichen Gemeinschaft zu sprechen. - Eine klare Absage also an weibliche Bemühungen um Mitarbeit in der calvinistischen Kirche.

Mit Marie Dentière habe ich ihnen eine der mutigsten, draufgängerischsten Frauen vorgestellt, die ich aus dieser Epoche kenne, und zugleich eine der weitblickendsten Denkerinnen.

In ihrer Kompromisslosigkeit und Standfestigkeit ist Marie Dentière mit der Deutschen Argula von Grumbach von Stauffen zu vergleichen, die ebenfalls Ablehnung und Diskriminierung zu ertragen hatte, dies für ihre kühnen Vorstösse im Bereiche der lutherischen Kirche.

II. FRAUEN AUF DEM WEG IN DIE EHE - IN DIE KÜCHE

Der etwas provozierende Titel, der von den Verantwortlichen dieser Vortragsreihe über mein Referat gesetzt worden ist, kommt erst für das nächste Teilstück des Referates zum Tragen.

Frauen, die aus dem Kloster austraten, um sich zu verehelichen, gibt es in grosser Zahl. Weitaus die meisten dieser Frauen sind ohne Ansprüche an die Reformation in ein mehr oder weniger bürgerliches Leben eingetaucht. Marie Dentière ist mit ihrem scharfsinnigen Intellekt und ihrem feministischen Ansatz im Denken eine grosse Ausnahme.

Verheiratete Frauen

In direktem Zusammenhang mit dem Bekenntnis zum Protestantismus ist bei mancher Klosterfrau der Wunsch nach Verheiratung zu sehen. Bei vielen unfreiwillig oder ungern im Kloster lebenden Frauen mag es sich um die Erfüllung eines lange gehegten, jedoch wegen seiner Ausichtslosigkeit unterdrückten Wunsches gehandelt haben. Ein eindrückliches Beispiel einer solchen unfreiwilligen Klosterexistenz ist die unglückliche Anna von Zwingen, die kurz vor der Einführung der Reformation starb, nachdem sie über sechzig Jahre gegen ihren Willen im Steinenkloster zu Basel verlebt hatte. Zu Beginn der Reformationszeit gelang es austrittswilligen Frauen eher, sich durch Flucht von ihrem Klosterleben zu befreien, da sie mit der Unterstützung anderer evangelisch Gesinnter rechnen konnten. Dass auch dies nicht immer der Fall war, zeigt das Beispiel der Barbara Am Stad, einer Nonne aus dem Kloster Paradies bei Schaffhausen. Im Februar 1523 hatte sich die Frau heimlich aus dem

Kloster entfernt, was zu einer grossen Aufregung in der Stadt Schaffhausen führte: Durch ihre Tat setzte sich Barbara der Verachtung und Bestrafung aus. In ihrer Not kehrte sie ins Kloster zurück und bat um Wiederaufnahme.

Dass mit dem Wunsch nach Verheiratung anfänglich nicht immer auch der Gedanke an den Austritt aus dem Kloster verbunden war, zeigen sowohl die Beispiele von Königsfelderinnen als auch der Fall einer Nonne aus dem Kloster Wonnenstein im Appenzellischen. Diese Klosterfrau hatte ihren Kaplan geheiratet und lebte mit ihm weiterhin im Kloster. Ihre Mitschwestern protestierten gegen das Vorgehen bei der Tagsatzung.

Die *Ehepartner* der ehemaligen Klosterfrauen lassen sich nicht einer bestimmten Schicht zuordnen. Es sind Vertreter jeglichen Ranges der sozialen Skala nachweisbar.

Dass der Wunsch nach Verehelichung auch Motor für das Verlassen des Klosters war, möchte ich am Beispiel einer angesehenen Bernerin, der Margaretha von Wattenwyl, Tochter des Schultheissen von Bern, illustrieren. Margaretha von Wattenwyl war Nonne zu Königsfelden. Sie stand im Briefwechsel mit Zwingli. Aus dieser Korrespondenz ist bekannt, dass sie schon 1523 ihrer Freude über die Verbreitung der evangelischen Lehre Ausdruck gab. Ihrer evangelischen Überzeugung gemäss, sah sie keinen Sinn mehr in der klösterlichen Existenz. Sie bat Zwingli, an ihren Vater zu gelangen, um für sich und ihre Schwester den Austritt zu erwirken. Margaretha scheint sich schon hinter den Klostermauern verlobt zu haben. Ihr Auserwählter, Luzius Tscharner von Chur, erklärte am 1. August 1525 vor dem Rat in Bern, er habe der Nonne die Ehe gelobt. Er erhielt vom Rate die Erlaubnis, Margaretha aus dem Kloster zu nehmen. Tscharner dankte Zwingli am 31. März 1526 für seine Bemühungen. Margaretha und Luzius Tscharner siedelten mit ihrer Familie bald nach Bern um, wo sie die Stammeltern der dortigen Tscharner wurden.

Katharina von Bonstetten, auch aus Bern, die ehemalige Säckelmeisterin von Königsfelden, heiratete schon 1523 standesgemäss den Junker Wilhelm von Diesbach. Die Hochzeit im Berner Münster erregte grosses Aufsehen.

Der finanzielle Aspekt der Austritte

Im allgemeinen war es üblich, dass der austretenden Klosterfrau ihr eingebrachtes Gut wieder ausgehändigt wurde. War der Betrag besonders hoch, so versuchte man sich zu vereinbaren. Die Auszahlungen kamen oft in Form verschiedener Ratenzahlungen zustande oder es wurden Schuldscheine ausgestellt. Kaum je bezog man aber die von der Klosterfrau im Laufe der Jahre erarbeiteten Vermögenswerte in die Abrechnung ein, was viele Frauen erbitterte. Die Frauen erkannten klar, dass sie in diesen finanziellen Belangen zu kurz kamen. Die staatlichen Instanzen beriefen sich meist darauf, dass die verbleibenden Werte an Grundbesitz und Wertgegenständen der Allgemeinheit zugute kommen sollten, indem sie der Armenfürsorge, Spitälern und Schulen - Knabenschulen notabene - zur Verfügung gestellt wurden. Es steht aber ausser Zweifel, dass eine beträchtliche Güterverschiebung zugunsten des Staates stattfand. So ermöglichte zum Beispiel die Säkularisierung der Klostergüter das erstmalige Anlegen eines Staatsschatzes in Zürich.

Für viele ausgetretene Frauen war der Austritt mit einem sozialen Abstieg verbunden oder war sonst problematisch. Lassen sie mich dazu ein paar Beispiele anführen:

Elisabeth von Hallwyl hatte den ehemaligen Ordensbruder Johannes Leu geehelicht. Wegen seiner misslichen Finanzlage bat das Paar 1531 um eine nachträgliche Erhöhung der Ausstattungssumme der Frau. In späteren Jahren betätigte sich Leu als Pfarrer und Arzt. Dass die Ehe der Elisabeth von Hallwyl mit Johannes Leu nicht besonders glücklich gewesen sein muss, geht aus der Tatsache hervor, dass Leu wegen Ehebruchs Urfehde schwören musste und nach Solothurn zog.

Schlecht scheint es auch Ottilia Dürsum in ihrem Ehestand mit Hans Lotterer (!) getroffen zu haben. Ottilia verstarb früh. Wegen seines liederlichen Haushaltens wurden dem Wittwer die nachträglichen Auszahlungen des Ausstattungsguthabens seiner Frau nicht entrichtet. Die unmündigen Kinder kamen in den Genuss eines jährlichen Zinses von fünf Gulden.

Fast wie ein Kriminalroman muten Details aus dem Leben einer Falkensteinerin an. Diese ehemalige Konventualin zu St. Klara in Basel wurde nach ihrem Austritt Krämerin. Sie verehelichte sich widerrechtlich mit Lux, dem «Koch zum Bilgerstab». Dieser Mann wurde ihr oft untreu. Nachdem sie erblindet und auf mysteriöse Art gestorben war, wollte er ihren Leichnam nachts heimlich bei St. Martin begraben. Er wurde gefangengenommen und musste Urfehde schwören.

Auch Angehörigen des Ötenbach-Konventes in Zürich, die das gesicherte Klosterdasein mit einem wechselvollen Geschick vertauscht hatten, musste finanziell beigestanden werden. Aus den Ötenbacher Rechnungen ist ersichtlich, dass seit 1541 eine ganze Anzahl von in der Stadt lebenden ehemaligen Nonnen Leibgedingszahlungen erhielten. 1542 beschloss der Rat zum Beispiel, der in Armut lebenden Frau Engel Schwytzer ein jährliches Leibgeding von 20 Gulden zukommen zu lassen. Das Geld sollte aber an die Mutter der Frau ausbezahlt werden, damit es nicht dem liederlichen Manne in die Hände fallen würde.

Hatte es manche ehemalige Klosterfrau in ihrer Ehe schlecht getroffen, so verschlimmerte sich ihre Situation meist noch beträchtlich, wenn sie *Witwe* wurde, insbesondere auch was die finanzielle Lage betraf. Die ehemalige Gnadentaler Nonne Agnes Starchenbergin hatte sich mit einem unzuverlässigen Mann verheiratet. Dies geht aus der Tatsache hervor, dass dieser Mann sich das jährliche Leibgeding der ehemaligen Klosterfrau auf einmal mit 21 Gulden hatte abgelten lassen. Das Geld wurde verbraucht, und die Frau stand dann als Witwe völlig unbemittelt da. Angesichts der grossen Armut dieser in der Zürcher Herrschaft ansässigen Frau wandte sich der Rat von Zürich an Basel mit der Bitte um Unterstützung für die ehemalige Nonne aus Basel.

Unverheiratete Frauen

Es waren keineswegs immer die jungen Frauen, die sich zuerst vom Klosterleben distanzierten und sich zur Rückkehr ins «weltliche Leben» entschlossen. 1525 verliess zum Beispiel die betagte Frau Anna Gryessa das Kloster St. Klara in Basel. Über ihren Entschluss sagt sie aus: «bin ich mit mir selbst rätig worden, und uss erlichen mich dorzu bewegten

Ursachen us obvermeltem Kloster zu Sant Claren und orden wider zu und in die Welt begeben.»[4]

Die Konsequenzen eines solchen Entschlusses waren für die nun für sich allein verantwortlichen Frauen nicht immer leicht zu tragen. Durch ihre Klosterexistenz in manchen Fällen der Welt entfremdet, wurden sie mit der Tatsache gänzlicher Eigenständigkeit schwer fertig. Es erstaunt deshalb nicht, dass es hie und da zu *Gesuchen um Wiederaufnahme* in die ehemaligen Klöster kam. Der Rat von Zürich erlaubte zum Beispiel, dass unverheiratete Schwestern wieder ins Ötenbach-Kloster eintreten konnten, unter der Bedingung, dass sie ihr ausbezahltes Gut wieder mitbrachten.

Nonnen, die von ihren Verwandten zum Austritt überredet worden waren und denen versprochen worden war, «sy für ein liebi und werde Swester zu haben» (wie es in einer Quelle so schön ausgedrückt wird), wurden, wenn materielle Nachteile für die Verwandten erwuchsen, in Wirklichkeit dann aber selten gut aufgenommen. Viele ausgetretene Nonnen erwartete ein solches von Abhängigkeit und Unerwünschtheit gekennzeichnetes Schicksal. Von den elf ausgetretenen ehemaligen Angehörigen des Klosters Gnadental heirateten beispielsweise nur vier. Die andern Frauen kehrten zu ihren Familien zurück oder waren gezwungen, sich durch Spinnen und Weben, eine Tätigkeit, die sie ja schon im Kloster betrieben hatten, ihren Lebensunterhalt zu verdienen. Die jeweiligen Abfindungssummen waren keine Garantie für ein problemloses Leben; sie waren, bis auf wenige Ausnahmen, nichts weiter als eine Starterleichterung für das Leben in der «Welt» und meist rasch aufgebraucht. Aus diesem Grunde zogen es wahrscheinlich viele der nicht heiratswilligen Frauen vor, weiterhin einer Gemeinschaft anzugehören.

Pfründerinnen

Sofern die Möglichkeit bestand, blieben viele der unverheiratet bleibenden ehemaligen Nonnen als Pfründerinnen in einem der säkularisierten Klöster.

---

4 Vgl. ALICE ZIMMERLI-WITSCHI (Anm. 1) 52.

Ansehen, Macht und besondere Würde der einstigen Frauenklöster und ihrer Bewohnerinnen waren unwiderbringlich dahin. Diese Art Klöster hatten nur noch Asylcharakter, und die dort lebenden Frauen unterschieden sich kaum mehr von anderen unverheirateten Frauen.

Klosterfrauen

Es ist sehr gut zu verstehen, dass sich eine zu echtem klösterlichem Leben hingezogen fühlende Frau nicht mit der Lebensweise einer Pfründerin im ehemaligen Kloster zufriedengeben konnte.

Ausser den schon genannten Frauen aus St. Katharinental sind noch verschiedene andere bekannt, die durch ihr beharrliches Festhalten am alten Glauben ihr Kloster über die Wirren der Reformationszeit hinweg bewahren konnten.

Natürlich war der Erfolg solcher Beharrlichkeit abhängig von der allgemeinen politischen und religiösen Situation im jeweiligen Gebiet. War diese für Katholiken aussichtslos, so zogen es überzeugte Klosterfrauen vor, um Aufnahme in Konvente in katholisch gebliebenen Regionen nachzusuchen.

Für Frauen, die sich zur Weiterführung eines echt klösterlichen Lebens entschlossen hatten, ging das Leben nach einer Phase des Übergangs und der Anpassung an die neue Umgebung in der gewohnten Art und Weise weiter. Ihre ausgetretenen Mitschwestern waren gezwungen, sich im «weltlichen Leben» zurechtzufinden, was vielen nicht leicht gefallen sein dürfte. Natürlich kommen alleinstehende, verehelichte oder verwitwete ehemalige Klosterfrauen, die durch eine Notlage oder Fehlbarkeit die Obrigkeiten beschäftigten, im vorhandenen Aktenmaterial besonders zur Geltung. Von all den Fällen, in denen das «weltliche» Leben von ehemaligen Klosterfrauen positiv angegangen und bewältig werden konnte, wird kaum gesprochen. Einige Beispiele von Klosterfrauen, die Ehegattinnen berühmter Männer wurden, bilden die Ausnahme (Katharina von Bora / Luther, Elisabeth Silbereisen / Butzer, Anna Adlyschwyler / Bullinger, Marie Dentière / Froment). Gerade hier lässt sich die Tatsache aufzeigen, dass diese Frauen oft erstaunlich gut in der Lage waren, in kurzer Zeit tüchtige Hausfrauen und Mütter zu werden.

Für ein Leben im Kloster vorgesehen, mangelten ihnen die nötigen Vorkenntnisse zur Führung eines Haushaltes. Manche sahen sich, oft schon in vorgerücktem Alter, mit der Tatsache von Schwangerschaft, Geburt und Mutterschaft konfrontiert (so die letzte Äbtissin des Fraumünsterstiftes, Katharina von Zimmern, die das erste Kind im Alter von 47 Jahren gebar). Der Wille solcher Frauen zur tadellosen Erbringung dieser Leistungen und ihre Anstrengungen zur erfolgreichen Bewältigung des «weltlichen» Lebens verdienen hervorgehoben zu werden.

Ehe

Lassen sie mich ein paar Gedanken zur *Ehedoktrin* der Reformation und zu den Folgen dieser Ehedoktrin für die Frauen anfügen:

Bei vielen Nonnen, insbesondere bei den *Klostervorsteherinnen*, lässt sich oft eine erstaunliche Selbstsicherheit feststellen. Im Umgang mit Vertretern der Obrigkeit, in der Art und Weise, wie sie sich auch ohne Unterstützung einflussreicher Verwandter in schwierigen Situationen zurechtfanden, zeigten sich diese Frauen keineswegs weltfremd. Sie handelten mit einer Festigkeit und Bestimmtheit, die auf ein gesundes und starkes Selbstbewusstsein schliessen lassen. Ihre Religiosität und ihre feste Verwurzelung in der Gemeinschaft der Klosterfrauen gewährten inneren Halt und Sicherheit. Durch diese Eigenschaften hoben sich namentlich die Vorsteherinnen von ihren weltlichen Mitschwestern ab. Es war wohl gerade dieser besondere Umstand, der den Unmut vieler reformiert Gesinnter erregte. Der unbekannte Verfasser eines «Frawen-Biechlin» von 1522 drückt sich in diesem Sinne aus, wenn er - im Deutsch der Zeit zitiert - sagt:

«Aber allhie solle diser Breyse der Geschrifft gar nicht angeen Weybern, die sich selbs dermassen ausschliessen und *weder Gott noch den Mannen gepürlichst gehorsam laysten*, die sich selbst in die Klöster verschliessen und dem Wort und Gebot Gottes entgegen sich weder mit Kinder geberen noch mit underthan dem Manne underwerffen.»[5]

---

5 Vgl. ROBERT STUPPERICH, Die Frau in der Publizistik der Reformation, in: AKuG 37, 1955, 208.

Es ist evident, wie sehr sich der Verfasser um die Suprematie des Mannes bemüht. Gott und Mann werden in einem Atemzug genannt, beide haben Anspruch auf den Gehorsam und die Unterwerfung der Frau. Bei dieser Schrift handelt es sich keineswegs um eine Ausnahme, um den Standpunkt eines Aussenseiters; in zahllosen Publikationen auch berühmtester Vertreter der Zeit wurden dieselben Ansichten vertreten. Die Klosterfrau, als eine nicht direkt einem Manne unterstellte Frau, war suspekt geworden.

Zu Beginn der Reformationszeit wurde damit begonnen, auch noch die letzten der bisher von den Frauen selbständig verwalteten Klöster unter behördliche Oberaufsicht zu stellen. Durch das Einsetzen der Vögte wurden die Frauen ihrer Selbständigkeit beraubt. Bezeichnenderweise ist natürlich nie von «Kloster-Vögtinnen» die Rede, hatten doch weltliche Frauen keine Möglichkeit, ein solches oder irgendein Amt zu bekleiden. Die Obrigkeit im Reformationszeitalter war *männlichen* Geschlechts.

Mit der Unterwerfung der Frauenklöster unter diese Obrigkeit waren die letzten «Reservate» weiblicher Eigenständigkeit verloren, und dies auf lange Zeit. Auch im katholischen Bereiche vollzog sich im sechzehnten Jahrhundert ein Wandel, im Sinne einer Anpassung an patriarchalere Verhältnisse, wie Beschlüsse des Tridentinums zeigen. So war beispielsweise die Visitation der Frauenklöster nicht ausschliesslich Männern (Äbten, Bischöfen) übertragen gewesen, auch Äbtissinnen waren damit betraut worden. Durch Beschlüsse des Konzils von Trient wurden die Kompetenzen der Äbtissinnen beschnitten, indem bisher ihnen zustehende Rechte, wie zum Beispiel das Visitationsrecht oder Rechte aus dem Bereiche der Jurisdiktion, an Bischöfe übergingen.

Dass sich viele Klosterfrauen durchaus bewusst waren, dass die Aufgabe des Klosterstandes für sie ein durch nichts wettzumachender Verlust an Möglichkeiten und Prestige bringen würde, geht aus der Tatsache hervor, dass sich Frauen insgesamt viel stärker gegen die Aufhebung ihrer Klöster zur Wehr setzten als Männer.

Die alttestamentliche Auffassung von der Frau und der Ehe trat in der Reformationszeit wieder verstärkt zutage. Ihre Durchsetzung wurde von den Protestanten mit Vehemenz verfolgt, die Ehe zum ranghöchsten

Stand proklamiert. Extreme protestantische Richtungen befürworteten - sich auf die Schrift berufend - sogar die Polygamie. In gewissen Ausnahmefällen hat auch Luther, allerdings ein wenig «contre-coeur», die Polygamie gebilligt. Die auf alttestamentlicher Basis beruhende Forderung nach der Verehelichung aller geschlechtsreifen Menschen, sozusagen eine Ehepflicht, war die Ausgangslage für die Abschaffung des Klosterstandes in der Reformationszeit. Dass diese bestimmte Aufforderung bei vielen Klosterfrauen auf heftige Ablehnung stiess, konnte nachgewiesen werden. Viele der Frauen wollten nicht heiraten. Die Intoleranz gegenüber nicht heiratswilligen Frauen war gross und artete in vielen Fällen geradezu in Eheterror aus. Bei Jeanne de Jussie, bei der die Ablehnung des Ehestandes durch die jungen Klosterfrauen besonders eindrücklich geschildert wird, werden einzig religiöse Motive der Eheverweigerung angeführt. Es muss aber angenommen werden, dass noch andere Gründe mitspielten, dass sich die Frauen vor der Härte des Ehelebens fürchteten, vor der Unterordnung unter den Mann ebenso wie vor der Qual der häufigen Geburten und den weiteren Lasten der Mutterschaft. In diesem Zusammenhang darf nicht vergessen werden, dass die Frau vor dem Aufkommen sicherer Kontrazeptiva völlig von ihren biologischen Funktionen dominiert war. Nur die vorzugsweise in der Sicherheit eines Klosters gelebte sexuelle Abstinenz erlaubten ihr Entfaltungsmöglichkeiten auch auf anderen Gebieten. Der unverheirateten Frau bot die Reformation keinen echten Ersatz für die Geborgenheit klösterlichen Lebens.

Die alte Kirche auferlegte den Priestern seit dem 11. Jahrhundert den Zölibatszwang. Sie verbot den Dienern der Kirche die Ehe, duldete aber mehr oder weniger offen das Priesterkonkubinat. Vielerorts war es Brauch, dass die Geistlichen ihren hierarchischen Vorgesetzten für ihre unerlaubten Beziehungen eine vereinbarte Entschädigung entrichteten. Diesen Missstand prangerte die Reformation an. Zwingli zum Beispiel trat in Zürich gegen die Entrichtung des sogenannten «Hurenzinses» auf. Die Reformation brachte mit der Einführung der *Priesterehe* eine Besserstellung der bisher sozial niedrig eingestuften «Priestermetzen», die es in grosser Zahl gegeben hatte. Für diese Frauen und deren Kinder bedeutete die Legalisierung eines oft seit langem bestehenden Verhältnisses einen sozialen Aufstieg. Hier machte die Reformation einiges gut und leistete einen gewissen Beitrag zur Besserstellung der Frau.

Die Heirat mit einem Priester galt auch für viele ehemalige Nonnen als standesgemässe Versorgung. Wenn aber (nach Hans Küng[6]) Priesterehe und Frauenordination doch irgendwie zusammenhängen, so war mit der Anerkennung der Priesterehe in der Reformation auch ein erster kleiner Schritt in Richtung Anerkennung und Besserstellung der Frau in der Kirche getan. Ohne diese Voraussetzung wäre wohl auch die protestantische Theologin und Pfarrerin des 20. Jahrhunderts nicht denkbar.

Aus Anlass der Verheiratung Zwinglis schrieb Capito an diesen, dass seine Ehefrau, Anna Reinhart, in ihm «gleichsam Christus zum Manne genommen» habe. Diese Auffassung widerspiegelt die Erhöhung der Ehe im reformatorischen Verständnis. In Analogie zur Nonne, der Braut Christi, wurde dieser Begriff auf die Ehefrau ausgedehnt. Nach der Hochzeit schrieb Zwingli an Vadian: «Wer wollte bestreiten, dass die Ehe das Allerheiligste ist?»[7] Und Luther sagte zum Thema: «Will man die Keuschheit der Ehe bewahren, so sollen Mann und Weib vor allem liebend und einmütig beieinander wohnen, so dass sie einander von Herzen und wahrhaft redlich lieben.»[8]

Diese besondere Betonung der gegenseitigen Liebe, der Zuneigung und Achtung ist bedeutend und darf als ein Markstein in der Entwicklung der Familie zur Intimfamilie verstanden werden. Mann und Frau sollen nicht einzig um des Weiterbestandes der Familie und der Tradierung des Familiengutes eine Ehe schliessen, dem gefühlsmässig-sensitiven Element kommt erstrangige Bedeutung zu. Die auf biblischer Grundlage beruhende Betonung der gemüthaften Innigkeit des Ehelebens bewirkte eine *Intimisierung* des Familienlebens in der Reformationszeit.

Die bei allen Reformatoren zu findende Doktrin wurde von diesen auch vorgelebt. Alle bemühten sich um ein beispielhaftes Familienleben: Zwingli, Luther, Zell, Öcolampad, Butzer, Bullinger und Blarer. Bei einigen lässt sich eine auffallende Diskrepanz zwischen ihrer als Lehr-

---

6 HANS KÜNG, Thesen zur Stellung der Frau in Kirche und Gesellschaft, in: ThQ 156, 1976, 129-132.
7 HANS BAUR, Zwinglis Gattin Anna Reinhart, Zürich 1918, 29f.
8 WA 30/I, 163,17.

meinung geäusserten schroffen Ablehnung der Frau (besonders im ausserhäuslichen Bereich) und ihrem privaten Erleben feststellen. Einblicke in den privaten Bereich geben Briefe, wie die humorvoll-zärtlichen Briefe Luthers an seine Frau Katharina von Bora.

Zur Vermeidung der «Unzucht» postulierte Luther die frühe Eheschliessung. Besonders das Heiratsalter der Mädchen wurde mit zwölf bis vierzehn Jahren sehr tief angesetzt. Hatte Luther den Eintritt so junger Mädchen in Klöster angeprangert, so scheute er andererseits nicht vor der Forderung sehr früher Eheschliessung zurück. Diese frühen Heiraten mussten aber für die Entwicklung der Frau negative Auswirkungen haben. Die Zeit für eine gute Ausbildung war zu kurz. Frauen ohne Bildung und ohne gefestigte Persönlichkeit konnten sich auch kaum durchsetzen und blieben oft widerstandslos ihrer von Kirche und Gesellschaft vorgeschriebenen Inferiorität verhaftet.

Folgen der Ehedoktrin für die Frau

Die zweifelsohne schon lange vor dem Aufkommen der Reformation vorhandene Tendenz zur Ausschaltung der Frau aus ausserfamiliären Bereichen wurde in der Reformationszeit zum Dogma. Eine sich über Jahrzehnte, ja Jahrhunderte anbahnende Entwicklung wurde verabsolutiert und theologisch untermauert.

Jede Frau sollte heiraten und damit einen Mann als Herrn über sich akzeptieren. Ehelos lebenden Frauen war nun die Möglichkeit genommen, in einer Frauengemeinschaft mit hohem Sozialprestige zu leben, wie sie gerade die Frauenklöster dargestellt hatten. Auch bedingt durch die Preisgabe des Jungfräulichkeitsethos büsste die unverheiratete Frau wesentlich an sozialer Geltung ein.

Es lag schon immer im Bestreben der Kirche, die unverheiratete Frau unter strenge Kontrolle zu bringen. Wie die Kirche im 13. Jahrhundert das Herumziehen religiöser Frauen verboten hatte, wie sie sich um die Regelung des Lebens religiöser Frauengemeinschaften und deren Klaustrierung, oft gegen den Willen der Frauen, bemühte, stets ist das Bestreben greifbar, die Freiheit der Frau auf ein Minimum zu beschränken, sie einzuengen. In der Reformationszeit gipfelte diese Entwicklung in der Forderung der frühen protestantischen Kirchenmänner nach einem regelrechten Ehezwang.

Durch die Fixierung der Frau auf die Familie, auf Mann und Kinder, wurde der Trend zur Intimfamilie verstärkt. Damit, dass der Frau sozusagen jede weitere Aktivität verbaut war, konzentrierte sich ihr ganzes Streben auf die Familie.

Die Verwirklichung und Aufrechterhaltung der Intimfamilie war weitgehend das Werk der Frau, implizierte aber die Absenz der Frau in ausserhäuslichen Gebieten. Dadurch ergaben sich für die Frau schwerwiegende Konsequenzen. Die emotionale Betreuung einer Familie braucht Zeit und Kraft; es ist Arbeit, die sich nicht materiell gewichten lässt. In Zeiten, in denen gesellschaftliches Ansehen von Erwerb und Besitz materieller Werte abhängig ist, musste die Frau durch die ihr zugewiesenen Funktionen an öffentlichem Ansehen und Einfluss verlieren. Durch die Intimisierung ihres Familienlebens errichteten die einzelnen Familien «eine Mauer um ihr Leben».[9] Die Folge davon war allerdings, dass man damit gleichzeitig die Frau eingemauert hatte. Das Leben in der Familie nahm für die Frau oft Züge des Klösterlichen an, ohne ihr aber die oftmals mannigfachen Vorteile einer solchen Frauengemeinschaft zu bieten.

Die Isolation der Frau, die ihr Leben im Dienste der Familie verbringt, ist auch in den heutigen Tagen noch ein Problem vieler, wenn nicht sogar der meisten Ehefrauen und Mütter. - Dem Mann standen alle Möglichkeiten offen. Die «eingemauerte» Frau war sowohl wirtschaftlich, rechtlich und sexuell völlig vom Ehemanne abhängig. Diese extrem patriarchalische Gesellschaftsstruktur war durch die Reformation entscheidend gefördert und mitgeprägt worden.

III. WEIBLICHE PRIESTERSCHAFT

Es soll nun die Frage aufgeworfen werden, welchen Platz denn der Protestantismus den Frauen in seiner Kirche zuzuordnen gedachte.

---

[9] Vgl. dazu PHILIPPE ARIES, Geschichte der Kindheit, München [8]1988 (dtv 4320), 469ff.

Durch die Abschaffung der Frauenorden war eine schmerzlich spürbare Lücke entstanden. Gerade durch die Frauenorden war eine gewisse Wahrung von Formen weiblicher Religiosität gewährleistet gewesen. Stark religiös geprägte Frauen hatten hier ein adäquates Tätigkeitsfeld gefunden. Obwohl im 16. Jahrhundert die Hochblüte der deutschen Mystik, in der die Frauen besonders hervorgetreten waren, längst verblasst war, müssen doch gewisse, Frauen besonders ansprechende Praktiken von den Frauenklöstern tradiert und weitergeübt worden sein. Diese Elemente weiblicher Religiosität wurden im Protestantismus ausgeschaltet.

Das Priesteramt für die Frau?

Bonifacius hatte bei der Verbreitung des christlichen Glaubens im achten Jahrhundert die Mitarbeit der Frau verlangt. Er hatte zum Beispiel 780 Thekla, die Äbtissin eines Frauenklosters, aufgefordert, öffentlich in der Kirche zu predigen. Dieses Vorgehen kann damit erklärt werden, dass man im Germanien des achten Jahrhunderts noch an weibliche Priester gewöhnt war. Eine Äbtissin des spanischen Klosters Las Huelgas betonte im dreizehnten Jahrhundert, dass sie das Recht habe, Beichte zu hören, zu predigen und das Evangelium öffentlich zu verkündigen. In der Reformationszeit hatte sich längst ein anderer Geist eingestellt. Der Gedanke einer weiblichen Priesterschaft war für weiteste Kreise eine absolute Ungehörigkeit geworden.

Paulus' «mulier taceat in ecclesia» («Die Frauen sollen in den Gemeindeversammlungen schweigen»; 1. Kor. 14,34) war zum Dogma erstarrt, das bei aller Reformfreudigkeit von den Reformatoren nicht angetastet wurde. Eine Bejahung des Priesteramtes der Frau hätte die Anerkennung der Gleichwertigkeit und völligen Gleichberechtigung des weiblichen Wesens bedingt; davon war man in diesen Kreisen, bei allem Wohlwollen der Frau gegenüber, dennoch weit entfernt.

Auch praktische Erwägungen hätten, wäre die Idee des weiblichen Priesteramtes wirklich ernsthaft zur Diskussion gestanden, eine verhindernde Rolle gespielt. Bei der damaligen Wertung der Frau hätte sich der Protestantismus durch die Postulierung der weiblichen Priesterschaft allgemein mehr geschadet als genützt. In der Reformationszeit gab es zudem noch einen beträchtlichen Überschuss an Geistlichen männlichen Geschlechts, die man nirgends unterzubringen vermochte, für die keine Pfarrstelle gefunden werden konnte. Männliche Klosterinsassen wurden denn auch bei ihrem Austritt oft zur Ergreifung eines weltlichen Berufes aufgefordert und von der Obrigkeit unterstützt. Im Gegensatz dazu wurden die austretenden Frauen in die Ehe gedrängt. Sie waren dann «versorgt», und man hatte sich nicht mehr um sie zu kümmern.

Luther sagte 1516 zum Thema: «Was *Gott den Männern* befohlen hat, nämlich Gottesdienst, Priestertum und Gottes Wort, das befiehlt der *böse Feind den Weibern*; sie sind seine Priester und füllen alle Lande mit unzähligem Aberglauben, Segen und Geheimmitteln.» In dieser Stellungnahme ist nichts mehr vom vielgerühmten Wohlwollen des Reformators den Frauen gegenüber zu verspüren. Der Gedankengang: Priesterin = Priesterin des Bösen = Hexe, tritt klar zutage; Ablehnung und Diskriminierung sind hier perfekt.

Humanisten

Erfreulicherweise gab es unter den Männern des 16. Jahrhunderts auch solche, die sich zugunsten der Frauen äusserten, ihnen einen Anspruch auf Bildung zustanden und eine verstärkte Mitarbeit der Frau in öffentlichen Belangen befürworteten. Ganz allgemein bejahten die Humanisten gute Bildung der Frauen. So auch Thomas Morus, der die Frau für fähig hielt, das priesterliche Amt auszuüben. Zu dieser Überzeugung mag er einerseits angesichts des hohen Grades intellektueller und allgemein geistiger Fähigkeiten, die seine Lieblingstochter Margaretha besass, gekommen sein, andererseits aber auch bestimmt durch seine allgemein sehr positive Einstellung zum weiblichen Geschlecht. Diese beiden Momente mögen für die veränderte Geisteshaltung in bezug auf die Frau ausschlaggebend gewesen sein.

In «De Abbatis et Eruditae» lässt *Erasmus von Rotterdam* eine gescheite Frau mit einem ihr an Bildung unterlegenen Abt diskutieren. Erasmus vertraut in diesem Gespräch die geistige Leitung einer Frau an, und zwar nicht wie im «Senatulus» innerhalb einer Frauengemeinschaft, sondern gegenüber einem geistlichen Würdenträger.

Erasmus verkündet laut, dass jeder Stand und jedes Geschlecht zur Vollkommenheit berufen sei. Zu dieser Einsicht kam er durch seine für die damalige Zeit sehr mutigen Interpretationen der Heiligen Schrift, in denen sein Wohlwollen dem weiblichen Geschlecht gegenüber zum Ausdruck kommt.

«In dieser These liegt wohl der grösste reformatorische Gedanke des Erasmus in bezug auf die Frau, ein kräftiges Abrücken von bestimmten konventionellen und dogmatischen Vorstellungen des Mittelalters.»[10]

Dieser Seitenblick auf die Humanisten zeigt, dass hier die ideologischen Elemente christlicher Provenienz vorhanden gewesen wären, um der Frau die Eingliederung auch in ausserhäusliche Bereiche auf der Basis der Ebenbürtigkeit zu ermöglichen.

Nur in den ausserhalb des offiziellen Protestantismus angesiedelten protestantischen Kreisen vermochte sich die Idee der weiblichen Priesterschaft einige Geltung zu verschaffen.

Schon immer waren es kleine unabhängige Religionsgemeinschaften gewesen, die Frauen grössere Zugeständnisse in bezug auf aktive Mitgestaltung des religiösen Lebens machten. Es sei hier nur an die bessere Stellung der Frau bei mittelalterlichen Ketzern erinnert. Die Waldenser erklärten zum Beispiel, dass nach dem Willen des Evangeliums jeder predigen dürfe, auch die Laien und sogar die Frauen. In der Genossenschaft des Bernardus Primus war die Beteiligung der Frauen an der Predigt zunächst Tatsache, doch mussten Bernardus und seine Genossen diese Beteiligung später in ihrem Glaubensbekenntnis abschwören.

Bei den Katharern durfte die Perfecta das Brot brechen, Beichte hören und Sünden vergeben, dies alles, obwohl der katharischen Lehre auch eine frauenfeindliche Komponente eigen ist. Auch bei den bulgarischen Bogomilen hatte die Perfecta Zugang zum engeren Kreis der Vollendeten.

In der neumanichäischen Bewegung, die in der Mitte des 12. Jahrhunderts erstmals als organisierte Sekte aufgetreten war, wurde den Frauen

---

10 DORA SCHMIDT, Die Frau in den «Gesprächen» des Erasmus, in: BZGAK 44, 1945, 25.

anfänglich volle Gleichberechtigung und die Möglichkeit, eine Art Priesterwürde zu erlangen (Perfecta), zugestanden.

Wie noch vieles andere, so kam auch der von der Reformation anerkannte Grundsatz der religiösen Gleichheit von Mann und Frau in den unabhängigen evangelischen Gemeinschaften praktisch zu einer stärkeren Auswirkung, als dies in den Grosskirchen der Fall war. Das erklärte Ziel der Täufer war die Neugründung der christlichen Gemeinschaft und deren Durchführung in voller Konsequenz.

Doch wie verhielt es sich zu Anfang der Täuferbewegung im hier behandelten geographischen Umkreis mit dem allgemeinen Priestertum der Frau? Dass das Täufertum der Reformationszeit anfänglich auch den Frauen sehr weitgehende Rechte zubilligte, ist zum Beispiel folgendem Ausspruch aus den Statuten einer bernischen Täufergemeinde zu entnehmen:

«Wenn die brüder und schwestern by einanderen sind, söllend sy etwas für sich nemen zu lesen, welchem Gott den besten verstandt geben hat der sol es usslegen, die anderen aber sollend schwigen und hören.»[11]

Werfen wir einen Seitenblick auf die Szene in St. Gallen: Kessler berichtete in seiner «Sabbata» von den Umtrieben der Margaretha Hottingerin. Diese Frau gehörte nicht zu jenen Täuferinnen, die durch ihre lockeren Sitten dem Ansehen des Täufertums in den Augen der Allgemeinheit Schaden zufügten, wird sie doch von Kessler als Frau «aines züchtigen Wandels» beschrieben, die in ihren Kreisen hohe Achtung genoss. Aufsehen erregte sie vielmehr durch ihre eigenwillige Interpretation der Heiligen Schrift. So deutete sie Joh. 10,34 und Joh. 15,10 derart auf sich selbst bezogen, dass sie so weit ging, sich selbst als Gott zu fühlen und öffentlich zu bezeichnen. Es ist anzunehmen, dass ihr mystische Gotteserlebnisse zuteil wurden, dass sie dann die Berechtigung für ihre Verhaltensweise aus derartigen Begegnungen mit Gott ableitete. Stellen beim Chronisten Kessler lassen eine solche Deutung der Ereignisse als wahrscheinlich erscheinen, sagt er doch über Margaretha Hottingerin:

---

11 ERNST MÜLLER, Geschichte der Bernischen Täufer, Nach den Urkunden dargestellt, Frauenfeld 1895, 37.

«Demnach hat sy sich angenommen Ding zu reden, die niemat verston kunde, glich als were sy so tief in Gott erhorcht, ... und sprach in Gott niemat dann sy konne verston.»[12]

Wegen ihrer Sicht der Glaubensdinge wie auch wegen ihrer strengen Lebensführung erlangte sie hohes Ansehen im Kreise ihrer Anhänger. Nach Kessler soll aber das Verhalten Margarethas und deren Anhänger eine Spaltung im Kreise der St. Galler Täufer bewirkt haben. Es waren längst nicht alle bereit, diese «Prophetin» anzuerkennen und ihr nachzufolgen. Ohne Margaretha Hottingerin, deren Vermessenheit in gewissen Belangen nicht übersehen werden kann, mit den Mystikerinnen gleichsetzen zu wollen, muss doch darauf hingewiesen werden, dass gewisse Parallelen vorhanden sind. Auf dem Boden des gefühlsarmen Protestantismus war kein Raum mehr für Erlebnisse solcher Art. Der Chronist Kessler, als Vertreter der neuen verstandesmässig orientierten Lehre, bringt denn auch dieser Sehnsucht gewisser Täufer nach gefühlsbetonten und transzendentalen Erlebnissen kein Verständnis entgegen. Es ist bezeichnend für ihn, dass er die Geschehnisse um Margaretha Hottingerin als solche, die *«niemat verston noch ussrechnen mocht»*, charakterisiert. Die Exponenten des frühen Protestantismus waren nicht in der Lage einzusehen, dass rein verstandesmässig erfass- und erlebbare Religion letztlich nur einen gewissen Teil der Menschen anzusprechen und zufriedenzustellen vermag. Dass der Protestantismus namentlich den Bedürfnissen der Frauen zu wenig entgegenkam, geht aus der Tatsache hervor, dass nach der Restitution der äbtischen Herrschaft in St. Gallen viermal soviele Frauen wie Männer wieder zur Messe ins Münster gingen.

Im November des Jahres 1526 stand Wibrat Vonwilerin vor dem Malefizgericht in St. Gallen, zusammen mit ihrer Gesinnungsgenossin Magdalena Müllerin. Beide Frauen gestanden, täuferisch gewirkt zu haben, wobei sich Wibrat Vonwilerin im Zusammenhang mit diesen Aktivitäten den Namen Martha zugelegt hatte. Beide Frauen waren Exponentinnen des berühmt-berüchtigten St. Galler Täufer-Libertinismus. Sie gestanden vor Gericht ihre Ausschweifungen und wurden dafür zum Tragen

---

12 Quellen zur Geschichte der Täufer in der Schweiz, 2 (Ostschweiz), hg. v. HEINOLD FAST, Zürich 1973, 618.

des Lastersteines verurteilt. Trotz dieser über sie verhängten Strafe war Magdalena Müllerin weiterhin sehr stark täuferisch engagiert. Im Hause eines Mittäufers veranstaltete sie Lesungen. Magdalena Müllerin war eine Frau, die sich gänzlich dem Täufertum verschrieben hatte. Die in den Gerichtsprotokollen nüchtern festgehaltenen Ereignisse um Magdalena, einer führenden Täuferin aus dem St. Galler Täuferkreis, beschäftigten auch die Chronisten Sicher und Kessler. Ihre Berichte muten zum Teil phantastisch an, können aber doch in ihrem wesentlichen Kern durch die Gerichtsprotokolle verifiziert werden, wenn auch da und dort die Phantasie der Chronisten etwas mitgespielt haben mag. Der Chronist Sicher schildert Magdalena Müllerin als «ain lustig hubsch Wib», wie sie bei einer Täuferversammlung als nackte Prophetin auftrat und ihre Lehre ausbreitete. Kessler, der ebenfalls anerkennende Worte für die Schönheit der Magdalena Müllerin findet, berichtet von religiösen Verwirrungen der Frau, die in ihren visionären Anwandlungen so weit gegangen war, sich selbst als Christus zu fühlen und zu bezeichnen. Sie kann also in dieser Sache mit Margaretha Hottingerin verglichen werden, die ähnliche Erlebnisse hatte. Nach Kessler sollen sowohl Magdalena Müllerin als auch Wibrat Vonwilerin erst durch die Berührung mit dem Täufertum ein derart exzentrisches Wesen angenommen haben. Beide Frauen waren vorher in ihrer Stadt, so Kessler, «als allweg züchtige Dochteren geacht».

Verena Bumenin, die ebenso wie Magdalena Müllerin und Wibrat Vonwilerin dem Kreise libertinistischer St. Galler Täufer angehörte, gebärdete sich in ihren Visionen in wilder Ausgelassenheit. Sich als Christus fühlend, suchte sie sich Jünger. Sie muss auf die ihr Verfallenen eine grosse Faszination ausgeübt haben, wird doch zum Beispiel von einem Weber berichtet, den sie zum Mitkommen aufforderte: «Da stond er uf von der Arbeit und war gehorsam.»[13]

In Akten, welche die Ausschweifungen der Wibrat Vonwilerin, der Magdalena Müllerin und der Verena Bumenin betreffen, ist nie von einem Zwang die Rede, dem die Frauen bei den täuferischen Exzessen ausgesetzt gewesen sein sollen. Viel eher scheint zuzutreffen, dass den Frauen hier die dominierende Rolle zukam. Zwingli jedoch versuchte in

---

13 Quellen (Anm. 10) 631, 619.

seiner «Beschreibung der täuferischen Entartungen im Elenchus von 1527» zu zeigen, dass man nicht nur die eigene, sondern auch andere Frauen zu Handlungen libertinistischer Art zwang. Zwingli wollte und musste natürlich deutlich Stellung beziehen und den täuferischen Libertinismus gründlich verdammen.

Die Vorfälle, welche die Zeitgenossen so sehr erschreckten, haben zahlreiche Vorläufer in der Religionsgeschichte der Menschheit. Sie können als ein Wiederaufbrechen lange unterdrückter elementarer religiöser Bedürfnisse interpretiert werden, die in dieser Zeit des Umbruches, als neue Formen des Kultus noch nicht definitiv feststanden, wieder auflebten. Obwohl nicht von derselben stark sexuellen Prägung gekennzeichnet, existieren auch in der alten Kirche Elemente mit einer gewissen sexuellen Komponente. Es sei nur daran erinnert, dass zum Beispiel die Gottesminne der Mystikerinnen zeitweilig eine solche erotische Komponente enthält. In der veramtlichten Kirche protestantischer Richtung war kein Raum mehr für stark gefühlsgeprägten religiösen Ausdruck. Als politische Macht duldete die Staatskirche seelische Erlebnisse ausschliesslich in den von ihr ausgebildeten Formen. Gerade deshalb wirken die Vorgänge in St. Galler Täuferkreisen auch rückblickend so aussergewöhnlich. Reiht man sie aber ein in einen zeitlich wie geographisch weiträumigen Bereich religiösen Geschehens, so verlieren sie den Charakter des Aussergewöhnlichen. Das Problem von Sexualität und Religiosität ist ein überzeitliches. Die Vorfälle in St. Gallen sind nicht damit erklärt, dass man die Protagonisten als Psychopathen bezeichnet.

Es ist klar, dass in einer Zeit, die von der Gleichsetzung des männlich geprägten Staates mit der männlich geprägten Kirche gekennzeichnet ist, solches nicht geduldet werden konnte. Das Täufertum der Reformationszeit hatte dieselbe Funktion wie die häretischen Bewegungen des Mittelalters: Es diente als Auffangbecken für Frauen, die mehr wollten, als nur passive Mitglieder einer Männerkirche zu sein.

Sektierer und Nonkonformisten, die nicht von ihren Anschauungen abstehen wollten, wurden oft zur Auswanderung gezwungen. Damit verschwand ein grosser Teil der spiritualistischen Bewegungen, die der

Frau gleiche geistige Gaben zugetraut hatten wie dem Mann, aus Europa.

In neuerer Zeit lebte in Kreisen der konsequenteren Vertreter des religiösen Individualismus der Frauendienst wieder auf, so zum Beispiel bei den Methodisten und einigen amerikanischen Baptisten. Bei den holländischen Mennoniten ist das Predigtamt der Frau seit 1904 Tatsache. Die grossen protestantischen Kirchen gewährten in der ersten Hälfte des 20. Jahrhunderts den Frauen mehrheitlich die Möglichkeit zum Pfarrdienst. Bei diesem Vorgang handelt es sich um eine zögernd vor sich gehende Integration der Frau in eine Männerkirche. Weiblich geprägte religiöse Ausdrucksformen fehlen weitgehend. Es ist offen, inwieweit durch den Einbezug und die aktive Beteiligung der Frau sich das religiöse Geschehen in der evangelischen Kirchenwelt ändern und in welcher Form es sich weiterentwickeln wird.

BRIGITTA STOLL

HAUSMUTTER UND HIMMELSBRAUT -
EIN ANDACHTSBUCH DES 17./18. JAHRHUNDERTS
UND SEIN FRAUENBILD

Als am Abend seines ersten Reisetages die untergehende Sonne die Hügelzüge des Schwarzwaldes mit rötlichen Wolken überzog, überfiel den Grünen Heinrich zum ersten Mal das Heimweh. Er dachte sich nach Zürich und zu seiner Mutter zurück:

«... er suchte diejenige Stelle am Himmel, welche über seiner Stadt, ja über seinem Hause liegen mochte, und fand sie freilich nicht. Desto deutlicher hingegen sah er nun, als er sich in den Wagen zurücklehnend die Augen schloss, die mütterliche Wohnstube mit allen ihren Gegenständen, er sah seine Mutter einsam umher gehen, ihr Abendbrot bereitend, dann aber kummervoll am Tische vor dem Ungenossenen dasitzen. Er sah sie darauf einen Band eines grossen Andachtswerkes, fast ihre ganze Bibliothek, nehmen und eine geraume Zeit hineinblicken, ohne zu lesen; endlich ergriff sie die stille Lampe und ging langsam nach dem Alkoven, hinter dessen schneeweissen Vorhängen Heinrichs Wiege gestanden hatte.»

Das Heimweh zaubert Heinrich die vertraute häusliche Umgebung vor sein inneres Auge: die Mutter, an ihr Kind denkend und vergeblich Trost und Ablenkung in den alltäglichen Ritualen suchend. Auch das aufgeschlagene Andachtsbuch bleibt ungelesen. Wenige Seiten vorher schildert Gottfried Keller das tatsächliche Verhalten der Mutter nach der Abreise Heinrichs:

«Sie war auf ihre Stube zurückgekehrt. Ein tiefes Gefühl der Verlassenheit und Einsamkeit überkam sie und sie weinte und schluchzte, die Stirn auf den Tisch gelehnt. Der frühe Tod ihres Mannes, die Zukunft ihres sorglosen Kindes, ihre Ratlosigkeit, alles kam zumal über ihr einsames Herz. Ein mächtiges Ostermorgengeläute weckte und mahnte sie, Trost in der Gemeinschaft der vollen Kirche zu suchen. Schwarz und feierlich gekleidet ging sie hin; es ward ihr wohl etwas leichter in der Mitte einer Menge Frauen gleichen Standes; allein, da der Prediger ausschliesslich das Wunder der Auferstehung sowie der vorhergehenden Höllenfahrt dogmatisierend verhandelte, ohne die mindesten Beziehungen zu einem erregten Menschenherzen, so genoss die gute Frau vom ganzen Gottesdienste nichts als das Vaterunser, welches sie recht inbrünstig mitbetete, dessen innerste Wahrheit sie aufrichtete.»[1]

Zwei mögliche Verhaltensmuster einer Frau, die angesichts der schmerzhaften Trennung von ihrem Sohn in religiösen Angeboten Trost sucht; im ersten Fall sehen wir sie isoliert auf das Medium Buch bezogen. Trost liegt hier nur in der Macht der Erinnerung. Das Andachtsbuch bleibt blosses Requisit. Im zweiten Beispiel wirken die aufsteigenden Erinnerungen erdrückend. Erleichterung schafft die Gemeinschaft mit anderen Frauen und das gemeinsam gebetete Vaterunser.

Die beiden Szenen aus Kellers «Grünem Heinrich» beleuchten exemplarisch die Problematik unseres Themas. Sie führen uns «imaginierte Weiblichkeit»[2] vor, bildhaft ausgemalte Vorstellungen über das religiöse Verhalten einer Frau. Was ist daran Bild und was Realität? Die Frage lässt sich nicht beantworten, denn das Verhalten dieser Frau ist uns nur fiktiv, in literarischer Gestalt überliefert. Die an zweiter Stelle zitierte Szene schildert das Verhalten der Frau aus der Sicht des Autors, Gottfried Kellers; in der anfangs angeführten Szene lässt dieser an seiner Stelle den Grünen Heinrich tagträumen: imaginiertes weibliches Verhalten in zweifacher Potenz. Gespiegelt nicht nur durch die Phantasie des Autors, sondern auch noch im Halbschlaf seines Helden.

Die auf diese Weise gespiegelten Frauenbilder müssen Frauen*bilder* und zugleich *Fremd*bilder bleiben. Niemand kann uns garantieren, dass der literarischen Präsentationsform tel quel weibliches Verhalten entspricht

1 GOTTFRIED KELLER, Sämtliche Werke, hg. v. J. FRAENKEL / C. HELBLING, Der grüne Heinrich (1. Fassung), 1, 1854; 1. Zitat: 35f., 2. Zitat: 22.

2 So der Titel einer Studie von SILVIA BOVENSCHEN, Die imaginierte Weiblichkeit, Exemplarische Untersuchungen zu kulturgeschichtlichen und literarischen Präsentationsformen des Weiblichen, Frankfurt 1979 (Suhrkamp tb 921).

und entsprochen hat. Das hängt nicht nur mit dem Geschlecht des Autors zusammen. Wichtiger ist die Art des Textes, der als Quelle für entsprechende Frauenbilder dient.

Nicht nur Literatur vom Range eines «Grünen Heinrich» stellt solche Probleme. Auch Andachtsbücher in der Art des «Geistlichen Frauenzimmer-Spiegels», der im folgenden als Quelle für ein typisches Frauenbild des 17. und 18. Jahrhunderts dienen soll, müssen nach dem Verhältnis von Fiktion und Realität befragt werden. Eine schwierige Frage, wenn aus der Zeit selber kaum direkte Äusserungen zu den konkreten Lebensumständen von Frauen überliefert sind.[3] *Und* eine paradoxe Frage, wenn man sich vorstellt, dass der «Geistliche Frauenzimmer-Spiegel» nicht nur auf dem Tisch einer Zürcher Wohnstube gelegen haben könnte, sondern genauso gut in Basel, Bern oder Chur, in Leipzig, Nürnberg, Frankfurt oder Amsterdam. Oder gar in der Bibliothek der Marktgräfin Sophie von Brandenburg, der Tante Herzog Augusts von Braunschweig, dem Begründer der berühmten Bibliothek zu Wolfenbüttel. Ein weitverbreitetes und vielgelesenes Buch also, das das Frauenbild vieler Generationen von Leserinnen und Lesern massgeblich beeinflusst haben dürfte. Doch, schieben wir die verwickelte Geschichte dieses Buches mit ihren einzelnen Stationen noch etwas auf ...

***

Andachtsbücher erfreuen sich in der theologie- und kirchengeschichtlichen Forschung nicht eben grosser Beliebtheit. Zusammen mit anderen Zeugnissen volkstümlicher Frömmigkeit gehören sie zu den Stiefkindern der Forschung.[4] Das hat mehrere Gründe: Andachtsbücher sind in der Regel wenig aussagekräftig, was theologische Spitzenleistungen ihrer

---

3 Vgl. dazu etwa BARBARA BECKER-CANTARINO, Die Frau von der Reformation zur Romantik, Die Situation der Frau vor dem Hintergrund der Literatur- und Sozialgeschichte, Bonn 1980 (Modern German Studies 7), bes. 243ff.; DIES., Der lange Weg zur Mündigkeit, Frau und Literatur (1500-1800), Stuttgart 1987; Weiblichkeit in geschichtlicher Perspektive, Fallstudien und Reflexionen zu Grundproblemen der historischen Frauenforschung, hg. v. URSULA A.J. BECHER / JÖRN RÜSEN, Frankfurt 1988 (Suhrkamp tb Wissenschaft 725).

4 BERND HAMM, Frömmigkeit als Gegenstand theologiegeschichtlicher Forschung, Methodisch-historische Überlegungen am Beispiel von Spätmittelalter und Reformation, ZThK 74, 1977, 464-497.

eigenen Zeit betrifft. Sie richten sich nicht an Fachtheologen, sondern an ein breites Publikum mit unterschiedlichsten Voraussetzungen. Dem entsprechen ihr Inhalt und ihre Form: es sind handliche, häufig mit grossem didaktischem Geschick gestaltete Bände. Bilder sind, jedenfalls im 17. und 18. Jahrhundert, genauso wichtig wie der Text. Und was den Text betrifft: nun, er ist recht einfach und eingängig und zeichnet sich in der Regel kaum durch Originalität aus.

Ein weiterer Grund ist mitverantwortlich für das Missbehagen der Forschung am Thema erbauliche Literatur. Die beiden Szenen aus Kellers «Grünem Heinrich» stehen symptomatisch dafür: die vereinsamte Frau und das aufgeschlagene Andachtsbuch auf dem Tisch der guten Stube bilden einen deutlichen Kontrast zu der gemeinschaftlich begangenen Feier des Gottesdienstes. Erbauliche Literatur steht für den privaten, individuellen Zugang zu religiösen Inhalten, der unabhängig von kirchlicher Vermittlung stattfinden kann. Der genannte Kontrast und das sich daraus ergebende Vorurteil, erbauliche Literatur sei für die Theologie- und Kirchengeschichte irrelevant, weil sie bloss individuelle Religiosität spiegele, hält sich hartnäckig bis heute. Tatsächlich ist die Trennung von Öffentlichkeit und Privatsphäre, die der genannte Kontrast voraussetzt, ein Produkt des späten 18. und frühen 19. Jahrhunderts. Erst in dieser Zeit erreicht die Abschirmung des häuslichen Familienlebens gegen aussen einen Grad, der es erlaubt, Familie und Privatheit gleichzusetzen und von der öffentlichen Sphäre abzugrenzen. Gewiss, schon lange zuvor leiten Andachtsbücher, leitet erbauliche Literatur überhaupt vor allem zu religiöser Praxis ausserhalb des Gottesdienstes an. Sie vermittelt Zugang zu Bild- und Textmeditation, zu Gebet und Gesang im häuslichen Bereich. Die Anwesenheit eines Pfarrers oder Priesters ist dazu nicht nötig. Aber der häusliche Bereich entspricht bis ins 18. Jahrhundert dem Bild von Familie, wie es etwa Luthers Katechismus zeichnet. Es ist die Grossfamilie, die Hausgemeinschaft als Produktionsgemeinschaft. Eine Strophe des seit 1610 im «Geistlichen Frauenzimmer-Spiegel» abgedruckten Liedes «Aus meines Herzens Grunde» ist diesem Familienbild gewidmet: «... mein Weib, Gut, Ehr und Kind in dein Händ ich befehle, dazu mein Hausgesind, als dein Geschenk und Gab, mein Eltern und Verwandten ...»

Andachtsliteratur dient solchen Hausgemeinschaften zur täglichen Erbauung unter der Leitung des Hausvaters oder der Hausmutter. Der Einfluss entsprechender Literatur kann kaum überschätzt werden, weil auch jene Mitglieder des Haushalts, die selber nicht lesen können, durch das Vorlesen Zugang zu den Texten erhalten haben. Die gemeinsam begangenen Hausandachten mit Bibellektüre, Gebet und religiösen Betrachtungen versammeln alle Hausbewohner. Seit dem 16. Jahrhundert kann man im protestantischen und vor allem im puritanischen Bereich geradezu von einer «Literarisierung des Familienlebens» in der Form gemeinsamer morgendlicher oder abendlicher Schriftlesung, Katechismuslektüre oder auch der Lektüre erbaulicher Bücher sprechen. Die Familie wird zum Zentrum des religiösen Lebens und die Vermittlung religiöser Inhalte wird von der Gemeinde an die Hausgemeinschaft delegiert. Längerfristig hat die geschilderte Literarisierung massgeblich zur Intimisierung des Familienlebens beigetragen und, parallel dazu, zur Fixierung der bürgerlichen Frau auf den der Öffentlichkeit entzogenen Bereich des Hauses.[5]

Die Lektüre von Gebet- und Erbauungsbüchern bildet umgekehrt einen wichtigen Schritt der Frauen auf dem Weg zu ihrer Emanzipation. Lesen und Schreiben sind lange Zeit über diese Bücher vermittelt worden; und die Fähigkeit des Lesens und Schreibens ist Grundlage auch der Mündigkeit der Frau.

Offenbar dient in dem von uns zu untersuchenden Zeitraum erbauliche Literatur nicht nur als Grundlage religiöser Betätigung des einzelnen. Der Familienverband ist hauptsächlicher Ort der Erbauung.

Die Autoren von Andachtsbüchern - im 17. und beginnenden 18. Jahrhundert sind es tatsächlich von wenigen Ausnahmen abgesehen Autoren - vertreten im übrigen kaum individualistische Zugänge zu theologischen Fragestellungen, sondern spiegeln das kirchlich-theologische Umfeld ihrer Zeit. Häufig handelt es sich um Männer, die in den konfessionellen Auseinandersetzungen engagiert Partei ergriffen haben, was sich in ihren Texten niederschlägt.

---

5 Vgl. dazu HARTMANN TYRELL, Familie und Religion im Prozess der gesellschaftlichen Differenzierung, in: Wandel der Familie - Zukunft der Familie, hg. v. VOLKER EID / LASZLO VASKOVICS, Mainz 1982, 38ff.

Im übrigen: gerade weil Erbauungsliteratur nicht originell in dem Sinn ist, dass sie eigenständige, neue Reflexion grundlegender systematisch-theologischer Fragestellungen böte, bringt sie umso getreuer das Abbild einer gewissen «Durchschnittsfrömmigkeit» ihrer Entstehungszeit. Zwar fehlen theoretische Ausführungen zu Fragen wie der nach Gottes Gerechtigkeit angesichts von Leid und Not, dem Problem des Bösen oder den Stationen des Heilsgeschehens keineswegs. Aber diese theoretischen Überlegungen zielen immer auf konkrete Praxis. Sie sollen den Leser und die Leserin zu einem bestimmten moralisch qualifizierten Verhalten anleiten und die zur Bewältigung des Alltags notwendigen ethischen Richtlinien vermitteln. So gibt die «unoriginelle» Theologie der Andachtsbücher ein getreues Bild der Fragen einer bestimmten Zeit an die Adresse der Theologie. Gerade für das Menschenbild ihrer Zeit sind solche Texte darum besonders aufschlussreich.

***

Wenn ich als Grundlage und hauptsächliche Quelle meiner Ausführungen den «Geistlichen Frauenzimmer-Spiegel» gewählt habe, ein heute kaum mehr gelesenes und bekanntes Buch, so hat das gute Gründe. 1605 handschriftlich und mit handkolorierten Stichen ausgearbeitet und fünf Jahre später zum ersten Mal gedruckt ist das Buch bis 1755 fast dreissigmal neu aufgelegt, mehrfach überarbeitet und aus dem Deutschen ins Holländische übersetzt worden.[6] Es handelt sich offensichtlich um einen Bestseller; vor allem im zweiten und dritten Drittel des 17. Jahrhunderts muss sein Erfolg beachtlich gewesen sein. Die erste Schweizer Ausgabe stammt von 1681. Der «Frauenzimmer-Spiegel» ist damals parallel in Zürich und Chur aufgelegt worden. 1689, 1700, 1720 (?) und 1755 sind weitere Ausgaben erschienen. Auch die frühen Ausgaben des Buches aus den grossen Verlagsorten Deutschlands sind in der Schweiz gelesen worden. Der «Geistliche Frauenzimmer-Spiegel» stellt damit eine wichtige Quelle für ein Frauenbild dar, wie es sich seit

---

6 Vgl. dazu auch FERDINAND VAN INGEN, Frauentugend und Tugendexempel, Zum Frauenzimmer-Spiegel des Hieronymus Ortelius und Philipp von Zesens biblischen Frauenportraits, in: Chloe, Beihefte zum Daphnis, 3, 1984, 345ff. (bes. 362f. Anm. 41).

dem 16. Jahrhundert zusehends verfestigt hat und die Diskussion um die Rolle der Frau(en) bis heute entscheidend mitbestimmt.

Dieses Frauenbild lässt sich kaum von der Geschichte des Buches trennen. Ich stelle darum im folgenden einige Stationen dieser Geschichte in und ausserhalb der Schweiz zusammen mit den entsprechenden Frauenbildern dar. Dazwischen soll nach dem Grund für den grossen Erfolg des Buches und damit nach seinen Besonderheiten gefragt werden. Einige Informationen zum Kreis der Leser und Leserinnen schliessen die Ausführungen ab.

***

Die Urform des «Frauenzimmer-Spiegels» befindet sich in der Bibliothek von Wolfenbüttel.[7] Es handelt sich um das bereits erwähnte handgeschriebene Exemplar von 1605. Wie das Buch nach Wolfenbüttel gelangte, ist nicht mehr sicher auszumachen.

Hieronymus Oertl (1524-1614)[8], der Verfasser des Buches, war Jurist am kaiserlichen Hof in Wien. Die entschiedene Parteinahme für eine liberale Religionspolitik im Geiste der Confessio Augustana in Österreichisch-Habsburgischem Gebiet trug ihm während des unter Rudolf II. strikt gegenreformatorischen Kurses die Verbannung ein. Oertl liess sich in Nürnberg nieder und schrieb dort während seiner zweiten Lebenshälfte eine verbreitete Chronik der Ungarischen Kriege sowie mehrere Andachtsbücher.

Ein Hinweis zwischendurch: die späteren Bearbeiter des Buches stammen im Gegensatz zu Oertl alle aus theologischem Milieu. Es handelt sich um zwei Theologiestudenten, mehrere Pfarrer sowie verschiedene Dichter, die ihrerseits mindestens teilweise aus Pfarrhäusern stammen.

Die erste Fassung des Buches trug, wie die beiden Druckausgaben von 1610 und 1612, den Titel «Künstliche Bildtnus oder Abcontrofehung der furnemsten gottseligen Frawen im Alten (bzw. Newen) Testament mit zugehörigen schonen christlichen Gebetlein durch Hieronymus Oertl

---

7 Vgl. den Katalog: Die Augusteischen Handschriften, 5, beschrieben von O. HEINE-MANN, Frankfurt 1966, 69.
8 Vgl. ADB 24, Leipzig 1887, 445f.

Augustanus» (Abb. 1). Die Grundlage des Buches blieb bis zur letzten Ausgabe von 1755 dieselbe: Frauengestalten aus dem Alten und Neuen Testament. Begnügte sich Oertl 1605 noch mit 35 Frauen, so zählen die Schweizer Ausgaben ab 1681 deren 47. Die Tendenz zu umfassender Gründlichkeit ist zeittypisch.

Bleiben wir vorerst bei der Urform des Buches. Es handelt sich um ein reich ausgestattetes Prunkexemplar im Quartformat - die beiden ersten Druckausgaben übernehmen dieses Format, alle späteren erscheinen als handliche Oktavbände - die graphische Gestaltung ist schlicht, aber anspruchsvoll. Die linke Buchseite nimmt ein Bild der jeweiligen Frau, gerahmt von einem passenden Vierzeiler ein. Rechts steht ein von Oertl verfasstes Gebet, darüber, gleichsam als Motto, das Attribut der dargestellten Frau. Beide Seiten rahmt eine rot-goldene Zierleiste.

Ein Beispiel: Evas Attribut ist «Die Geberende». Der Vierzeiler lautet:

> «Auss Adams Rieb das Erste Weib
> Gott der Herr schuff von welcher leib
> All menschenkind geborn seyn
> Darumb sie die geberenden heissen fein.»[9]

Das Gebet setzt ein mit dem Dank für die gute Schöpfung und besonders die Einsetzung des Ehestandes. Die Leser und Leserinnen werden zu treuer Pflichterfüllung «in aufferlegtem ampt und beruff» gemahnt und angesichts der Herkunft des menschlichen Geschlechts aus Staub und Erde zu Demut aufgefordert.

Attribut, Vierzeiler und Gebet sind stärker noch als durch die Schöpfungs- und Fallgeschichten der drei ersten Kapitel der Genesis durch die Rollenbeschreibung von Mann und Frau geprägt, wie sie die Pastoralbriefe, etwa 1. Tim. 2,8ff. vertreten, und wie sie durch sämtliche Ausgaben des Frauenzimmer-Spiegels gerne und häufig zitiert wird: Die Frau ist nach dem Mann an zweiter Stelle geschaffen worden, liess sich aber als erste verführen. Durch das Gebären von Kindern und ein Leben

---

9 Künstliche Bildtnus oder abcontrofehung der furnemsten Gottseligen Frawen im Alten Testament mit zugehörigen schonen christlichen Gebetlein (HIERONYMUS OERTL, 1605), f.2^V.

Abb. 1: Der Titelkupfer der ersten Ausgabe von 1610

Die beiden Frauen verkörpern mit ihren Attributen Frauentugenden. Die Schnecke steht für Häuslichkeit, die Schildkröte für den Gehorsam gegen den Ehemann und der Bienenkorb für den Fleiss im Haushalt.

nach den Massstäben christlicher Tugenden kann sie des damals verlorenen und künftig neu verheissenen Heils teilhaftig werden. Soweit die Auslegung des zweiten alttestamentlichen Schöpfungsberichtes in 1. Tim. 2. Zur Brisanz dieser Art von Genesis-Interpretation für die Einordnung des «Frauenzimmer-Spiegels» in seinen historischen Kontext werde ich gleich kommen. Vorerst sei ein kurzer Hinweis auf den Inhalt der restlichen Gebetstexte gestattet. Sie beziehen sich nicht in jedem Fall auf die abgebildete biblische Frauengestalt, sondern enthalten des öftern Hinweise auf die Zeit des Verfassers und ihre Nöte. Neben dem Bild Deborahs steht beispielsweise ein Gebet um Errettung aus der Türkengefahr, die Bekehrung Lydias durch den Apostel Paulus bietet Anlass zur Bitte um Prediger und Seelsorger, «durch wölche wir in reiner und unverfölschter Lher erhalten» werden.[10] Die Gebete beschränken sich demzufolge nicht auf frauenspezifische Themen. In der Urform des Oertlschen Andachtsbuches ist die Geschichte der abgebildeten biblischen Frauen vielmehr Anlass zur Thematisierung eines breitgefächerten Themenkreises, der Frauen und Männer gleichermassen betrifft.

Auch wenn die betreffenden Gebete bis in die letzte Ausgabe von 1755 übernommen werden, verändert sich die thematische Ausrichtung des Buches im Zuge seiner Editionsgeschichte. Immer stärker rücken die Probleme der Frau zwischen Haus, Familie und Kirche ins Zentrum.

Bereits die ausführliche Widmungsrede an Marktgräfin Sophie von Brandenburg aus der ersten gedruckten Ausgabe von 1610 setzt deutliche Akzente. Oertls Buch soll ein Beitrag zur Verteidigung des weiblichen Geschlechts gegen Lästermäuler und Schänder sein. Die Argumente zu seinem apologetischen Diskurs findet Oertl vor allem in der göttlichen Stiftung des Ehestandes. Er hält sich darin an Gedankengut, das seit der Reformation besonders in lutherischer Tradition zum Allgemeingut gehört. Die Ehe dient der Zeugung und Aufzucht von Kindern, der Vermeidung von Unzucht und der gegenseitigen Hilfe und Unterstützung der Ehegatten. In sämtlichen Funktionen ist sie auf die übrigen Stände zugeordnet: «Darumb ist der Ehestandt recht ein stütze und seule der Welt durch dessen mittel die Kirch geehret und gebawet wirdt unnd ohne welchen so es were und kein Weib seyn solt würde in wenig Jaren weder Kirch noch einig Regiment auff Erden mehr seyn. Derhalben so

---

[10] OERTL (Anm. 9) f.40ʳ.

es nun gut ist dass auff der Welt Leut seyn dass man habe die in dem Geistlichen und Weltlichen Regiment fürstehen und dass die ordnung gottes erhalten werden so muss freylich das Weib ein sehr gut und notwendig Geschöpf seyn dass sich der Mann mit ihr Ehelich verheyrat und posteritatis dilectione Kinder mit ihr zeuge dardurch gottes herrlicher Nam ewiglich gepreiset und gelobt werde ...»[11]

Die alltäglichen Pflichten in Haus und Familie und das «zuchtige heilige und gottselige Leben», die religiöse Praxis verschmelzen zu einem sich selbsttragenden System. Glaube, wie er etwa durch erbauliche Lektüre vermittelt wird, gewährt moralischen Beistand im Alltag. Fromme Pflichterfüllung in Ehe und Beruf wiederum garantieren das Fortbestehen der institutionellen Grundlagen in geistlichem und weltlichem Regiment.

In diesen Zusammenhang fügen sich die nicht auf die besondere Situation der Frauen zugeschnittenen Gebete aus der Urform des Buches von 1605 nahtlos ein. Und doch: Oertl will sein Werk als eindeutige Parteinahme zugunsten des weiblichen Geschlechts verstanden wissen. Wer gegen die Würde der Frau lästert, schmäht damit auch Gott als ihren Schöpfer, «der nicht allein Mannsbilder sondern auch Christenlichen Frawen und Jungfrawen selig haben will, so inn und ausserhalb des Ehestandts in wahrem Glauben und züchtigem Hertzen Christum erkennen und fassen und ihren Glauben mit zuchtigem heiligem und Gottseligem Leben bezeugen und erweisen».[12]

Wenn das Leben in und für die häusliche Gemeinschaft so eng mit religiöser Praxis verbunden ist, erstaunt es nicht, dass die Rolle der Frau als Himmelsbraut noch kaum thematisiert ist. Einzig gewisse Liedtexte wie das bekannte, noch heute gesungene «Wie schön leuchtet der Morgenstern» von Philipp Nicolai weisen in diese Richtung. Gewisse hier verwendete Begriffe und Bilder, etwa «himmlischer Bräutigam» oder «das Herz besitzen», sind allerdings nicht näher erläutert und scheinen

---

11 Schöne Bildnus in Kupfer gestochen der erleuchten berumbtisten Weiber Altes und Neues Testament mit iren Historien nützlichen Lehren, und Tröstlichen erinnerungen schönen sprüchen Reimen etlichen Geistlichen deutungen Gebetlein und dancksagungen. Mit sonderm vleis zusammen getragen unnd in druck verfertigt Durch Hieronimum Ortelium Augustanum, (Nürnberg 1610), 4.

12 OERTL (Anm. 11) 4f.

nicht eigens auf Frauen bezogen. Erst in späteren Auflagen des Buches seit der Mitte des 17. Jahrhunderts begegnen Bilder und Sprachelemente aus der Brautmystik, die gezielt auf die Rolle der Frau hin gedeutet werden. Eine zentrale Position nimmt dabei in Bild und Wort das Gleichnis von den klugen und törichten Jungfrauen (Mat. 25) ein (Abb.2).

***

Halten wir einen Moment inne: was mag einen älteren, seines Landes verwiesenen Juristen wie Oertl dazu bewogen haben, ein Andachtsbuch für Frauen zu schaffen, und wie erklärt sich der grosse, langanhaltende Erfolg seines Werkes?

Drei Aspekte müssen zur Beantwortung dieser Frage berücksichtigt werden: der «Geistliche Frauenzimmer-Spiegel» steht in einer langen Traditionskette erbaulicher Literatur, die sich vor allem auf biblische Frauengestalten stützt (1). Das 17. und beginnende 18. Jahrhundert ist die grosse Zeit der Erbauungsliteratur (2). Zur selben Zeit findet eine theoretische Auseinandersetzung um ein neues Menschenbild und damit auch um das Bild der Frau statt (3).

Zum ersten Aspekt: Biblische Frauengestalten werden bereits in einschlägigen Werken der Kirchenväter, etwa Tertullians oder Augustins, als Beispiele (exempla) für ein bestimmtes moralisch qualifizierbares Verhalten christlicher Adressaten herangezogen. Aus dem Mittelalter sind zahlreiche erbauliche Schriften überliefert, die biblische Frauen als Vorbilder für Mädchen und Frauen behandeln. Bereits tragen einzelne dieser Werke im Titel den Begriff speculum, Spiegel.[13] Der Begriff und die Sache tauchen auch im Oertlschen Buch wieder auf. Ein Vers aus der Ausgabe von 1689 macht deutlich, worin die Spiegel-Funktion der biblischen Frauen besteht:

---

13 Vgl. dazu MATTHIAS BERNARDS, Speculum Virginum, Geistigkeit und Seelenleben der Frau im Hochmittelalter, Köln-Wien 1982; HERBERT GRABES, Speculum, Mirror und Looking-Glass, Kontinuität und Originalität der Spiegelmetapher in den Buchtiteln des Mittelalters und der englischen Literatur des 13.-17. Jahrhunderts, Tübingen 1973 (Buchreihe der Anglia 16); CORNELIA NIEKUS MOORE, The Maiden's Mirror, Reading Material for German Girls in the Sixteenth and Seventeenth centuries, Wiesbaden 1987 (Wolfenbütteler Forschungen 36).

Abb. 2: Der Titelkupfer der Zürcher Ausgaben seit 1681

Auf der linken Seite eine Szene aus der Erzählung von den klugen und
den törichten Jungfrauen (Matthäus 25). Rechts oben Adam und Eva im
Paradies, rechts unten die am Liebesseil Christi gezogene Seele (nach
Hohelied 1,4) in Gestalt einer Frau.

«Lass mich im Spiegel schauen
die höchstberühmten Frauen
Und ihnen folgen nach
Lass mich wie sie bestehen
In Tugend-Schritten gehen
In Freud Leid Lust und Ungemach.»[14]

Die biblischen Frauen sind Typen für das Verhalten der Leserinnen und Leser.

Zum zweiten Punkt: die Nachfrage nach erbaulicher Literatur war im 17. und zu Beginn des 18. Jahrhunderts überaus gross. Konfessionelle Spannungen, der Dreissigjährige Krieg, die Türkengefahr: all das führte zu einer Art geistlichem Vakuum, dem kaum oder nur ungenügend mit kirchlichen Aktivitäten beizukommen war. Die Produktion von erbaulicher Literatur trat in die Lücke. Das gilt im übrigen für alle Konfessionen. Ungefähr ein Viertel der gesamten im 17. Jahrhundert erschienenen Bücher gehören zum Typus erbaulicher Literatur.[15] Auch während und kurz nach dem Dreissigjährigen Krieg, als der übrige Buchmarkt merklich schrumpfte, sind immer wieder neue Erbauungsbücher herausgegeben und bewährte alte neu aufgelegt worden. Der «Geistliche Frauenzimmer-Spiegel» ist darin keine Ausnahme. Das Bedürfnis nach Anleitung zu einer tragfesten Verbindung von Leben und Glauben, Alltag und religiöser Praxis unabhängig vom wechselnden Kriegsgeschick konfessioneller Lager war gross genug, um Buchhändler, Verleger und Autoren aller Konfessionen zu entsprechender Produktion anzuregen.

Zum dritten Aspekt: ein Andachtsbuch als Apologie des weiblichen Geschlechts. Auch darin ist Oertls Buch keineswegs originell. Das Thema lag in der Luft. In den ersten Jahrzehnten des 17. Jahrhunderts setzte im

---

14 Neu=eingerichteter vielvermehrter Geistlicher Frauenzimmer=Spiegel Aus Alt= und Neuem Testament an unterschiedlich erleuchteten Frauen in schönen und lieblichen Geschichten nützlichen Erinnerungen andächtigen Gebeten und Himmelaufsteigenden Hertzen=Seufzern weiblichem Geschlecht zum Schatz der Gottseligkeit vorgestellet durch Hieronymus Orteln ..., Nürnberg 1689.

15 Vgl. dazu HARTMUT LEHMANN, Das Zeitalter des Absolutismus, Gottesgnadentum und Kriegsnot, Stuttgart 1980 (Christentum und Gesellschaft 9), 116.; GOTTFRIED MERKEL, Deutsche Erbauungsliteratur, Grundsätzliches und Methodisches, in: Jahrbuch für internationale Germanistik, 1971, 30ff.; HEINRICH LEUBE, Orthodoxie und Pietismus, Gesammelte Studien, Bielefeld 1975 (AGP 13).

französischen und italienischen, später auch im deutschen Sprachbereich eine theoretische Auseinandersetzung um das Bild und die Rolle der Frau ein.[16] In der Forschung läuft diese Diskussion unter der Bezeichnung «Querelle des femmes». Im Mittelpunkt steht die Frage nach der Bildungsfähigkeit der Frau. Häufig griffen die Autoren auf antike und biblische Frauengestalten zurück, um ihren Argumenten Nachdruck zu verleihen. So sind um 1700 zahlreiche Abhandlungen über biblische Frauen entstanden. Wichtig sind neben andern Frauen vor allem Deborah und Mirjam.[17] Die theoretischen Grundlage für diese Auseinandersetzung lieferten hauptsächlich drei kontrovers behandelte Themenkreise:

- die Geschichten von Schöpfung und Fall (Gen. 1-3)

- im katholischen Lager die Mariologie

- die Lehre von der Aufhebung der Geschlechterdifferenz im Jenseits.

Die entsprechenden Auseinandersetzungen wurden auch auf der Ebene erbaulicher Literatur ausgefochten.[18] Allerdings erreichten jene Titel, die mit beeindruckender Gelehrsamkeit die «Querelle des femmes» ausführlich thematisieren und eindeutig Stellung bezogen nie jene Auflagenzahl, wie sie der «Geistliche Frauenzimmer-Spiegel» aufweisen kann. Dessen Erfolg erklärt sich wohl nicht zuletzt aus der unpolemischen, insgesamt wohlwollenden Spiegelung des herrschenden Frauenbildes vor allem bürgerlicher und teilweise auch adliger Schichten. Eine gewisse Bildungsfähigkeit der Frau wird vorausgesetzt, ohne dass davon explizit die Rede ist.

In der Ausgabe von 1636 werden verschiedene von Frauen ausgeübte Tätigkeiten genannt, die eine minimale Vorbildung voraussetzen. Mirjam gilt als Vorbild für Lehrerinnen, die «die Biblia und Catechismum ihren vertrawten Jungfräwlein vorhalten und mit ihnen singen in ihren

---

[16] Vgl. dazu ELISABETH GÖSSMANN (Hg.), Archiv für philosophie- und theologiegeschichtliche Frauenforschung, 1: Das wohlgelahrte Frauenzimmer, Stuttgart 1984, 7ff.

[17] HELEN SCHÜNGEL-STRAUMANN, G.G. ZELTNER / J.C. ZELTNER, Deborae inter prophetissas eruditio, in: Eva, Gottes Meisterwerk, München 1985 (Archiv für philosophie- und theologiegeschichtliche Frauenforschung 2), 187ff.

Häusern und KirchenChoren».[19] Die Purpurhändlerin Lydia findet ihre Nachahmerinnen unter den Krämerinnen des 17. Jahrhunderts: «... Gott hat auch seinen Theil unter züchtigen Kram=Jungfrawen unnd Wittben die sich im Glauben ehrlich mit Kauffen unnd Verkauffen nehren und darneben in ihrem Psälterlein und Catechismo lesen wenn sie nicht Kauffleut oder zu arbeiten haben.»[20]

Solche Anspielungen lassen hinter der Fiktion Frauenbild etwas vom wirklichen Alltag von Frauen der Zeit ahnen. Es ist ein Alltag, in dem eine über die Lektüre von Bibel und Katechismus hinausgehende Bildung weitgehend Luxus bleibt. Aufschlussreich sind in dieser Hinsicht Passagen wie die folgende zu Tabea: «... allen Christlichen Haussmüttern ihren Töchtern und Wittben zu Trost so sich mit Wircken Nehen Perlen hefften und Kräntz machen nehren dem Müssiggang und böse Gedancken damit stewern.»[21]

Für das Bildungsniveau genau solcher Frauen ist der «Geistliche Frauenzimmer-Spiegel» gedacht. Dieser Ausrichtung entsprechen formale und inhaltliche Gestaltung in optimaler Weise. Seit den ersten gedruckten Ausgaben von 1610/1612 nehmen einprägsame gereimte Texte eine wichtige Funktion ein. Unterschiedliche Schriftgrössen erleichtern auch ungeübten Lesern die Lektüre. Nach den Gebets- und Liedtexten folgt häufig eine Zusammenfassung des moralischen Gehaltes der biblischen Gestalt unter dem Titel «Lehr». Die Texte beziehen sich - ganz dem Stil der Zeit entsprechend[22] - auf konkrete Situationen vor allem innerhalb der weiblichen Biografie: da gibt es Gebete «um ein fromm Ehegemahl für Junge und sonst liebhabende Herzen», «Gebätt am Hochzeit=Tage», «Tägliches Gebätt wann man an seine Arbeit gehet», Gebete für

---

18 Vgl. z.B. ADAM LEBERECHT MÜLLER, Heroicae fidei gynaeceum, das ist: Biblische Glaubens-Heldinnen ..., Jena 1736.

19 Geistlicher WeiberSpiegel Das ist: Der Erleuchteten Gottfürchtigen Weiber Alten und Newen Testaments Bildnüsse in Kupffer gestochen. Mit ihren Historien und nützlichen Erinnerungen auch Gebeten und andern zur Gottseligkeit dienlichen Andachten ..., Leipzig 1636, 29.

20 OERTL (Anm. 19) 54.

21 OERTL (Anm. 19) 49 (Elisabeth); 52 (Tabea).

22 Vgl. dazu PAUL ALTHAUS, Forschungen zur Evangelischen Gebetsliteratur, Gütersloh 1927, 159f. und MOORE (Anm. 13) 78f.

Schwangere, Gebärende, glückliche und unglückliche Ehefrauen oder für Eltern, «die ungerahtene Kinder haben».[23]

Oertls Buch verrät auch in den späten Auflagen Einfühlung in Nöte und Sorgen besonders des weiblichen Alltags. Mit der Abhängigkeit der Frauen wird realistisch gerechnet. Entsprechende Probleme werden beim Namen genannt. So heisst es in einem Gebet für Eheleute, «die eine trübselige und übelgerahtene Ehe besitzen», etwa: «Ich hochbetrübtes Weib habe leyder eine unglückliche Ehe mit meinem Ehemann wegen seines Schwelgens, Spilens, Wütens und Hinlässigkeit in seinem Beruff etc. und fallet mir über die massen schwer, in solchem Wesen mit meinem Ehegenossen in die Länge zu leben ... und muss besorgen, es werde hierdurch meine ganze Haushaltung zu Grunde gehen.»[24] Zur Erläuterung dieser Stelle sei kurz folgendes bemerkt: seit der Mitte des 17. Jahrhunderts war es in vermögenden bürgerlichen Kreisen üblich, vor der Ehe sogenannte Ehepakte, juristische Vereinbarungen über eine Gütertrennung der Eheleute abzuschliessen. Gleichzeitig war allerdings die Frau der rechtlichen Vormundschaft des Mannes unterstellt. Faktisch war es ihr darum kaum möglich, sich zum Beispiel gegen den Missbrauch ihres eigenen Vermögens zur Wehr zu setzen.[25]

Solche Probleme nennt unser Andachtsbuch beim Namen. An einer Änderung des Status quo ist aber keiner der Autoren und Bearbeiter des Buches interessiert gewesen. So haften dem Frauenbild dieses Buches ambivalente Züge an. Frauenfeindliche Bibeltexte vor allem aus den weisheitlichen Büchern des Alten Testaments (Sir. 25,15ff; Pred. 7,27ff.) stehen neben den neutestamentlichen Haustafeln (Eph. 5,21ff.; Kol. 3,18ff.; 1. Tim. 2,8ff.) oder dem berühmten Lob der starken Frau aus Spr. 31,10ff. Die Auslegungen des «Frauenzimmer-Spiegels» sind in der Regel wohlwollend. Eine unmissverständliche Stellungnahme gegen die Frauenfeindlichkeit gewisser Bibeltexte fehlt aber. Wahrscheinlich ist dafür die noch stark durch die Auslegungsprinzipien der allegori-

---

23 Ganz Neuvermehrter Geistlicher Frauen=Zimmer=Spiegel/ Alten und Neuen Testaments/ an denen Erleuchteten Weibes-Bildern/ in schönen Historien/ Erinnerungen und Gebetten/ Weiblichen GEschlechte zum Schaz der Gottseligkeit/ von H.Hieronymus Orteln vorgestellet ..., Zürich 1755, 50ff.
24 OERTL (Anm. 23) 148.
25 Vgl. BECKER-CANTARINO (Anm. 3) 46ff.

schen Exegese bestimmte Hermeneutik der Autoren und Bearbeiter
ebenso verantwortlich wie die bereits erwähnte Tendenz zu umfassender
Vollständigkeit. Paradoxerweise sind es letztlich dieselben Tendenzen,
die neben dem sicheren Gespür für die Bedürfnisse der Zeit den Erfolg
des Buches gesichert haben!

Dass Oertls Buch auch in der Schweiz gelesen wurde, zeigen die verhältnismässig zahlreichen Exemplare verschiedener Ausgaben in mehreren Schweizer Bibliotheken. 1681 erschien eine erweiterte Neuauflage
des Buches parallel in Zürich und Chur. Die Kupferstiche hatte der bekannte Maler und Kupferstecher Konrad Meyer (1640-1689) gestaltet,
für die Überarbeitung und Erweiterung des Textes zeichnete Johann Ulrich Backofen, damals Pfarrer in Bischofszell, verantwortlich.[26] Mit Sicherheit ihm zuzuschreiben sind die Texte zu Dina, zur Tochter Pharaos, zu Jephtas Tochter, zu Herodias, Lois und Eunice. Unsicher ist
die Verfasserschaft der Texte zu Athalja und Joseba und zur Kanaa-
näerin.[27]

Backofens Stil ist am Vorbild deutscher Barockdichter geschult. Die
Vergänglichkeit alles Irdischen bildet die thematische Mitte in seinen
Beiträgen zum «Frauenzimmer-Spiegel». Im Gegensatz zu den ganz in
lutherischer Tradition stehenden Texten der ersten Ausgaben des 17.
Jahrhunderts ist in den von Backofen ergänzten Passagen das Leben mit
seinen alltäglichen Pflichten zugunsten des Jenseits entwertet.

Auffällig ist, dass es sich bei den von Backofen ergänzten Gestalten zum
Teil um problematische Figuren handelt. Die Nacherzählung ihrer Geschichte dient denn auch als abschreckendes Beispiel. Aus Backofens
Texten steigt säuerlich-muffig der Geist der Sittenmandate, die damals
in den reformierten Schweizer Städten galten. Übermässiger Kleiderlu-
xus war ebenso verboten wie Vergnügungen: Tabakrauchen, Tanzen,

---

26 Zu seiner Biografie vgl. Dictionnaire historique et biographique de la Suisse, 1,
   Neuchâtel 1921, 494; J. BÄCHTOLD, Geschichte der Deutschen Literatur in der
   Schweiz, Frauenfeld 1892, 449.455; K. WIRZ, Etat des Zürcher Ministeriums von
   der Reformation bis zur Gegenwart, Zürich 1890, 148.
27 Gemäss Vorrede der Zürcher Ausgabe von 1681 hat Backofen sechs Frauengestalten
   ergänzt (ebd. 3); dieselbe Zahl nennt der Titel. Mit den Initialen J.U.B. gezeichnet
   sind Dina (152), Pharaos Tochter (188), Jephtas Tochter (250), Herodias (609) und
   Lois und Eunice (688).

Schlittenfahren.[28] Entsprechend scharf waren die Zensurvorschriften für sämtliche Druckerzeugnisse. In Zürich war am Ende der Siebziger Jahre des 17. Jahrhunderts die Zensurbehörde erweitert und die Zensur verschärft worden.

So ist es kaum verwunderlich, wenn Backofens Texte den heutigen Leser durch die Penetranz ihrer moralischen Appelle unangenehm berühren. Die tragische Geschichte Dinas verbindet der Autor mit der Erzählung vom Fall Evas. Beide Frauen kamen durch ihre Neugier zu Fall. Eva verursachte gar den Verlust des «höchst=schätzbaren Jungfräulichen Kranz (sic!) des Ebenbildes Gottes». Und so folgert Backofen: «Es ist sonderlich beym Frauenzimmer ein nutzliches Sprüchwort: Ausgehen ist nicht so gut/ innen bleiben ist noch besser.»[29] Das Leben in der Stille und Zurückgezogenheit des Hauses ist das der Frau einzig angemessene Dasein. Gottesdienst und alltägliche Pflichterfüllung gehen allerdings nicht mehr ineinander auf. Als verdienstvoll gilt jetzt die Entsagung angesichts der Verlockungen einer sündigen Welt, die Bewahrung der Keuschheit für den himmlischen Herrn und Bräutigam. Jungfräulichkeit, Keuschheit und Zucht ergänzen die in früheren Ausgaben des «Frauenzimmer-Spiegels» dominierenden Tugenden der Frömmigkeit und Gottesfurcht. Der Titelkupfer der Schweizer Ausgaben (Abb. 2) und der nachfolgend zitierte, gereimte Text zu Dina ergänzen sich ideal.

> «1. Ach du verkehrte Welt/ du Sündenreizerin!
>   Wie stellest dich so schön! wie lockest unsre Herzen!
>   Wie leugest du uns an/ und lassest mit dir scherzen/
>   Vertreibe das/was bös: Herr, reiss mich von ihr hin!
>
> 2. Mein Gott! ereile mich/wann du mich sihest schweifen/
>   Und laufen in die Welt! Schliess mir die Augen zu
>   Vor aller Eitelkeit! Gib/ dass in stiller Ruh
>   Ich nur nach Ehr und Zucht und Keuschheit möge greifen!

---

[28] Vgl. dazu PAUL WERNLE, Der schweizerische Protestantismus im XVIII. Jahrhundert, 1: Das reformierte Staatskirchentum und seine Ausläufer (Pietismus und vernünftige Orthodoxie), Tübingen 1923, 73ff.

[29] OERTL (Anm. 23) 156.

3. Der Anlass machet Schälk/ und lehret manche Sünd.
   Ach Herr/ erhalte mich/ und lass mich nicht gerahten/
   Durch böse G'legenheit/ zu schnöden Sünden = Thaten!
   Lass immerzu mich seyn dein frommes reines Kind!»[30]

Die Frau, allem Weltbezug entsagend, wird zum frommen reinen Kind. Unschuld und Kindlichkeit sind wichtige Attribute. Ein Leben ausserhalb der häuslichen Grenzen würde diese Tugenden gefährden.

In den von Backofen ergänzten Texten fällt weiter ein Begriff auf, der fortan in der Diskussion um das Frauenbild einen wichtigen Platz einnehmen wird: der Begriff «Natur». Wir stossen darauf in der Beschreibung des Mutter-Kind-Verhältnisses. Backofen lobt die «recht natürliche Mutter», die ihre Kinder nicht dem Gesinde anvertraut, sondern sie selber betreut, vor allem selber stillt, denn keine Amme kann die «natürliche mütterliche Liebe» ersetzen.

«Unvernünftige Thiere folgen diss Orts der Ordnung Gottes: Warum solten dann vernünftige Frauen ihre Pflicht nicht beobachten?»[31] Weibliche Verhalten soll sich an der vernünftigen, von Gott eingesetzten Ordnung der Natur ausrichten. Natur und Vernunft werden in eins gesetzt und dienen Backofen als Argumente im Streit um die Vorzüge des Stillens. Die biblische Vorlage dazu liefert die Rettung Moses durch die Tochter Pharaos.

Backofens Beitrag zum Frauenbild des «Frauenzimmer-Spiegels» bewegt sich zwischen den genannten Polen Kindlichkeit, Natur und Vernunft. Er nimmt damit Schlüsselbegriffe ins Repertoire des alten Andachtsbuches auf, die vor allem die Frauenbilder des 18. und 19. Jahrhunderts entscheidend beeinflusst haben. Den Leserinnen und Lesern der Schweizer Ausgaben des «Frauenzimmer-Spiegels» dürften diese Begriffe kaum besonders aufgefallen sein. Aus dem überschaubaren Gebetbuch von Hieronymus Oertl, das in seiner Urform von 1605 gerade 46 Blatt gezählt hatte, ist ein stattlicher Band von 766 Seiten geworden. Die Beiträge des Schweizer Bearbeiters Backofen fallen quantitativ nicht sehr stark ins Gewicht. Die neuen Begriffe treten neben die aus den Anfän-

---

30 OERTL (Anm. 23) 161f.
31 OERTL (Anm. 23) 190.

gen des Buches stammenden Tugenden Gottesfurcht und Frömmigkeit.
Alte und neue Tugenden verbinden sich zu einem Konglomerat, das den
Leserinnen und Lesern in gereimter Form angepriesen wird:

«Hier zeigt sich in einem Spiegel
Gottesforcht und Tapferkeit/
Frommheit/ Liebe/ Keuschheit=Spiegel/
Glaubens=Zier/ Beständigkeit.
Ja noch vil mehr andre Gaben
Könt ihr stündlich vor euch haben;
Wolt ihr seyn in Gott recht klug/
Ey! so leset dises Buch.

Folgt ihr nun, ihr theure Seelen,
Disen Tugend=Bildern nach,
So wird Jesus euch erwehlen,
Und nach vilem Ungemach,
Mit den Hauffen diser Frauen,
In den himmlischen Auen,
Frey von aller Angst und Qual,
Küssen hundert tausent mal.»[32]

Die Reaktion der Leserinnen und Leser auf Texte solcher Art ist leider
nicht bekannt … Handschriftliche Besitzereintragungen zeigen aber,
dass das Buch bis ins 19. Jahrhundert im Gebrauch war und gelesen
wurde. Das führt uns zu einer letzten Frage: wer waren die Leserinnen
und Leser dieses Buches?

Informationen vermitteln uns einmal die Ausstattung der einzelnen heute
in Bibliotheken einsehbaren Exemplare des «Frauenzimmer-Spiegels».
Eine wichtige Quelle sind weiter handschriftliche Eintragungen der Besitzerinnen und Besitzer und die Widmungen, die jeder neuen Ausgabe
des Buches voranstehen.

Die Ausstattung der Buchexemplare ist sehr unterschiedlich. Luxusaus-
gaben mit fein ziseliertem Metalleinband und handkoloriertem Schnitt
wechseln mit goldgeprägten Lederbänden und einfachen Exemplaren
ohne jeden Schmuck. Jede Ausgabe ist allerdings mit den Kupferstichen

---

32 Ebd. Vortrab.

sämtlicher behandelter biblischer Frauengestalten und einem Titelkupfer ausgestattet. Der «Frauenzimmer-Spiegel» war kein billiges Buch. Es ist fraglich, ob sich die in einzelnen Texten angesprochenen Dienstboten ein eigenes Exemplar des Buches haben leisten können. Die unterschiedliche Ausstattung des Buches verrät jedenfalls, dass verschiedene Käuferschichten angesprochen werden sollten.

Die Widmungen weisen vor allem auf wohlhabende bürgerliche Kreise. Mit Ausnahme der beiden ersten Nürnberger Ausgaben, die, wie bereits erwähnt, der Marktgräfin Sophie von Brandenburg gewidmet sind, gelten die Widmungen späterer Auflagen den Gattinnen einflussreicher Bürger des jeweiligen Verlagsortes. Die Widmungsträgerinnen werden über den Beruf ihres Mannes definiert, was recht genaue Angaben über den sozialen Stand der mutmasslichen Leserinnen und Leser erlaubt. Es handelt sich um die Frauen juristischer Beamter unterschiedlicher Rangordnung (Hofrat, Notar, Ratsschreiber etc.) und um die Frauen der damals im deutschen Sprachbereich führenden Intellektuellenschicht (Theologen, Pädagogen etc.). Ein pikantes Detail sei am Rande erwähnt: bei der Lüneburger Ausgabe von 1654 handelt es sich um einen sogenannten Raubdruck, eine Ausgabe, die illegal durch einen dazu nicht berechtigtem Buchhändler herausgegeben worden war. Diese Ausgabe ist den Buchhändlersgattinnen im Raume Strassburg, einem der damaligen Zentren des Buchvertriebs, gewidmet.

Die handschriftlichen Besitzereintragungen schliesslich zeigen, dass sowohl Frauen wie Männer zum Lesepublikum des Buches gehörten. Zur Hauptsache handelt es sich allerdings erwartungsgemäss um Frauen. Ihr sozialer Stand ist im einzelnen schwer auszumachen. Mein eigenes Exemplar hat zum Beispiel Elsbeth Schüpbach aus Reuttenen bei Zäziwil gehört. Taufrodeleintragungen aus der fraglichen Zeit weisen ungefähr ein halbes Dutzend Mädchen mit dem gesuchten Namen nach. Ob sich darunter die spätere Besitzerin des Buches befand, ist nicht sicher auszumachen.

Die Besitzerinnen des «Frauenzimmer-Spiegels» verfügten offensichtlich über gewisse Grundkenntnisse in Lesen und Schreiben, jener Bildung eben, die damals üblicherweise Frauen zugänglich war.

In einigen Exemplaren stösst man auf handschriftlich eingetragene
Liedverse und kurze Sprüche. Trotz ihrer Unbeholfenheit sind es die
getreueren Quellen für die Vorlieben und den wirklichen Geschmack
der Leserinnen, als es die gedruckten Texte des «Frauenzimmer-Spiegels» sein können. Hier haben Frauen jene Verse festgehalten, die ihnen
besonders wichtig waren. Ein solcher Text soll zum Schluss zitiert werden. Er steht in meinem eigenen Exemplar des Buches. Geschrieben hat
ihn Elsbeth Schüpbach 1804:

«Wär einer so weiss als Salamon
wär einer so hübs als Absalohn

hät einer des Königs Fohromnis muth
und des grossen aligsanders gut
und des Türckschen Reiter REich

so währe ehr doch ei [sic] einem sterbeten glich

mit iedem augenblick eile ich nach meinem Grabe
hilf Jesu das ich dich stäts in gedanken hab
Gott gebürt alain die Ehr.»

Elsbeth Schüpbach 1804.

III

EMANZIPATIONSPROZESSE UND
BEFREIUNGSBEWEGUNGEN

ALOIS ODERMATT

«GOLDGEWIRKTE KRONEN ÜBER DEM WALLENDEN HAAR» - FREIRÄUME IM WEIBLICHEN ORDENSWESEN DES MITTELALTERS

«Sooft ich den allgemeinen Übelstand der Klosterfrauen bedenke, wird mein ganzes Gemüt zum Erbarmen bewegt, denn wer vermag ihre Plage ohne grosses Herzeleid zu bedenken? In ihrer blühenden, unerfahrenen Jugend kommen sie in ein Gefängnis, aus dem sie nimmer erlöst werden können, in dem sie ihre Not nicht klagen können oder dürfen. Und ob sie schon klagen, so vermag ihnen doch niemand zu helfen.» So schrieb der Franziskaner Johann Eberlin von Günzburg im Jahr 1521, also zu Beginn der Reformation, im gleichen Jahr, da Martin Luther seine Schrift über die Mönchsgelübde veröffentlichte.[1]

Nach diesem harten Urteil war das Leben in mittelalterlichen Frauenstiften und Frauenklöstern nicht dazu angetan, Befreiung und Emanzipation des Individuums zu fördern. Aber dieses Urteil scheint, bei näherem Zusehen, einseitig. Es gab eine hohe Zahl von Stiftsdamen, Klosterfrauen, Beginen und Mitgliedern anderer Frauengemeinschaften, die sich gerade *in* ihren Gemeinschaften und *durch* sie zu dem entfaltet haben, was heute emanzipiert, befreit genannt wird. Es gab auch zahlreiche Stifte, Klöster, Beginate und Ordenshäuser, die die Befreiungsgeschichte der Frauen vorangetrieben haben. Sie befreiten, als Institutionen, Frauen aus den Zwängen eines patriarchal geprägten Ehe- und Familienlebens. Sie eröffneten Möglichkeiten der Schwesterlichkeit, der Bildung, des Musischen, der mystischen Erfahrung.

---

1 JOHANN EBERLIN VON GÜNZBURG, Ein Vermanung aller Christen das sie sich erbarmen vber die klosterfrawen. Der .III. bundtgnoss. Hier nach HELMAR JUNGHANS (Hg.), Die Reformation in Augenzeugenberichten, Düsseldorf 1967, 173. - Eberlin wurde im Juni 1521 von Ordensbrüdern wegen seiner evangelischen Predigt aus dem Franziskanerkloster in Ulm ausgestossen. Er begab sich nach Wittenberg, wo er unter dem Einfluss Luthers seine radikalen Reformationsforderungen milderte. 1524 warnte er die Nonnen und Mönche vor einem unüberlegten Verlassen der Klöster.

Ein rasches Gesamturteil ist freilich kurzsichtig. Es übersieht, dass das christliche Ordensleben sich bisher in einer patriarchalen Gesellschaft, und insbesondere in einer patriarchalen Kirchengesellschaft, entwickelt hat. Den vorherrschenden gesellschaftlichen und kirchlichen Normen lag die Vorstellung einer zweitrangigen Stellung der Frau und der Ungleichheit der Geschlechter zugrunde. Gerade im kirchlichen Leben wurden den Frauen nur begrenzte Handlungsspielräume zugestanden.

Darum ist es entscheidend, danach zu fragen, ob auch versucht wurde, die patriarchale Gesellschafts- und Kirchenordnung zu durchbrechen. Interessant ist, dass dies öfters gerade im religiösen und kirchlichen Bereich gelang, wenigstens kurzfristig.

Manche mögen solche Versuche als «Betriebsunfälle» abtun. Sind sie nicht *mehr*? Liegt in ihnen nicht ein «Potential an Befreiung» verborgen, das uns heute Kräfte zuspielt? So ergeben sich für den folgenden Essay wie von selbst drei Teile. Zuerst nenne ich einige Rahmenbedingungen und Voraussetzungen des weiblichen Ordenslebens im Mittelalter. Dann skizziere ich einige aufschlussreiche Situationen dieser Frauengeschichte. Zum Schluss gebe ich Vorschläge für den Umgang mit solchen verschütteten Frauenerfahrungen zu bedenken; im Grunde geht es um die Frage, welche Funktion die Kirchengeschichte heute haben kann.

I. EINIGE RAHMENBEDINGUNGEN UND VORAUSSETZUNGEN DES WEIBLICHEN ORDENSLEBENS IM MITTELALTER

Vor allem Männer haben die Geschichte geschrieben

Wer sich mit diesem Thema befasst, macht sofort eine verblüffende Feststellung. Zahlenmässig waren die Stifts-, Kloster- oder Ordensfrauen in der abendländischen Christenheit insgesamt wohl in der Mehrheit. Aber *über* diese Frauen und ihr Leben, Fühlen und Denken wurde nicht viel geschrieben. Und was geschrieben wurde, stammt vor allem von Männern: was über sie geschrieben - und was ihnen vorgeschrieben wurde. Bewusst oder unbewusst wirkte die Sicht und das Interesse der Männer mit.

Nehmen Sie zum Beispiel das alte Fachwerk Heimbucher, etwa 1600 Seiten, in dritter Auflage erschienen im Jahr 1933. Die Frauengemeinschaften erscheinen nur immer als Anhängsel der Männergemeinschaften: der «Mannsklöster», wie er sagt. 150 Seiten widmet er dem Benediktinerorden, und gerade 11 Seiten den Benediktinerinnen, ganz am Schluss («Kurze Geschichte der Benediktinerinnen»). Auch in der neueren monumentalen Kirchengeschichte von Hubert Jedin (etwa 6000 Seiten) scheint das weibliche Stifts- und Klosterleben stets in Abhängigkeit zu den Männerorden auf. Richard Southern behandelt die «Frau im Ordensleben» unter dem Obertitel «Randorden und Antiorden».[2] Neuere Fachwerke, wie etwa die «Helvetia sacra», gehen hingegen äusserst sorgfältig mit den Frauen und ihren Klöstern um.

Das bisherige Ordensleben entfaltete sich in einer patriarchalen Gesellschaft

Historisch scheint es tatsächlich so gewesen zu sein, oder es wird uns zumindest so überliefert, dass die Männer und Männerverbände meist die Initiative hatten, dass die Männer stets das weibliche Klosterleben prägten, stets das Weibliche in Zügel hielten. Das heisst: Wir stellen fest, dass das bisherige weibliche Ordensleben des Christentums wesentlich davon geprägt ist, dass es sich in einer patriarchalen Gesellschaft, und insbesondere dass es sich in einer patriarchalen Kirchengesellschaft zu entwickeln suchte. Aber immer wieder blitzen in der Geschichte Situationen auf, die etwas anderes sichtbar machen.

Die Vorherrschaft des Mannes wurde theologisch begründet

Die Stifts-, Kloster- und Ordensfrauen selber haben die Vorherrschaft des Mannes so verinnerlicht, dass sie gar nicht anders konnten. Die Vorherrschaft des Mannes wurde ja auch theologisch begründet. Entscheidend waren dabei Argumentationsmuster der Kirchenväter.

---

2 MAX HEIMBUCHER, Die Orden und Kongregationen der katholischen Kirche, 1, Paderborn [3]1933, Neudruck 1965. - RICHARD W. SOUTHERN, Kirche und Gesellschaft im Abendland des Mittelalters, Berlin-New York 1976, 299-308.

Tertullian (160-230) zum Beispiel betonte, eine Frau sei es gewesen, die den Mann verführt habe. Sie habe das vermocht. Die Schlange, der Satan, hätte das nicht vermocht. So habe der Sohn Gottes sterben müssen, obgleich ihr die Todesstrafe gebührt hätte.[3]

Johannes Chrysostomos (344/354-407) meinte, die Frau richte nur Zerstörungen an. Deshalb dürfe sie niemals lehren.[4]

Augustinus (354-430) brachte mehr Nuancen an. Er wies darauf hin, dass natürlich auch Adam nicht frei von Sünde sei. Aber der Satan wusste, dass der Mann nicht auf ihn hören würde. Darum wandte er sich an den schwächeren Teil des Menschengeschlechts, an die Frau, in der Hoffnung, dass der Mann ihr nachgeben würde. Sehenden Auges habe er gesündigt, so dass seine Schuld nicht geringer gewesen sei als die der Frau. Dennoch, so fährt er fort, könnte man nur dann davon sprechen, dass die Frau nach dem Bilde Gottes geschaffen sei, wenn Mann und Frau als eine Einheit betrachtet würden; der Mann hingegen trage in jedem Falle Gottes Antlitz. Die zwangsläufige Unterordnung der Frau unter den Mann sei damit Frucht ihrer Sünde.[5]

Das Klosterleben wurde zum eigentlichen Christenleben

In der theologischen Theorie wurde das Ordensleben bereits im 4. und 5. Jahrhundert zum eigentlichen Christenleben. Den Hintergrund der neuen Situation bildete «die allzu rasch über die Bühne gezogene offizielle Christianisierung des Römischen Reiches. Man war nun als Römer eben auch Christ, aber vielleicht doch nicht im eigentlichen Sinn».[6] Am Bedeutungswandel des Wortes «Bekehrung» lässt sich der Vorgang erklären. *Conversus* ist vom 4. Jahrhundert an nicht einfach mehr der zum Christentum Bekehrte, sondern derjenige, der sich zum asketischen

---

3 TERTULLIAN, De virginibus valendis, PL II, 899f. Hier nach SHULAMITH SHAHAR, Die Frau im Mittelalter, Frankfurt am Main 1988, 37.

4 SHAHAR (wie Anm. 3) 37 und 266. Vgl. auch PETER KETSCH, Frauen im Mittelalter, 2: Frauenbild und Frauenrechte in Kirche und Gesellschaft, Düsseldorf 1984 (Geschichtsdidaktik: Studien, Materialien 19), 48.

5 Quellenangaben in: SHAHAR (wie Anm. 3) 37.266. Vgl. KETSCH (wie Anm. 4) 54f.

6 KARL SUSO FRANK, Grundzüge der Geschichte des christlichen Mönchtums, Darmstadt 1975, 48.

und monastischen Leben entschlossen hat. Die Bekehrung war ursprünglich die unerlässliche Bedingung des Christseins. Nun schränkt sich die Zahl der wirklich Bekehrten auf einen kleineren Kreis ein: eben auf den der Mönche und Nonnen. «Das aber führt dazu, dass wirkliches Christsein eigentlich nur im Kloster gelebt wird. Die kühnen Selbstaussagen der Christen aus vorkonstantinischer Zeit werden vom 4. Jahrhundert an mehr und mehr nur noch vom Mönchtum beansprucht. *Militia Christi* etwa: Jetzt leben die *milites Christi* nur noch in den Klöstern. Wenn im 2. Jahrhundert die altkirchliche Apologetik darauf bestanden hat, dass das Gebet der Christen die Welt erhalte, dann wird jetzt nur dem Gebet und der Vollkommenheit der Mönche diese welterhaltende Kraft zugesprochen. Wenn die alte Kirche ursprünglich den Juden und Heiden vorwirft, fleischlich zu leben und von sich selbst das geistliche Leben aussagte, dann verschiebt sich jetzt die Antithese fleischlich/geistig auf das Leben ausserhalb und innerhalb des Klosters. Bei *Johannes Kassian* (360-430/435) wird die These noch verschärft: Jenseits der Klostermauern lebt man weiter nach dem Gesetz, nur innerhalb der Klostermauern nach dem Evangelium.»[7]

Innerhalb dieses eigentlichen Christenlebens erhielten nun die Askese (das karge, strebsame Leben) und die Virginität (die Jungfräulichkeit, die weibliche Unberührtheit) eine besondere Hochachtung. Gerade weil die Frau in diesem Denken so gefährlich ist, was sich in ihrer Sexualität bedrohlich äussert, ist sie als Jungfrau umso erhabener. Sie ist die Braut Christi. Dem Volksglauben und den Legenden zufolge besassen Jungfrauen besondere Kräfte. Das Einhorn, jenes Fabeltier, das sich von keinem Menschen berühren liess, legte seinen Kopf bereitwillig in den Schoss einer Jungfrau.[8]

Abälard, der Philosoph des 12. Jahrhunderts (1079-1142), schrieb seiner Heloise im Kloster: Eine gewöhnliche Frau, die verführt oder auch nur ein normales Sexualleben führt, gilt als Inkarnation Evas - eine Nonne und Braut Jesu hingegen als Sinnbild Mariens, der Mutter Jesu. Heloise wehrte sich. Sie sei lieber eine Tochter Evas als ein Sinnbild Mariens.[9]

---

7 Ebd.
8 SHAHAR (wie Anm. 3) 43.
9 Ebd. 47.

Freiheit wurde vor allem ständisch begriffen

Die mittelalterliche Gesellschaft war eine ausgeprägte Stände-Gesellschaft. Freiheit wurde vor allem ständisch begriffen - und erkämpft oder erkauft: im Sinn korporativer Freiheiten, Rechte und Privilegien (Klosterfreiheiten). Die «Emanzipation» war im römischen Recht die Freilassung eines Kindes aus der väterlichen Gewalt, im Mittelalter die Freilassung von Unfreien, Halbfreien, Leibeigenen und Hörigen. Es bestand auch ein Zusammenhang zwischen individueller Befreiung und gemeindlicher Bindung. Dieser Hinweis möge hier genügen.

Das Ordensleben war einer Oberschicht vorbehalten

Das eigentliche Stifts- und Klosterleben war bis ins 11. und 12. Jahrhundert hinein einer kleinen Oberschicht der Gesellschaft vorbehalten: den Adligen, den Aristokraten, später dem finanzstarken Bürgertum. Dahinter steht, wenigstens zu Beginn, die frühmittelalterliche Rezeption des Christentums «von oben her».

Auch *Hildegard von Bingen* (1098-1179) bestand noch auf der geburtsständischen Exklusivität ihres Nonnenkonvents. Sie sagte: «Wer stellt schon Rinder, Esel, Schafe und Ziegen in denselben Stall.»[10]

Schon Kinder lernten das Klosterleben

Seit dem 6. Jahrhundert nahm die Übergabe von Kindern an die Klöster zu.[11] Rechtliche Grundlage war die «väterliche Gewalt» des römischen Rechts. Die kirchlichen Gesetzgeber begriffen die Kinderschenkung als eine Ablösung von der Vätergewalt - und zwar unumkehrbar. Darum forderten sie auch die Enterbung.

Als Grund für die Übergabe von Kindern an die Klöster galt bei Eltern etwa der Umstand, dass kein standesgemässer Ehegemahl in Aussicht

---

10 EDITH ENNEN, Frauen im Mittelalter, München 1987, 118.
11 Das Folgende nach: DETLEV ILLMER, Totum namque in sola experientia usuque consistit, Eine Studie zur monastischen Erziehung und Sprache, in: FRIEDRICH PRINZ (Hg.), Mönchtum und Gesellschaft im Frühmittelalter, Darmstadt 1976, 430-455.

stand. Oder die Absicht, das Erbe nicht zu stark aufzuteilen. Es gab auch religiöse Motive: etwa die Hoffnung, Verdienste fürs Jenseits zu sammeln, oder der Wunsch, ein Kind als Fürbitter oder als Fürbitterin im Kloster zu wissen. Das Motiv der Klöster und Stifte für die Übernahme von Kindern war eher die Rekrutierung durch die Erziehung eines eigenen Nachwuchses. Gegen ihren Willen wurden Mönche oder Nonnen: Oblaten, Sklaven, Verbannte aus politischen Gründen.

II. EINIGE AUFSCHLUSSREICHE SITUATIONEN DIESER FRAUENGESCHICHTE

Ich möchte nicht das gesamte weibliche Stifts-, Kloster- und Ordensleben nachzeichnen, sondern ein paar Situationen herausgreifen, die etwas von dem sichtbar machen, was möglich war - oder was als Möglichkeit geträumt wurde.

Ich gehe auch nicht näher auf die Ursprünge ein. Dazu nur ein Stichwort. Das christliche Mönchtum hat sich allem Anschein nach aus dem Asketentum herausentwickelt.[12] In der zweiten Hälfte des 3. Jahrhunderts wandten sich zahlreiche Christen der mönchischen Lebensweise zu: vor allem in Ägypten, Palästina und Syrien. In Ägypten entstand, unter *Pachomius*, der erste Orden in der Geschichte des christlichen Mönchtums. Beim Tod des Pachomius (346) bestanden neun Männer- und zwei Frauenklöster (das neue Asketentum).

Dieses östliche Mönchtum übte nun seine Anziehungskraft auch auf den lateinischen Westen aus (*Athanasios* 295-373). Einzelne Christen fanden sich bald in Ägypten und Palästina.

Lateinische Klöster in Palästina (4. Jahrhundert)

Aber nur auf palästinischem Boden entwickelten sich auch Klöster, die von Lateinern gegründet wurden und von ihnen ein eigenes Gepräge erhielten. Drei Klostergründungen ragen hervor. Jedes Mal war eine Frau aus der stadtrömischen Aristokratie entscheidend beteiligt: mit ihrem Vermögen und ihrem asketischen Enthusiasmus.[13]

---

12 FRANK (wie Anm. 6) 20ff.
13 Das Folgende nach FRANK (wie Anm. 6) 35ff. und HEIMBUCHER (wie Anm. 2) 148f.

Melania die Ältere (342-409). Ihr Mann war 361-363 Stadtpräfekt von Rom. Nach seinem Tod schloss sie sich einem asketischen Kreis an, reiste nach Ägypten, lernte in Alexandrien den aus Aquileia stammenden Rufin kennen, gründete mit ihm zusammen um 380 am Ölberg ein Doppelkloster. Für den Unterhalt stellte sie alle Mittel zur Verfügung. Ein charakteristischer Zug war das rege Interesse an der asketischen und theologischen Literatur, im Gefolge des *Hieronymus*.

Paula die Ältere (347-404). Die vornehme Römerin gründete zusammen mit Hieronymus in Bethlehem ein Frauen- und ein Männerkloster sowie ein Pilgerhospiz. Paula kam für den Bau auf. Die Nonnen des Frauenklosters waren, je nach ihrer sozialen Herkunft, in drei Abteilungen eingeteilt mit je eigenem Haus und eigener Oberin, jedoch mit gemeinsamer Gebetshalle. Dies lässt auf eine nicht geringe Zahl von Insassen schliessen. Nach dem Tod der Paula übernahm ihre Tochter *Eustochium* für weitere 15 Jahre die Leitung des Frauenklosters. Sie starb um 418/419. Die Tradition wurde von ihrer Nichte *Paula der Jüngeren* fortgesetzt.

Pinianus und Melania (383-439). Das stadtrömische adelige Ehepaar entschloss sich, nach dem frühen Tod ihrer beiden Kinder, für die asketische Lebensform und stellte seinen enormen Reichtum in den Dienst dieses Ideals. Sie flohen vor den einwandernden Goten, brachten zuerst ein Jahr in Sizilien zu, lernten hier den *Rufinus* kennen, lebten dann sieben Jahre auf ihrem nordafrikanischen Besitz, nahmen Beziehungen zu *Augustinus* auf, besuchten Ägypten und liessen sich 417 endgültig in Jerusalem nieder. Melania baute hier ein Frauenkloster und nach dem Tod ihres Mannes ein Männerkloster.

Die antiken Versuche des weiblichen Ordenslebens weisen einige typische Merkmale auf. Sie entstehen im Rahmen der Spätphase der römischen Kulturepoche, also zur Zeit eines gedrängten kulturellen Wandels mit dem entsprechenden Suchen nach alternativen Lebensformen (Asketentum). Vor allem die Kreise der Hocharistokratie wurden erfasst. Ihre Zirkel öffneten sich dann aber auch für die Unterschichten, zum Teil sogar für Sklaven. Auch das Interesse an theologischer Diskussion und Literatur fällt auf.

Adelige Stifte im Frühmittelalter

Die Bereitstellung würdiger und passender religiöser Wirkungsstätten für unverheiratete Frauen und für Witwen stellte die Adelskreise des frühen Mittelalters vor ein schwieriges Problem. «Eine unverheiratete Frau war in der weltlichen Gesellschaft kaum tragbar. Mädchen wurden gewöhnlich im Alter von 13 oder 14 Jahren verheiratet. Und man erwartete von Witwen, dass sie ohne allzu grossen Verzug wieder heiraten würden. Nur auf diese Weise konnte man Verpflichtungen von Familienpolitik und militärischer Verantwortung für Besitz nachkommen.»[14]

Dies mag die grosse Zahl von Gründungen von Nonnenklöstern in den Jahrhunderten des Frühmittelalters erklären. Die merowingischen und angelsächsischen Könige des 7. und 8. Jahrhunderts taten sich in der Ausstattung der Nonnenklöster besonders hervor. Eine wichtige Absicht war, eine Bleibe für Witwen und Töchter des Adels zu schaffen.

«Es waren respekteinflössende und unerschrockene Damen, die nicht vergassen, dass sie einer herrschenden Schicht angehörten. Ihren Nonnenklöstern waren im allgemeinen Mönchsgemeinschaften beigeordnet, um die notwendigen Handlungen von Sakrament und weltlicher Verpflichtung zu gewährleisten, und die grossen Äbtissinnen beherrschten die Organisation in dem Geist von Persönlichkeiten, die zu befehlen gewohnt sind. Diesen Damen des Frühmittelalters verdankt man einige beachtliche religiöse und literarische Leistungen. Aber die Zeit ihrer glanzvollen Unabhängigkeit war nicht von langer Dauer. In dem Mass, wie die Gesellschaft sich besser organisierte und sich in kirchlichen Dingen normalisierte, begann die Vorherrschaft des Mannes wieder in den Vordergrund zu treten.»[15] - Nun greife ich zwei Frauenklöster heraus: Arles und Poitiers.

Das Frauenkloster *Arles* wurde 506 von *Cäsarius von Arles* (470/471-542) gegründet. Dieser liess seine Schwester Cäsaria im ältesten Frauenkloster Galliens in Marseille ausbilden, um sie zur Vorsteherin von Arles zu machen. Als Cäsarius starb, zählte das Kloster Arles 200 Nonnen. «Jungfrauen, Frauen und Witwen fanden hier Schutz und Heim,

---

14 SOUTHERN (wie Anm. 2) 299.
15 Ebd. 299f.

Arme und Kranke fanden Hilfe und Pflege, Kinder fanden Unterricht und Erziehung.»[16]

Cäsarius verfasste eine Regel für das Kloster: die erste uns bekannte Nonnenregel. «Die hauptsächlichste Beschäftigung der Nonnen bestand in Handarbeit, nämlich in Wollweberei und Schneiderei. Die Nonnen fertigten ihre Kleidung, die von milchweisser Farbe, ohne Besatz und Stickerei war, selbst. Während der Arbeit durfte nur das Notwendigste gesprochen werden; am Morgen wurde während der Arbeit vorgelesen. Aber auch dem Studium und dem Unterrichte ward täglich eine bestimmte Zeit gewidmet. Alle Nonnen sollen lesen und schreiben lernen und Kinder vom sechsten Jahre an im Kloster Unterricht erhalten. Schon unter Cäsarias Nachfolgerin wurden Bücherabschriften gefertigt und vermutlich auch die Miniaturmalerei gepflegt ... Ebenso war die Musik eifrig betrieben. In der Kirche ... standen in langen Reihen die aus Felsstükken gehauenen Särge der Nonnen ... Vor ihren offenen Särgen sangen die Nonnen das kirchliche Stundengebet. Kein Gemälde oder Bild sollte ihren Geist ablenken. Das Haar wurde nicht abgeschnitten, durfte aber nicht höher hinauf gebunden werden, als eine von Cäsarius mit roter Tinte gemachte Linie angab. Die Fasten waren weniger streng als in der Mönchsregel. Körperliche Züchtigung durfte nur in Fällen grober Widersätzlichkeit stattfinden. Die Schwestern zerfielen in ältere und jüngere; aus den älteren wurden die Verwalterinnen der Ämter genommen.»[17]

Poitiers war das berühmteste Frauenkloster des fränkischen Reiches, gestiftet von der thüringischen Königstochter *Radegundis* (gest. 587), der Gemahlin des Königs Chlotar I. Radegundis lebte selbst über 30 Jahre im Kloster. Die Leitung lag bei ihrer Pflegetochter *Agnes*. «Wir lesen von den Nonnen, deren Zahl beim Tod der hl. Radegunde bereits 200 (ohne Ausnahme Töchter des fränkischen Adels) betrug, dass sie nicht nur Bücher abschrieben und das Psalterium auswendig lernten, sondern auch kleine dramatische Vorstellungen gaben. Ein so anregendes Plätzchen war das Kloster, dass der christliche Dichter *Venantius Fortunatus* (gest. nach 600) seinem Wanderleben entsagte und zum Prie-

---

16 HEIMBUCHER (wie Anm. 2) 150.
17 Ebd.

ster sich weihen liess, um als Kaplan den Nonnen geistliche Dienste zu leisten.»[18]

Ein Frauenkloster der Cluniazenser

Ab etwa 900 bis 1100 zerfiel die Bedeutung der Frau im Leben der Klöster rasch. «Die Institution von Doppelklöstern und besonders die vorherrschende Stellung der Frauen in ihnen wurde heftig angegriffen ... Natürlich wurden auch später Nonnenklöster gegründet, aber im Gegensatz zu ihrer früheren Bedeutung spielten sie in der monastischen Entwicklung dieser Zeit nur eine untergeordnete Rolle. Dafür ist Cluny ein besonders anschauliches Beispiel, wo sich die Ideale des neuen Mönchtums in dieser Beziehung besonders voll entfalteten. Im 10. und 11. Jahrhundert wurden Dutzende von Klöstern in Verbindung mit Cluny gegründet, aber unter ihnen war vor Beginn des 12. Jahrhunderts nur eine Gründung für Nonnen. Das war Marcigny, und die Gründung erfolgte auf Vorschlag von *Hugo*, dem Abt von Cluny, mit der erklärten Absicht, eine angemessene Bleibe für Frauen zu schaffen, deren Männer durch seinen Einfluss Mönche in Cluny geworden waren. Der Abt hatte einige Skrupel dabei empfunden, Männer zum Mönchsleben zu überreden, während es so wenige Möglichkeiten für Frauen gab, etwas Ähnliches zu tun. Daher ermunterte er seinen Bruder, Land für ein Nonnenkloster bereitzustellen. Die Umstände und Bedingungen der Gründung verdeutlichen den geminderten Wert von Frauen im religiösen Bereich. Sie bestimmten nicht mehr über ihr eigenes Schicksal, und schon gar nicht herrschten sie über Mönche. Im Gegenteil, diejenigen, die dieses ‹ruhmreiche Gefängnis› betraten, wurden der Aufsicht eines Priors unterstellt, den der Abt von Cluny bestellte.»[19] Die Nonnen wurden streng eingesperrt, damit «sie nicht in der Welt erschienen und sich dem Verlangen anderer aussetzten oder Dinge sahen, nach denen sie verlangten».[20] So sollte ein Nonnenkloster sein: «ein Ort, an dem ältere Frauen, die den Banden der Ehe müde geworden waren, ihre früheren

---

18 Ebd. 151.
19 SOUTHERN (wie Anm. 2) 300.
20 Vita S. Hugonis Abbatis Cluniacensis, in: M. MARRIER und A. QUERCETANUS, Bibliotheca Cluniacensis (1815) 455. Hier nach SOUTHERN (wie Anm. 2) 300.

Verfehlungen austilgen können und sich die Umarmung Christi verdienen.»[21]

Robert von Arbrissel und das Doppelkloster Fontrevault

Robert von Arbrissel (1055/60-1117) gründete 1099 dieses Kloster für die Männer und Frauen, die ihm auf seinen Predigtwanderungen folgten. Er sammelte eine grosse Gefolgschaft von Frauen, «Reiche und Arme, Witwen und Mädchen, Alte und Junge, Prostituierte ebenso wie Männerverächter», wie sein Biograph berichtet.[22] Er übertrug die Leitung des Klosters den Nonnen, denen die Mönche als Apostel dienen sollten. Damit wollte er in den Frauen das Geschlecht ehren, dem die Mutter Jesu angehörte.

Im Lauf nur einer Generation wurde Fontrevault zu einem äusserst vornehmen Haus, zur Begräbnisstätte der Grafen von Anjou und einem Zufluchtsort für Frauen aus den bedeutendsten Familien Nordfrankreichs. Einzelne Doppelklöster dieser Richtung dauerten bis ins 18. Jahrhundert fort.

Norbert von Xanten und die PrämonstratenserInnen

Norbert von Xanten (1080-1134) stiess in den aufstrebenden Städten Nordfrankreichs und Flanderns auf einen noch fruchtbareren Boden als Robert von Arbrissel. «Als er zwischen 1118 und 1125 in Valenciennes und den umliegenden Städten predigte, stiess er auf den selben begeisterten Empfang, den die Bettelmönche ein Jahrhundert später erleben sollten, besonders durch die Frauen dieser Städte.»[23] Ein Kanoniker aus Lahon berichtet, dass es um das Jahr 1150 mehr als eintausend Frauen an verschiedenen Orten gab, die zu der einzigen Kirche von Prémontré gehörten «und Gott mit solcher Strenge und in solcher Stille dienten,

---

21 HILDEBERT, Vita S. Hugonis II, 11, Migne PL 159, 868. Hier nach SOUTHERN (wie Anm. 2) 301.
22 BAUDRY, Das Leben von Robert von Arbrissel, Migne PL 162, 1052-1058. Hier nach SOUTHERN (wie Anm. 2) 302.
23 Vita S. Norberti, Migne PL 170, 1273. Hier nach SOUTHERN (wie Anm. 2) 303.

wie man sie in den strengsten Klöstern kaum finden kann».[24] Wenige
Sätze später sagt derselbe Verfasser, mehr als 10'000 Frauen seien dem
Prämonstratenserorden eingegliedert worden. «Dieser Orden belebte die
Einrichtung von Doppelklöstern, die seit dem 10. Jahrhundert in Un-
gnade gefallen waren, aufs neue. Sie wurden nicht wieder von Äbtissinnen geleitet, wie es bei den Gründungen der Merowingerzeit der Fall
gewesen war, aber an Zahlen und Ruf gemessen gaben sie den Frauen
wieder eine geachtete und bedeutende Stellung. Man braucht die Zah-
lenangaben des Chronisten nicht wörtlich zu nehmen, aber es ist offensichtlich, dass Augenzeugen über die Zahl der Frauen, die der Welt ent-
fliehen wollten, erstaunt waren.»[25]

Bereits vor der Jahrhundertmitte erhob sich jedoch Widerstand gegen
die Doppelklöster. Verschiedene Päpste versuchten vergeblich, die
Rechte der Frauen zu schützen.[26] Bevor das Jahrhundert beendet war,
verfügte das Generalkapitel von Prémontré, dass keine Frauen mehr
Zutritt zum Orden haben sollten. Einer der Äbte, *Konrad von Marchtal*,
nannte den Grund für diese Abweisung von Frauen brutal offen beim
Namen: «Wir und unsere Gemeinschaft von Kanonikern, in der Erkenntnis, dass die Schlechtigkeit der Frauen grösser ist als alle Schlech-
tigkeiten der Welt, und dass kein Zorn dem Zorn der Frauen gleich-
kommt, und dass das Gift von Schlangen und Drachen eher zu heilen
und weniger gefährlich für Männer ist als der vertrauliche Umgang mit
Frauen, haben einmütig beschlossen, zum Wohl unserer Seelen ebenso
wie unserer Leiber und Besitzungen, dass wir unter keinen Umständen
künftig Frauen aufnehmen, um unsere Gefährdung nicht zu vergrössern,
sondern ihnen wie giftigen Tieren aus dem Weg gehen wollen.»[27]

Bernhard von Clairvaux, seine Angst - und die ZisterzienserInnen

Die Bewegung der Zisterzienser entstand an der Wende vom 11. zum
12. Jahrhundert. «Es gab keine religiöse Vereinigung, die ihrem Tempe-

---

[24] Miracula S. Mariae Laudunensis III, 7, Migne PL 156, 996. Hier nach SOUTHERN
(wie Anm. 2) 303.
[25] SOUTHERN (wie Anm. 2) 303.
[26] Ebd.

rament und ihrer Disziplin nach mehr das Männliche betonte als die Zisterzienser, keine, die jedem weiblichen Kontakt entschlossener aus dem Weg ging oder gewaltigere Schranken gegen das Eindringen von Frauen aufrichtete.»[28] Für Bernhard von Clairvaux (1090-1153), der immer mehr der geistige Führer des jungen Ordens wurde, stellte jede Frau eine Bedrohung seiner Keuschheit dar. Er sah grosse und unaussprechliche Gefahren in jener unkomplizierten Verbindung von Männern und Frauen, die sich bei der frühen Predigertätigkeit des Robert von Arbrissel und des Norbert von Xanten ergab: «Ist es nicht schwerer, ständig mit einer Frau zusammenzusein und keinen Geschlechtsverkehr mit ihr zu haben, als Tote zu erwecken? Ihr könnt das weniger Schwere nicht tun. Glaubt ihr, dass ich euch das Schwierigere zutraue?»[29]

Anders als bei den Prämonstratensern übersah die Gesetzgebung der Zisterzienser von Anfang an einfach die Existenz von Frauen. Und als man ihre Existenz zur Kenntnis nahm, dann geschah dies in der Absicht, sie fernzuhalten. «Doch fast ebenso schnell, wie die Ausbreitung des Ordens begann, sehen wir Nonnenklöster entstehen, die die Gewohnheiten von Cîteaux befolgten und den Schutz, wenn nicht des Ordens selbst, so doch wenigstens einflussreicher Mitglieder des Ordens beanspruchten.»[30] Besonders in Spanien schufen die reichsten Familien einige der grössten und vornehmsten Häuser für Zisterziensernonnen. Diese Klöster besassen beachtliche Freiheit, sich nach Belieben zu entfalten. «In einer noch unkomplizierten adeligen Umwelt erinnern die Zisterzienseräbtissinnen grosser spanischer Gründungen an die Glanzzeit der Frauen im religiösen Leben unter den Merowingern. Innozenz III. war empört, als er hörte, dass sie ihre Nonnen selbst einsegneten, Beichte hörten und von Kanzeln predigten.»[31]

Das Generalkapitel des Männerordens versuchte, die Nonnenklöster einer strengeren Aufsicht zu unterwerfen. Aber es hatte nur begrenzten

---

27 Zitiert bei A. ERENS, Les soeurs dans l'ordre de Prémontré, in: Analecta Praemonstratensia 5 (1929) 6-26. Hier nach SOUTHERN (wie Anm. 2) 304.

28 SOUTHERN (wie Anm. 2) 304.

29 Sermones in cantica LXV, Migne PL 183, 109. Hier nach SOUTHERN (wie Anm. 2) 304f.

30 SOUTHERN (wie Anm. 2) 305.

31 SOUTHERN (wie Anm. 2) 305 verweist auf POTTHAST, Regesta Pontificum 4143, Migne PL 216, 356.

Erfolg. «Die Zisterzienser merkten zu spät, dass sie die Nonnen nicht mit derselben selbstverständlichen Strenge behandeln konnten, die sie gegen ihre Mönche an den Tag zu legen pflegten. In den Jahren 1242/44, als der Versuch, die Nonnen der Aufsicht von Zisterzienseräbten zu unterstellen, seinen Höhepunkt erreicht, kam es in den Klöstern zu Unruhen. Die temperamentvolle Äbtissin und die Nonnen von Parc-aux-Dames in Nordfrankreich schimpften und stampften mit dem Fuss auf und verliessen unter Protest den Kapitelsaal, als der offizielle Visitator ihnen die jüngste Gesetzgebung übermittelte. Das Generalkapitel versuchte - wir wissen nicht mit welchem Erfolg - die Rädelsführer dieser Demonstration zu disziplinieren, widerrief aber im folgenden Jahr den radikalsten Teil seiner Gesetzgebung. Wenn es hart auf hart ging, mussten sich die Gesetzgeber der Macht weiblicher Freiheit beugen.»[32]

Hildegard von Bingen und das wallende Haar der Nonnen

Hildegard von Bingen (1098-1179) ist mit ihren visionären Werken eine der grössten deutschen Mystikerinnen.[33] Ihre naturwissenschaftlichen Schriften verliehen ihr den Titel «erste Ärztin». Die Tochter eines rheinfränkischen Edelfreien wurde, mit einigen Gefährtinnen, bei ihrer Verwandten *Jutta von Sponheim* in deren Klause am Kloster Disibodenberg erzogen. Nach dem Tode Juttas gründete sie in erstaunlicher Selbständigkeit ihr eigenes, nicht mehr vorhandenes Kloster auf dem Ruppertsberg bei Bingen und das heute noch bestehende Tochterkloster Eibingen bei Rüdesheim. Sie predigte, die Klausur verlassend, auf dem Marktplatz in Trier. Sie beriet Kaiser Barbarossa in Ingelheim, ritt noch in hohem Alter nach Maulbronn und Zwiefalten, «von innerem Licht beauftragt, ihre himmlische Belehrung mitzuteilen». Eine solche weibliche Freiheit war in ihrer Zeit aussergewöhnlich.

Wir haben bereits gehört, dass sie das Adelsprinzip im Kloster verteidigte. «Wer stellt schon Rinder, Esel, Schafe und Ziegen in denselben Stall?» Diese Äusserung fiel im Briefwechsel mit der Andernacher *Ma-*

---

32 SOUTHERN (wie Anm. 2) 307. Dabei verweist er auf die Statuta cistercensia aus dem Jahre 1242.
33 Vgl. HEINRICH SCHIPPERGES, Hildegard von Bingen, Olten 1980.

gistra Tenxwind, einer Schwester des Reformers Richard von Springiersbach. 1127-28 hatten Richard und Tenxwind den Springiersbacher Nonnenkonvent nach Andernach verlegt. Er war auf strikte Einhaltung der strengen Springiersbacher Regel festgelegt, die den klausulierten Nonnen unter anderem vorschrieb, die Haare unter einer schwarzen Kopfbedeckung zu halten. Tenxwind kritisierte das Auftreten der «Bräute Christi» im festtäglichen Gottesdienst des Klosters, das Hildegard leitete: «Sie sind ... mit leuchtend weissen, seidenen Gewändern bekleidet ... Auf ihrem Haupt tragen sie, über dem herabwallenden Haar, goldgewirkte Kronen ... Ausserdem sind ihre Finger mit goldenen Ringen geschmückt.»[34] Hildegard konnte sich mit den neueren «demokratischen» Armutsidealen nicht anfreunden.

Franz von Assisi und die ungeliebten Frauen

Franz von Assisi (1182-1226) prägte eine neue «apostolische» Lebensform. Wie wirkte sie auf Frauen? Ein neueres Buch schildert das so: «Die neue Lebensform begeistert auch Frauen. Klara, eine reiche Adelige aus Assisi, lässt sich von Franziskus in seine Weise des evangelischen Lebens einführen. Wie niemand sonst spürt diese Frau sein Anliegen heraus. Es ist aber für die damalige Zeit undenkbar, dass Frauen so hätten leben und durch die Welt ziehen können, wie die franziskanischen Brüder. So lebt Klara mit ihren Schwestern - Klarissen genannt - in strenger Abgeschlossenheit in einem Kloster, beschaulich und ganz arm.»[35]

Die geschichtliche Wahrheit ist widersprüchlicher. Wir wissen, dass Franz von Assisi, trotz seiner Sympathie für das Haus der Klara, keine zusätzlichen Nonnenklöster innerhalb seiner Bewegung duldete. Von ihm ist der Ausspruch überliefert: «Gott hat unsere Frauen genommen. Und nun kommt der Satan und gibt uns Schwestern.»[36]

Und Tatsache ist, dass die strengen Klosterregeln nicht den Absichten Klaras entsprachen. Sie hatte nach breiter Wirksamkeit innerhalb der

---

34 Hier zitiert nach ENNEN (wie Anm. 10) 118.
35 Vereinigungen der Ordensfrauengemeinschaften der deutschsprachigen Schweiz (Hg.), Frauenklöster in der Schweiz, Freiburg/Schweiz 1984, 77.
36 Nach SHAHAR (wie Anm. 3) 50. Quellen ebd. 268 Anm. 48.

Welt gestrebt. So wollte sie zum Beispiel nach Marokko ziehen, als sie vom dortigen Martyrium einiger Franziskanerbrüder erfuhr, um ihr Leben ebenfalls zu opfern. Dass ihr dies nicht gestattet wurde, machte sie, wie einer ihrer Biographen mitteilt, äusserst unwillig. Gemeinsam mit ihren Mitschwestern beklagte sie, dass Franz sie «für immer eingekerkert» habe. Auf diese Weise sei ihnen verwehrt worden, den wichtigsten Ordensgrundsatz, das apostolische Leben durch Predigt und Tätigkeit in der Welt, zu befolgen.[37]

Beginate als Raum vielfältiger Lebensentwürfe

Ein typischer Ausdruck der mittelalterlichen Frauenbewegung ist die Lebensform der Beginen.[38] Ihre Anfänge liegen im späten 11. und vor allem im 12. Jahrhundert. Im Jahr 1216 erlaubte dann Papst *Honorius III.*, Beginenvereinigungen als religiöse Wohngemeinschaften oder Grossiedlungen «frommer Frauen» zuzulassen. Damit wird deutlich, dass das Beginentum zur gleichen Strömung gehört, die im selben Jahr 1216 zur päpstlichen Anerkennung von Gruppen rund um Franz von Assisi führte.

Das Beginentum erhielt seine endgültige Ausprägung unter der massgeblichen Beteiligung des Predigerordens (der Dominikaner, die nach der Augustinus-Regel lebten). Es kam zu selbständigen Beginenhöfen, die nun eine kirchlich anerkannte Ordnung hatten. In grossen Städten gab es eine Vielzahl solcher Beginenhäuser, im Köln des späten Mittelalters über 140, in Strassburg über 70.

Es handelte sich grundsätzlich um Gemeinschaften von Laien, die nach eigenen Gesetzen und ohne Ordenszugehörigkeit ein «geistliches Leben» führten. An der Spitze einer Beginengemeinschaft stand die Meisterin, die durch Wahl aus der Mitte der Schwestern hervorging. Dabei war oft die Zustimmung des Stifters notwendig.

---

37 Nach SHAHAR (wie Anm. 3) 44.

38 Das Folgende nach SOUTHERN (wie Anm. 2) 309ff. und nach ALOIS ODERMATT, Die namenlose Spiritualität einer Frauenbewegung, Lebensform und Geistigkeit der Beginen als aktuelle Prägekraft, in: Frauenklöster in der Schweiz (wie Anm. 35) 157-164.

Die Aufnahme neuer Mitglieder folgte nach der Probezeit, die meistens ein Jahr dauerte. Die Aufnahme bestand in der feierlichen Verpflichtung auf die Satzungen und in zwei Versprechen: geschlechtliche Enthaltsamkeit und Gehorsam für die Zeit der Zugehörigkeit. In den Hospitalgenossenschaften kam das Versprechen einer bestimmten Gütergemeinschaft hinzu. Diese Gelübde wurden stets auf Zeit abgelegt. Es bestand auch die Möglichkeit, nach dem dreissigsten Lebensjahr und nach sechs Jahren des Gemeinschaftslebens auszuziehen und nun als alleinstehende Begine zu leben.

Der burgundische Kanzler *Nicolas Rolin* stiftete im Jahr 1443 ein Hospital in der Stadt Beaune. Zu dessen Eröffnung im Jahr 1452 liess er Frauen aus einem Beginenhof in Flandern kommen. Im Jahr 1459 erliess er Satzungen, welche die Lebensform der Beginen eng in die Struktur seines Hospitals einbanden.[39] Interessant ist darin die folgende Bestimmung: «Ich will und bestimme überdies: Die Meisterin oder eine andere Schwester kann mein Hospital verlassen, wenn sie in ein Kloster eintreten, sich verheiraten oder einfach gern nach Hause zurückkehren möchte. Die Meisterin und die Schwestern können dies tun, indem sie mich oder die Beamten meines Hospitals um Erlaubnis bitten und durch die Meisterin über ihre Verwaltung Rechenschaft ablegen.» Interessant ist aber auch folgendes: Die späteren Herausgeber der Reformsatzungen führten eine Numerierung ein. Jede Bestimmung erhielt eine Zahl. Die zitierte Bestimmung über die Freiheit der Meisterin und der Schwester wurde jedoch zur vorangehenden Bestimmung über die Brotverteilung an die Armen geschlagen. Sollte sie dadurch versteckt werden?

«Häretische» Frauengemeinschaften bei den Waldensern

Zum Schluss dieses zweiten Teils noch ein kurzer Hinweis. Es fällt auf, dass die Gruppierungen, die von Kirchenleitungen und Theologen als häretisch bezeichnet werden, Frauen gern aufnahmen. Die Katharer zum Beispiel nahmen Frauen nicht nur als Sympathisanten, als *credentes* auf,

---

39 ABBE BOUDROT, Fondation et statuts de l'Hôtel-Dieu de Beaune. Texte latin et traduction, Beaune 1878 (eigene Übersetzung auf deutsch).

sondern als Eingeweihte, als *perfecti*. Bei ihnen lag der Anteil der Frauen um 30 Prozent. Bei den Waldensern lag er sogar um 50 Prozent.[40]

Zwei Motive waren für diese hohe Beteiligung der Frauen ausschlaggebend. Einerseits hatten sie die Möglichkeit, ein unkonventionelles Leben in enger Aktionsgemeinschaft mit den Männern zu führen, die durchs Land zogen. Andererseits war ihnen gestattet, was die Kirche seit eh und je den Laien, und erst recht den Frauen, vorenthalten hatte: Die öffentliche Predigt und die Verwaltung der Sakramente.

III. VORSCHLÄGE FÜR DEN UMGANG MIT DIESEN VERSCHÜTTETEN FRAUENERFAHRUNGEN

Wenn wir solche Situationen auf uns wirken lassen, treten typische Merkmale hervor. Es fällt zum Beispiel auf, dass die Frauen gerade in Zeiten des Umbruchs schöpferisch wirkten. Etwa in den Frauengemeinschaften des 4. und 5. Jahrhunderts: also in der Spätphase der Antike, in der Zeit eines kulturellen Wandels, eines Suchens nach alternativen Lebensformen. Das Asketentum gab die Möglichkeit, in Kargheit sich selbst und seine Möglichkeiten auszuloten. Auffallend ist auch, dass dieses Suchen vor allem die Kreise der Hocharistokratie erfasste. Ihre Zirkel öffneten sich dann aber auch für Unterschichten. Und bereits damals zeigten die Frauen ein reges Interesse an theologischen Diskussionen und Schriften.

Eine weitere Feststellung, die wir aus dem Mund des Ordenshistorikers Richard W. Southern gehört haben, lässt aufhorchen. Im Zusammenhang mit den Nonnenklöstern und den grossen Äbtissinnen des 7. und 8. Jahrhunderts sagt er: «Diesen Damen des Frühmittelalters verdankt man einige beachtliche religiöse und literarische Leistungen. Aber die Zahl ihrer glanzvollen Unabhängigkeit war nicht von langer Dauer. In dem Mass, wie die Gesellschaft sich besser organisierte und sich in kirchlichen Dingen normalisierte, begann die Vorherrschaft des Mannes wieder in den Vordergrund zu treten.»[41]

---

40 ENNEN (wie Anm. 10) 119.
41 SOUTHERN (wie Anm. 2) 300.

Was hier für die gesamtgesellschaftliche Entwicklung zutrifft, scheint auch für einzelne Bewegungen zu gelten. Man denke an die Gruppen um Robert von Arbrissel und an die Anfänge der Prämonstratenserinnen. Auf der gleichen Linie liegt eine letzte Feststellung, die in manchen Ohren sensationell klingt: Das Beginentum, jene Lebensform, die nicht den Männergemeinschaften nachgebildet, sondern von Frauen entwickelt wurde, ging am stärksten auf die Biographie der Einzelmenschen ein.

Nun geht es um folgende Fragen: Wie sollen wir solche Feststellungen bewerten? Wie können wir mit verschütteten Frauenerfahrungen umgehen? Was kann uns dies alles nützen? Es geht um die Frage der Hermeneutik.

Es gibt verschiedene Arten, mit solchen Vergangenheiten umzugehen. Da unser Thema jedoch unter dem Stichwort «Emanzipationsprozesse und Befreiungsbewegungen» steht, schlage ich ein Vorgehen vor, das sich an die Hermeneutik von Elisabeth Schüssler Fiorenza anlehnt. Sie stellt in ihrem Buch «Brot statt Steine» die Frage, wie heute, im Rahmen einer feministisch-kritischen Befreiungstheologie, die Bibel gelesen, verstanden und gedeutet werden soll, so «dass deutlich wird, wie sehr die Bibel einerseits zur Unterdrückung der Frauen beigetragen hat und welches Potential an Befreiung sie anderseits in sich birgt».[42] Es geht bei ihr also um eine kritische Bewertung der Bibel, die es ermöglichen soll, die unterdrückende oder befreiende Dynamik aller Bibeltexte und ihre Funktion im heutigen Befreiungskampf von Frauen zu beurteilen. Sie unterwirft die Bibel der Erfahrungsautorität von Frauen, die sich bewusst als Frauen im Kampf gegen das Patriarchat engagieren, und von Männern, die sich mit diesem Frauenkampf identifizieren.[43] Der hermeneutische Zirkel wird hier also von der Position einer praktischen Befreiungstheologie her geschlagen. Dabei bleibt offen, wie eindeutig die Kategorie «Erfahrung» ist.

Können wir nun dieses hermeneutische Modell auf die Klosterfrauentradition übertragen, auf die Geschichtsdeutung? Es wäre zu versuchen.

---

42 ELISABETH SCHÜSSLER FIORENZA, Brot statt Steine, Die Herausforderung einer feministischen Interpretation der Bibel, Freiburg/Schweiz 1988, 10.

43 Ebd. 47: «Eine kritisch-feministische Bibelinterpretation ... muss zuallererst von der Erfahrung von Frauen in unserem Kampf um Befreiung ausgehen.»

Dabei ginge es nicht nur um die Frage, ob das Stifts-, Kloster- und Ordensleben des Mittelalters insgesamt die Würde, Unabhängigkeit und Freiheit von Frauen gemehrt hat, oder ob es insgesamt dazu diente - und gebraucht wurde - die Frauen auf ihrem untergeordneten und zweitrangigen Platz festzuhalten. Es ginge auch darum, das Potential an Befreiung zu heben, das hier geborgen ist. Es steckt also von vornherein ein Interesse dahinter.

Ausgangspunkt ist eine Erfahrung der Gegenwart. Frauen erfahren, dass sie in unserer Gesellschaft, und insbesondere in unserer Kirchengesellschaft, auf einem untergeordneten und zweitrangigen Platz stehen - und festgehalten werden. Sie stellen fest, dass gerade auch theologische und kirchliche Traditionen diese Unterdrückung verstärkt haben. Im Kampf um Befreiung und Heilsein suchen sie nun verbündete Frauen und Männer der Vergangenheit, der Gegenwart und der Zukunft. Zu diesem Zweck empfiehlt Schüssler Fiorenza vier Schritte.[44]

Am Anfang steht eine *Hermeneutik des Verdachts*, das heisst ein methodisches Misstrauen gegenüber heutigen Darstellungen der Ordensgeschichte wie auch gegenüber den Quellentexten selbst. Denn die Quellentexte und andere Deutungen sind fast ausschliesslich von Männern geschrieben worden, in ihrem Interesse - oder von ihnen redigiert worden.

Und bereits hier, in diesem ersten Schritt, müssen wir die patriarchalen Rahmenbedingungen bewusst machen, in die das weibliche Ordenswesen eingespannt war. Man muss sich den radikalen Unterschied zu männlichen Ordensgemeinschaften vorstellen. Für sie wäre es unvorstellbar, dass gerade die wesentlichen Dinge wie Gottesdienstleitung, Sakrament, Verkündigung, Seelenführung nur in den Händen von Frauen lägen. Für Frauengemeinschaften hingegen war es nie möglich, eigenständig Gemeinde im ekklesiologischen Sinn zu bilden.

Der zweite Schritt ist eine *Hermeneutik der Pastoral*.[45] Die Autorität von Texten, Institutionen und Personen aus der Geschichte der Frauen-

---

44 Die vier Schritte werden gut dargestellt von DORIS STRAHM, Um unseres Heiles willen, Zur Funktion der Bibel im Befreiungsprozess der Frauen, in: Orien. 52, 1988, 178-181.
45 Schüssler Fiorenza spricht von der Hermeneutik der Verkündigung.

klöster wird in der christlichen Glaubensgemeinschaft, je nach Konfession verschieden, immer wieder beansprucht und eingesetzt. Hier ist vor allem an die grossen Ordensregeln zu denken, an die Klostertraditionen, an die Ordensstifter und «Ordensheiligen». Manche Ordensfrauen, die als Heilige verehrt werden und hohe Autorität geniessen, dienen zum Beispiel als Vorbilder der aufopfernden Liebe und Selbstlosigkeit. Das kann dazu dienen, die patriarchale Ausbeutung von Frauen akzeptabel zu machen und aufrecht zu erhalten.

Der dritte Schritt ist eine *Hermeneutik des Erinnerns*. In diesem Schritt geht es darum, die verdeckte und verdrängte Geschichte der Frauen in der Klostergeschichte (und in der Kirchengeschichte überhaupt) aufzuspüren. Dazu braucht es theoretische Modelle der historischen Rekonstruktion, welche Frauen nicht an den Rand, sondern in die Mitte der kirchlichen Gemeinde und Theologie rücken. Dieses Verfahren erbringt eine «gefährliche Erinnerung». Es fordert die Visionen und Kämpfe der Toten ein. Es führt zur Solidarität mit allen Frauen der Vergangenheit, Gegenwart und Zukunft. - Es scheint, dass diese historische Rekonstruktion der Frauengeschichte im Ordenswesen erst in den Anfängen steckt.

Der vierte Schritt besteht in einer *Hermeneutik kreativer Aktualisierung*. In diesem Schritt geht es um Neu-Erzählung historischer Texte und Neu-Schaffung geschichtlicher Gestalten und Ereignisse durch künstlerische Imagination, durch Musik, Tanz und feministische Rituale. Dadurch sollen die bisher unerfüllten Befreiungspotentiale und Visionen der Ordensgeschichte als Inspiration für den Befreiungskampf von Frauen fruchtbar gemacht werden. Möglichkeiten solcher Aktualisierung liegen etwa, dies nur als Beispiele genannt, in den feierlichen Ritualen der Hildegard von Bingen, in den gottesdienstlichen Vorstössen der frühmittelalterlichen Äbtissinnen oder dann der spanischen Zisterzienserinnen, in den Klagen der Klara von Assisi, in der inneren Freiheit der Mystikerinnen, in der Selbständigkeit der Beginen.

Freilich, diese Überlegungen mache ich mit Vorbehalten. Als Mann weiss ich zuwenig, wie das kirchengeschichtliche Erbe aufleben kann, wenn als Massstab die «Erfahrung von Frauen in unserem Kampf um Befreiung» angelegt wird. Ich kann nur hoffen, dass Frauen solche Versuche wagen und sich auf den Weg machen, gerade auch im Blick auf die mittelalterliche Klostergeschichte.

RUDOLF DELLSPERGER

FRAUENEMANZIPATION IM PIETISMUS[1]

Zur Zeit des frühen Pietismus war in Europa ein tiefgreifender Wandel im Gang, ein Wandel, der auf allen Ebenen des öffentlichen und privaten Lebens zu beobachten ist, in Wirtschaft, Gesellschaft, Politik, auf wissenschaftlichem und kirchlich-religiösem Gebiet. Dieser Umbruch fand seinen Ausdruck auch im Verständnis dessen, was «Emanzipation» besagt.[2] «Emanzipation» leitet sich her vom lateinischen «e manu capere» und gehört ursprünglich in den Zusammenhang des alten römischen Rechtes: Der Familienvater entlässt seinen mündig gewordenen Sohn aus seiner väterlichen Gewalt, der Sohn empfängt seine Freiheit aus der Hand seines Vaters. «Emanzipation» in diesem Sinn ist also ein Rechtsbegriff und bezeichnet einen Rechtsakt. Nun aber, im Verlauf des 17. und 18. Jahrhunderts, steht «Emanzipation» nicht mehr für einen einmaligen Rechtsakt, sondern für einen Prozess. Das ursprünglich transitive Verb hat sich überdies endgültig in ein reflexives verwandelt: Ich emanzipiere mich als Individuum. Wir emanzipieren uns, als soziale Schicht, als Religionsgemeinschaft, als Volk. Dabei ist die Grundlage nicht mehr diejenige eines geschriebenen oder überlieferten, sondern diejenige des mir beziehungsweise des uns von Natur aus zukommenden Rechts: Ich will es so, und dass ich es so wollen darf, das liegt in der Natur der Dinge. Wir nehmen, wir erkämpfen uns, was uns zusteht.

Damit ist aus einer Gabe im Verlaufe der Jahrhunderte ein Anspruch geworden. Erheben auch Frauen als Frauen ihn für sich? Tun es Männer mit ihnen zusammen? Tun Frauen und Männer es im frühen Pietismus, der, vereinfacht gesprochen, im 17. und in der ersten Hälfte des 18. Jahrhunderts seine hohe Zeit gehabt hat? Das ist jetzt unsere Frage. Natürlich vollzieht sich ein geschichtlicher Prozess in anderen Zeiträumen als ein einmaliger Rechtsakt. Wir werden gut daran tun, unsere Erwartungen nicht allzu hoch zu schrauben. Mehr als einige Spuren und An-

---

[1] Dieser Text ist am 26. Mai 1989 auch im Rahmen einer Gastvorlesung an der Sektion Theologie der Martin Luther-Universität Halle-Wittenberg vorgetragen worden.

[2] REINHART KOSELLECK, Die Grenzen der Emanzipation, Eine begriffsgeschichtliche Skizze, in: Neue Zürcher Zeitung, 29./30.10.1988 (Nr. 253) 69f.

sätze kann ich Ihnen im Rahmen dieses Vortrages nicht zeigen, oft nur solche, die sich in der Geschichte vorerst wiederum verlieren. Ich hoffe, es seien immerhin Fährten, denen zu folgen sich lohnt.

Pietismus: was ist darunter zu verstehen? Eine vielgestaltige religiöse Erneuerungsbewegung, die im besagten Zeitraum vor allem in England, in den Niederlanden, im Alten Reich und in der Eidgenossenschaft viele Christinnen und Christen erfasst hat. Ihre ursprüngliche Erfahrung, ihr eigentliches Anliegen war die Wiedergeburt des einzelnen Menschen, anders gesagt: das Werden des neuen, in Christus geheiligten und sich heiligenden Menschen, noch einmal anders ausgedrückt: die Umformung des kirchlichen und sozialen Lebens nach biblischen, evangelischen Prinzipien.

«Reformation» war ein oft gehörtes Schlagwort, zweite Reformation, Vollendung der Reformation, und dies in universaler Perspektive. Kirche sollte in erster Linie Bewegung sein und nur als solche dann auch Institution, Christsein eine Existenzform, die den ganzen Menschen betraf. So übte und forderte man eine Sakramentspraxis, die eben darauf achtete, eine Seelsorgetätigkeit, die auch Leib-Sorge war, und einen Verkündigungsstil, der auch Herz und Sinne ansprach. Eine Kirche, die weder mit der Pfarrerschaft noch mit der örtlichen Gemeinde, noch mit der jeweiligen Konfession, noch auch mit den bestehenden Landesgrenzen in eins fiel; Kirche als eine Gemeinschaft mündiger Christen, die sich neben den offiziellen Gottesdiensten treffen, gemeinsam die Bibel lesen, singen und beten durften - dies alles waren zentrale Anliegen des Pietismus, der vielerorts nicht nur einen neuen Frömmigkeits-, sondern geradezu einen neuen Lebensstil entwickelt hat, also eine Bewegung darstellte, in der zum Teil neue Normen galten, neue Formen religiösen Lebens und sozialen Zusammenlebens erprobt wurden. Sie gehört in eine Zeit der Krise und der Kriege, der Seuchen und des Hungers, und ist getragen von einer grossen, durch Philipp Jakob Spener auf den Begriff gebrachten Vision: von der «Hoffnung besserer Zeiten».[3]

«Hoffnung besserer Zeiten» auch für die Frauen in der Kirche? Vollendung der Reformation auch in dem Sinn, dass die Postulate der Marie

---

3 Vgl. HARTMUT LEHMANN, Das Zeitalter des Absolutismus, Gottesgnadentum und Kriegsnot, Stuttgart 1980 (Christentum und Gesellschaft 9), v.a. Kapitel III.

Dentière, Froments Frau, nun erfüllt worden wären? Wir erinnern uns
an den Vortrag von Frau Zimmerli-Witschi und an Maries verzweifelten
Ausruf: «Avons-nous deux Evangiles, un pour les hommes et un pour
les femmes?»[4] Eine Frohbotschaft für Männer und Frauen, mit allen
Konsequenzen, die das beinhaltet: was hat der Pietismus in dieser Richtung gedacht, gewollt und erreicht?

Ich gliedere meinen fragmentarischen Versuch einer Antwort in drei
Teile: Wir beginnen auf der Ebene der religiösen Alltagswirklichkeit
ums Jahr 1700, gehen dann über zu grundsätzlicheren Überlegungen
zum Thema, wie sie vor allem im sogenannten radikalen Pietismus an-
gestellt worden sind, und hören schliesslich von einer Frau, ihren
Schwestern und Brüdern, aber auch von einem ihrer Kritiker und damit
einer Debatte, der nach meinem Dafürhalten in unserem Zusammenhang
exemplarische Bedeutung zukommt. Ich kleide meine Ausführungen in
ein erzählendes Gewand, halte mich nicht an die Grenzen der damaligen
Schweiz, werde aber immer wieder nach Bern zurückkehren, und dies
im Sinne jener Angabe, wie wir sie über amtliche Briefe zu setzen pflegen: Betrifft: Frauen - und Männer - in der Berner Kirche.

I

Hart und desillusionierend ist sie für den bernischen Pietismus gewesen,
die Realität am Ende des 17. Jahrhunderts. In den Jahren 1699 und
1700 ist diese Bewegung in einer veritablen Staatsaktion aus Bern und
seiner Kirche ausgetrieben worden. Über ein Jahrzehnt hinweg hatte ein
junger Baum sich entwickeln, verästeln und seine ersten Früchte tragen
können - nun wurde er umgehauen. Diese Formulierung ist nicht unge-
fährlich, denn es lag und liegt mir nichts daran, den bernischen Pietismus schlechterdings als unschuldiges Opfer einer patriarchalisch-
verknöcherten Staatskirche hinzustellen. Der Konflikt, der hier letzten
Endes - leider - abgewürgt oder doch nur ansatzweise ausgetragen worden ist, dieser Konflikt war echt und ging Staat, Kirche und Gesellschaft
ans Mark. Das will sagen, dass Recht und Unrecht auch im Rückblick
nicht eindeutig der einen beziehungsweise der anderen Seite zugescho-
ben werden können.

---

4 Vgl. oben S. 59.

Aber damit können wir uns jetzt nicht beschäftigen.[5] Uns interessieren hier die fünf Argumente, welche der bernische Grosse Rat in seiner dreitägigen Sitzung vom 8. bis 10. Juni 1699 gegen den Pietismus ins Feld geführt hat: Man befürchtete von ihm schädliche Folgen *erstens* für die Einheit und lehrmässige Reinheit der reformierten Berner Kirche, *zweitens* für die Eintracht im politischen Gemeinwesen, *drittens* für den guten Ruf der Berner Hohen Schule, *fünftens* für ein einvernehmliches Klima in der Bürgerschaft. Und *viertens*? Dieser Einwand betraf die Stellung der Frau, und zwar in ihren Rollen als Gattin oder als Magd, betraf die «Gefahren so auß diesem Unwesen im Haußstand zu besorgen»[6] waren, kurzum, hier ging es um die Familie als die Basis des gesellschaftlichen Ganzen.

Sehen wir hier näher zu. Einmal angenommen, die Frau gehört der neuen Bewegung an, ihr Mann nicht. Bange Frage: «...solte das nit eheliche Liebe erstecken / grosen Argwohn erwecken / wann Eheweiber unter weiß nit was vor einem Vorwand nächtlicher Zeit ihre Haußhaltungen verlassen / in dergleichen Gesellschafft gehen / da sich fremde Ehemänner und Jüngling / die ihnen Verwandtschafft halben nit zugethan sind / einfinden / und spaten Nacht wieder heimkommen?» Wer und was *muss* darunter leiden? Das ganze Hauswesen, auch in finanzieller Hinsicht wegen eigenmächtiger Vergabungen der Hausfrau, und wenn Kinder in dieses «Unwesen» mit hineingezogen werden, so ist es um «den Respect / Gehorsam und Treu / so sie auß Befehl Gottes ihren Eltern zu leisten schuldig» sind, geschehen. Und die Mägde? Sie nehmen sich das Recht heraus, «einen meisterlosen Unterscheid [zu] machen» zwischen den Pfarrern, behaupten sie doch, die einen würden ihnen «Semmelmähl», die andern aber «nur Krüsch-Brod» geben. Es steht um sie, was noch schlimmer ist, oft so, dass sie, als Mägde, «unter dem Fürwand GOtt zu dienen / in ihren Diensten / den sie ihren Herren und Frauen leisten solten / untreu und hinlässig werden», als ob man Gott nicht auch in seinem «ordinari-rechtmässigen Beruff» recht dienen könnte.

---

5 Vgl. dazu RUDOLF DELLSPERGER, Die Anfänge des Pietismus in Bern, Quellenstudien, Göttingen 1984 (AGP 22), v.a. Kapitel V.

6 Dieses und die folgenden Zitate stammen aus dem Bericht der amtlichen Untersuchungskommission, den Samuel Güldin, einer der gemassregelten Pietisten, herausgegeben hat; nähere bibliographische Angaben bei DELLSPERGER (Anm. 5) 209.

Wir mögen diese Argumentation amüsant, betrüblich oder auch empörend finden. Wichtig daran ist, dass diejenigen, die sie sich zu eigen gemacht haben, offenbar das reformatorische Berufsethos in Gefahr sahen, wichtig auch, dass wir solche Befürchtungen vor dem entsprechenden gesellschaftlichen und kirchlichen Hintergrund sehen. Pietistische Konventikel sind in und um Bern fast ausschliesslich von Patrizierdamen veranstaltet worden, von Frauen also, die je einer Grossfamilie vorstanden und gerade so im Sinne der Reformation Gott in ihrem «ordinari-rechtmässigen Beruff» dienten, *wie* ihre Knechte und Mägde, *wie* ihre Männer, die zudem in der Verwaltung eines patriarchalisch regierten Stadtstaates ihren festen Platz hatten. Darf, ja muss man sagen, dass hier - im Ansatz wenigstens - ein ganzes gesellschaftliches Gefüge zu wackeln begann? Kommt hinzu, dass hier wohl elementare männliche Ängste durchscheinen, Ängste, für die man noch keinen Namen hatte, deren alltäglichen Hintergründe einem aber nur zu deutlich vor Augen waren, ganz zu schweigen von der Tatsache, dass in diesen Konventikeln Menschen ohne Unterschied von Geschlecht und Stand teilnehmen durften.

War es denn nicht so, dass Pfarrer in solchen Erbauungsversammlungen nicht willkommen waren, dafür aber in ihren Briefkästen manchmal anonyme Protestbriefe von Frauen vorfanden, denen das gebotene «Krüsch-Brod» nicht mehr mundete? Hatten denn nicht bereits im Juni 1693 drei Mägde, Elsbeth Anneler von Erlenbach und Katharina und Madlena Aellen von Saanen, im Wirtshaus von Münsingen offen erklärt und vor den beiden obersten Pfarrern der Stadt bestätigt, dass ihrer Meinung nach der Anbruch des Tausendjährigen Reiches unmittelbar bevorstehe? Sie seien von Gott gesandt, der Welt das Gericht anzukündigen, das in diesem Jahr noch zu gewärtigen sei. Man solle und müsse deshalb alle Arbeit aufgeben. Die Obrigkeit solle ihr Zepter beiseite legen, die Gefangenen amnestieren und die Freiheit aller Knechte und Mägde proklamieren. Wer an Christus glaube, *sei* von Sünden rein. Das «Unser Vater» sei folglich nicht als Bitt-, sondern als Dankgebet zu sprechen. Schliesslich: «Das Wort Gottes mangle sy nüt mehr, Gott könne aussert seinem Wort dem möntsch noch andere sach offenbahren, Gott sey nicht an sein Wort gebunden. Er könne noch eine andere bibell geben.»[7] Das ist Gedankengut, wie es auch im sogenannten «linken Flügel» der Reformation vertreten worden ist.

Diese Beispiele könnten leicht vermehrt werden. Sie sollen zeigen, dass in der pietistischen Bewegung in Bern Frauen in einer Weise hervorgetreten sind, die der ungeschriebenen, aber nichtsdestoweniger festgelegten Rollenerwartung nicht entsprach. Gewiss, von Gleichberechtigung im heutigen Verständnis kann noch keine Rede sein, Ansprüche grundsätzlicher Art traten nicht auf. Hier melden Frauen sich nicht als *Frauen*, sondern als im pietistischen Sinn *fromme* Frauen zu Wort. Aber das, was der Begründer pietistischer Konventikel, Philipp Jakob Spener, ihnen zugedacht hatte, genügte ihnen nun nicht mehr: Nicht schweigend und in einem separaten Raum sitzend mitverfolgen wollen sie, wie ihre Männer sich mit dem Pfarrer zusammen über der Bibel erbauen. Selber reden, selber einladen wollen sie und dabei nicht nur unter sich sein, sondern ihren Knecht und ihre Magd bei sich haben und wissen, was diese denken. Kurzum, dieser Pietismus und in ihm vor allem die Botschaft vom Tausendjährigen Reich, der sogenannte Chiliasmus, hat ein emanzipatorisches Potential freigesetzt, dessen (auch theologische) Sprengkraft faktisch gross war. Man hat es deshalb rechtzeitig zu entschärfen versucht.

Viele Frauen und Männer, die dieser Bewegung angehörten, haben damals gezwungenermassen oder freiwillig ihre Heimat verlassen; andere gingen ins innere Exil. Die Emigranten gingen nach Hessen, in die Grafschaften von Büdingen und Sayn-Wittgenstein, nach Halle und Magdeburg oder, was auf dasselbe hinauslief, ins benachbarte Neuenburgische. An entsprechenden Adressen hatten sie keinen Mangel, in vielen Fällen waren die Verbindungen zu diesen Zufluchtsorten längst geknüpft. Ein Beispiel nur: zwischen Bern und Halle, zwischen Samuel Schumacher und August Hermann Francke, gingen schon seit 1693 Briefe hin und her. Am 31. Oktober 1695 hatte Francke in einem solchen Brief sein Projekt zur Gründung eines Waisenhauses entwickelt. Es stand für ihn schon damals ausser Frage, dass eine Bildungsanstalt für Knaben *und* Mädchen entstehen sollte.[8] Das Gynaeceum, das bis zur

---

7 Ebd. 77.
8 Ebd. 203-208.

Hochschulreife führte, scheint in der Folge allerdings nicht recht floriert zu haben. Gerta Scharffenorth und Erika Reichle fragen sich, woran das gelegen haben könnte: an der «fehlenden Ausbildung von Lehrerinnen ... oder an einer unklaren Vorstellung von Frauen-Arbeit in der sich wandelnden Welt»?[9] Francke selber hat bereits 1698 unmissverständlich zu Papier gebracht, was er in dieser Beziehung als das Gebot der Stunde erachtete: «Am allerwenigsten wird bey uns für die Erziehung der Mägdlein gesorget. Siehet man auff das gemeine Volck / wer bekümmert sich umb die Mägden-Schulen / daß sie recht eingericht und dergestalt gehalten werden möchten / daß eine wahre Frucht daher zu hoffen sey. Weil die Obrigkeit und Prediger insgemein darinnen ihr Amt nicht in acht nehmen / wie sie solten / so ist es kein Wunder / daß solch junges Volck mehrenteils in lauter Sünden / Schanden und Lastern auffwächset. Wenn denn eine Hurerey treibet und das Kind ermordet / oder sonst schwere Ubelthaten begehet / so reisset man ihr den Kopf ab. Ist das genug?»[10] - Wir denken an Anna Göldin.[11]

Frauenbildung im Pietismus, das wäre ein Kapitel für sich. Ich nehme den Faden nun wieder auf und folge unseren Pietistinnen und Pietisten ins Exil, wo sie das kirchliche und geistliche Leben oft stark mitgeprägt haben. Wie hat man zum Beispiel in Giessen, in Laubach, in Berleburg, im Hessenlande über die Stellung der Frauen in Theologie und Kirche gedacht? Wir geraten damit in den Bereich des sogenannten radikalen Pietismus, der die Ansätze, die uns hier interessieren, wohl am konsequentesten ausgezogen hat.[12] Radikal war dieser Pietismus in vielen Fällen insofern, als seine Vertreterinnen und Vertreter ihre kirchliche Heimat verliessen. Sie lehnten dann, oftmals daraus hinausgedrängt, die verfassten Kirchentümer vorübergehend oder auf Dauer ab und verstanden Kirche als eine Gemeinschaft von im selben Geist verbundenen Schwestern und Brüdern jenseits nationaler und konfessioneller Grenzen

---

9 GERTA SCHARFFENORTH und ERIKA REICHLE, Art. Frau, VII. Neuzeit, in: TRE 11, 1983, 443-467, hier 447f.

10 AUGUST HERMANN FRANCKE, Von der Erziehung der Jugend, Vorrede, 1698, in: DERS., Werke in Auswahl, hg. v. ERHARD PESCHKE, Berlin 1969, 121f.

11 Im Rahmen dieser Ringvorlesung hat Eveline Hasler über das Thema «Die Hexen und die Geschichte ihrer Passion am Beispiel von Anna Göldin» gesprochen.

12 Vgl. HANS SCHNEIDER, Der radikale Pietismus in der neueren Forschung, in: PuN 8, 1982, 15-42 und 9, 1983, 117-151.

«nach dem Vorbild des apokalyptischen Philadelphia».[13] Die von der englischen Mystikerin Jane Leade 1694 begründete «Philadelphische Sozietät», deren Mitglieder im westeuropäischen Raum in der Diaspora lebten, wäre dafür ein Beispiel. Auf Beispiele, die in diesen Zusammenhang gehören, deren drei, muss ich mich nun auch in meinem zweiten Teil beschränken.

II

Ich denke zuerst an Gottfried Arnold, der von 1666 bis 1714 gelebt und mit einigen von unseren Emigranten intensive Beziehungen gepflegt hat.[14] Seine religiöse Biographie ist voller Überraschungen: Unter Speners Einfluss bekehrt, macht er eine mystisch-enthusiastisch-asketische Phase durch, wird Professor in Giessen, legt sein Amt ein Jahr später wieder nieder, heiratet, zieht sich damit die Kritik seiner früheren Gesinnungsfreunde zu und sieht sich genötigt, grundsätzlich über die christliche Ehe und die Stellung der Frauen in der Kirche nachzudenken. Vielen von Ihnen dürfte er am ehesten als Autor des Liedes 306 in unserem Kirchengesangbuch bekannt sein. Es besteht in der Originalfassung aus 11 Strophen, deren erste und vierte folgendermassen lauten:

«O Durchbrecher aller Bande,
Der du immer bei uns bist,
Bei dem Schaden, Spott und Schande
Lauter Lust und Himmel ist:
Übe ferner dein Gerichte
Wider unsers Adams Sinn,
Bis uns dein so treu Gesichte
Führet aus dem Kerker hin.

Schau doch aber unsre Ketten,
Da wir mit der Kreatur
Seufzen, ringen, schreien, beten
Um Erlösung von Natur,

---

13 HANS–JÜRGEN SCHRADER (vgl. Anm. 18) 159[*].
14 Zur (eindeutig zu verneinenden) Frage, ob Gottfried Arnold sich im August 1699 in Bern aufgehalten hat, vgl. jetzt HANS SCHNEIDER, Gottfried Arnolds angeblicher Schweizbesuch im Jahre 1699, in: ThZ 41, 1985, 434-439.

Von dem Dienst der Eitelkeiten,
Der uns noch so harte drückt,
Ungeacht der Geist in Zeiten
Sich auf etwas Bessers schickt.»[15]

Es ist biographisch nicht möglich, dieses Gedicht direkt auf unser Thema zu beziehen, aber es war *dieser* Mensch, ein «Gefangener» unter «Gefangenen» und ein Himmelsstürmer unter Himmelsstürmern, der aufgrund seiner einzigartigen biblischen und historischen Kenntnisse über die beiden folgenden Fragen nachgedacht und 1704 seine Ergebnisse im Verlag des halleschen Waisenhauses veröffentlicht hat: 1. «Ob denn gar kein Weib eben der Gnaden-Gaben / die der HErr denen Gläubigen versprochen / fähig und teilhafftig sey?» 2. «Ob denn ein von GOtt völlig ausgerüstetes Weib nicht andern mit seinen Gaben dienen dürffe?»[16]

Sie haben es bemerkt: Das sind Suggestivfragen. Natürlich haben, davon ist Arnold überzeugt, Frauen Anteil an den Gnadengaben, wie die Männer. Natürlich haben sie damit die Befugnis zum kirchlichen Dienst, zu Verkündigung, Sakramentsspendung, Seelsorge und Unterweisung. Bemerkenswert ist nun, wie Arnold dies begründet. Wer kennt nicht die beiden klassischen Bibelstellen 1. Kor. 14,34f. («... die Frauen sollen in den Gemeindeversammlungen schweigen ...») und 1. Tim. 2,12f. («... zu lehren aber gestatte ich einer Frau nicht ...»)?

---

15 Zitiert nach der leicht modernisierten Fassung von MARTIN SCHMIDT, in: DERS. und WILHELM JANNASCH (Hg.), Das Zeitalter des Pietismus, Bremen 1965 (KlProt 6), 187.

16 GOTTFRIED ARNOLD, Die geistliche / Gestalt / Eines / Evangelischen / Lehrers / Nach dem Sinn und Exempel / Der Alten / Auff vielfältiges Begehren / Ans Licht gestellet, Halle / Jn Verlegung des Waysen-Hauses / 1704, 13. Ich verdanke den Hinweis auf diese Schrift dem grundlegenden und anregenden Artikel von GERTA SCHARFFENORTH und ERIKA REICHLE (vgl. Anm. 9). Die Angaben (448 und 466), wonach es sich dabei um den 3. Anhang zu Arnolds Buch «Das Geheimnis der göttlichen Sophia» handle, ist aber irreführend. Frau Dr. Brigitta Stoll danke ich für ihre Hilfe bei der Suche nach dem Fundort. Die erste Frage behandelt Arnold auf den Seiten 13-27, die zweite auf den Seiten 27-38. Die einzelnen Belegstellen folgen im Text in Klammern. Vgl. auch GOTTFRIED ARNOLD, Die Erste Liebe Der Gemeinen Jesu Christi, Das ist, Wahre Abbildung Der Ersten Christen, Frankfurt/M [1]1696, [2]1700, II, 6, § 1 u.f. (zitiert nach JÜRGEN BÜCHSEL, Gottfried Arnold, Sein Verständnis von Kirche und Wiedergeburt, Witten 1970 [AGP 8], 205).

Diese autoritativen Texte und damit einen gewaltigen Strom kirchlicher Auslegungsgeschichte hat Arnold scheinbar gegen sich. Wie kommt er damit zurecht?

«Gottes Liebe und Mitteilung ist unparteiysch» (13). Das ist Arnolds Grund-Satz. Frauen sind demnach «Miterben der Gnade» (1. Pet. 3,7; Gal. 3,28). Sie *haben* ihre gravierenden Mängel und Schwächen (2f.), die überdies geschlechtsspezifisch sind. Aber das trifft auf seine Weise auch auf die Männerwelt zu. Die Wiedergeburt als unabdingbare Voraussetzung für jeden kirchlichen Dienst ist mitnichten ein männliches Privileg. Die Vielzahl begnadeter Frauen, welche die Bibel und die Geschichte der Kirche kennen, lassen eine grundsätzliche Diskriminierung der Frauen nicht zu. Das einzige Kriterium, nach dem Frauen vom kirchlichen Dienst ausgeschlossen werden könnten, wäre der Missbrauch der Gnadengaben - wiederum ein Phänomen, das bekanntlich auch in der Männerwelt zu beobachten ist. Wenn jemand die göttliche Begnadung von Frauen auf Ausnahmen beschränken wollte, würde er eben damit die allgemeine «Güte und Mittheiligkeit Gottes» in unzulässiger Weise einschränken (25). Kurz: «Es haben Männer und Weiber gleiche Art der Gottseligkeit / und ist beyden / einem wie dem andern / die Lauff-Bahne der Tugend eröffnet» (26). Dies zur ersten Frage.

Zur zweiten: Die paulinischen Briefe erwähnen auch lehrende Frauen (Tit. 2,3; 2. Tim. 1,5; 3,15), die Kirchenväter kennen «erleuchtete Frauen», die Rat wussten und darum angegangen wurden, und die christliche Missionsgeschichte weiss um die Zeugenschaft auch gerade von Frauen. Fazit: Wer die «Freyheit der Weiber im Lehren» auf Notfälle und ausserordentliche Gelegenheiten einschränken will, führt damit nur «die allzueigenwillige und herrschsüchtige Einschrenckung der Clerisey im Pabstthum und sonst» weiter (33). Arnold reklamiert damit für die Frauen das «allgemeine geistliche Priesterthum» (11,34) und beruft sich dabei ausdrücklich auf Luther: Es «sey ein einiges Amt zu predigen GOttes Wort / allen Christen gemein» (33f.). *Ganz* konsequent kann diesen Ansatz auch er nicht durchhalten, aber es steht für ihn doch fest, dass es allerdings «frey / recht und GOtt gefällig sey / wenn auch Weibs-Personen im Fall / da andere Lehrer mangeln / ... das Wort öffentlich handeln / woferne sie nur dazu genugsame Erleuchtung / Erfahrung und Krafft haben ...» (36). Darum: «Den Geist dämpffet nicht / und die Weissagung verachtet nicht / weder bey Männern noch bey Weibern. Hingegen prüfet auch alle Weissagungen erst / und behaltet nur das gute / sowohl was Männer / als Weiber vorbringen / so werdet ihr euch auch vor allen Schein enthalten / der da verborgentlich böse wäre / und doch gut vorkommen möchte» (37f.).

Was Gottfried Arnold in dieser Weise um die Jahrhundertwende postuliert hat, ist für seine Gesinnungsfreunde nur eine Generation später bereits zur Selbstverständlichkeit geworden. Ich komme damit zu meinem zweiten Beispiel, der Berleburger Bibel, ein von philadelphisch gesinnten Pietisten herausgegebenes achtbändiges Bibelwerk mit umfangreichen Erläuterungen. Es stützt sich nicht nur auf anerkannte exegetische Gewährsmänner wie Johannes Coccejus, Johann Andreas Osiander oder Abraham Calov, sondern zum Beispiel auch auf die französische und überdies noch katholische Mystikerin Jeanne-Marie de la Mothe-Guyon. Mit einem Wort: herangezogen werden die Arbeiten «erleuchteter Seelen». Das Kriterium geistlicher Autorität ist also nicht bloss Gelehrsamkeit, sondern auch Erleuchtung, die weder auf die Konfession noch auf das Geschlecht Rücksicht nimmt. Nun hat auch das Zeitalter der sogenannten Orthodoxie darum grundsätzlich immer gewusst. Neu ist, wie stark dies hier betont wird, neu auch die sich Bahn brechende Einsicht, in dieser Beziehung seien Frau und Mann «allzumal einer in Christo JEsu ... Gal. 3 / 28. deren [sc. der Frauen] sich der HErr auch ie und ie sonderbar bedienet; wie so die Auferstehung Christi am ersten der Maria kund worden / um also den Männern zu zeigen / daß der HErr an sie in der Offenbahrung seiner Geheimnisse nicht gebunden sey». «Sonderlich in unseren Tagen», heisst es weiter, treffe dies zu, und dann werden Autorinnen wie Jane Leade, Antoinette Bourignon und Johanna Eleonora Petersen namentlich genannt als Beispiele dafür, «wie ... GOtt in unseren Zeiten verschiedene von dem weiblichen Geschlecht mit grosem Licht und Gottseligkeit / auch Gaben solches in Schrifften an den Tag zu geben / begnadiget».[17]

---

17 Zitiert nach GERTA SCHARFFENORTH und ERIKA REICHLE 466. Zur Berleburger Bibel vgl. MARTIN BRECHT, Die Berleburger Bibel, Hinweise zu ihrem Verständnis, in: PuN 8, 1982, 162-200, hier v.a. 177-179 und 184f. Den Spuren, die Mme. de Guyon in diesem Bibelwerk hinterlassen hat, ist nachgegangen

Hier würde sich ein «weites Feld» erschliessen. Der spezifische Anteil von Frauen an der Berleburger Bibel ist meines Wissens noch nicht ermittelt worden. Es dürfte sich dabei aber ergeben, dass gerade Frauen das Spektrum möglicher Zugänge zur biblischen Botschaft in fruchtbarer Weise erweitert haben. Aber ich muss mich auf Beispiele beschränken und komme schon zu meinem dritten.

Ich meine den Urtypus einer literarischen Gattung, die sich seit der Zeit des Barock bis auf unsere Tage erhalten hat: die pietistische Sammelbiographie. Ihr Prototyp ist Johann Henrich Reitz' siebenteiliges Werk, das 1698 zu erscheinen begann, in der Folge ständig erweitert worden ist und in immer wieder neuen Auflagen eine Wirkung entfaltet hat, die nicht leicht überschätzt werden kann. Es trägt den bezeichnenden Titel: «Historie Der Wiedergebohrnen / Oder Exempel gottseliger / so bekandt- und benant- als unbekandt- und unbenanter Christen / Männlichen und Weiblichen Geschlechts / Jn Allerley Ständen / Wie Dieselbe erst von Gott gezogen und bekehret / und nach vielem Kämpfen und Aengsten / durch Gottes Geist und Wort / zum Glauben und Ruh ihres Gewissens gebracht seynd.» Die im ersten Teil zusammengestellten geistlichen Biographien sind allesamt nach demselben Schema gefertigt und stellen insofern auf Dauer eine nicht gerade attraktive Lektüre dar: Man erfährt, wie Menschen dank Gottes vorlaufender Gnade ihre Bekehrung erlebt haben. «Hoffnung / Frieden / Freude und Trost des Gewissens» bleiben ihnen aber nicht erhalten, sondern werden in «geistliche[n] Anfechtungen / Versuchungen / Verlassungen / Zweiffel[n] / und göttliche[r] Traurigkeit» auf eine schwere Probe gestellt, bis Gottes Geist auch dieses Dunkel durchbricht und seine Gläubigen einen «herrlichen Außgang» erleben lässt.[18] Aber so schematisch und ermüdend das Ganze auch wirkt, so repräsentiert es eben doch einen gewalti-

---

JOSEF URLINGER, Die geistes- und sprachgeschichtliche Bedeutung der Berleburger Bibel, Ein Beitrag zur Wirkungsgeschichte des Quietismus in Deutschland, Diss.phil. Saarbrücken 1969.

18 JOHANN HENRICH REITZ, Historie Der Wiedergebohrnen. Vollständige Ausgabe der Erstdrucke aller sieben Teile der pietistischen Sammelbiographie (1698-1745) mit einem werkgeschichtlichen Anhang der Varianten und Ergänzungen aus den späteren Auflagen, hg. v. HANS−JÜRGEN SCHRADER, VII Teile in 4 Bdn., Tübingen 1982 (Deutsche Neudrucke, Reihe: Barock, 29/1-4). - Zur Geschichte der Gattung vgl. ebd. 127*-153*.

gen Strom frömmigkeitsgeschichtlicher Tradition.[19] In unserem Zusammenhang wichtig ist, dass im ersten Teil dieser «Historie» die Biographien von meist anonymen Frauen im Vergleich zum männlichen Anteil bei weitem überwiegen.[20] In den folgenden Teilen ist das nicht mehr in diesem Ausmass der Fall, aber der «Frauenanteil» ist auch dort noch beträchtlich. Das ist nicht zufällig so. Denn der Herausgeber Reitz ist der Überzeugung, «daß mehr Weibs- als Manns-Personen wiedergebohren und selig» würden, und er weiss sich dabei in Übereinstimmung mit vielen namhaften Theologen seiner Zeit (Christian Kortholt, Gisbert Voetius, Johannes Matthesius, Heinrich Müller, Theodor Undereik und andere).[21] «Einen rechten geistlichen Frauen-Zimmer-Spiegel» wollte Reitz damit vorlegen, eine Sammlung von exemplarischen geistlichen Biographien zum Besten nicht zuletzt auch der Männerwelt. Dass er dabei nicht nur die Geschlechter-, sondern auch die Standes- und Konfessionsschranken bewusst durchbrach und sogenannt ungebildete wie gebildete Menschen zu Wort kommen liess, hatte durchaus programmatischen Charakter.[22] «Philadelphia» war auch hier die Losung.[23]

---

19 Die eine Hälfte der im Gesamtwerk wiedergegebenen «Biographien, Psychographien oder Thanatographien» sind dem Pietismus einschliesslich der «nadere Reformatie» der Niederlande zuzuweisen und repräsentieren diese vielgestaltige Bewegung in ihren verschiedenen Ausprägungen. «Die andere ... Hälfte ... ist aus all den älteren Frömmigkeitsbewegungen in ganz Europa genommen, die der Pietismus als seine geistigen Wegbereiter reklamierte: vor- und nachreformatorische ‹Märtyrer› ‹papistischer› Unduldsamkeit, Mystiker und Kritiker der Amtskirchen, vorpietistische deutsche Spiritualisten und Vertreter der Reformorthodoxie, englische Puritaner, bes. Independenten und Baptisten, französische Hugenotten, Camisarden und Quietisten» (ebd. 166*f.).

20 Als Quelle der ersten 33 Biographien hat SCHRADER die in London 1653 in 2. Auflage publizierte Sammlung «SPIRITUAL EXPERIENCES Of sundry BELEEVERS» ermitteln und den 1. Teil damit mehrheitlich «dem independenten Flügel des englischen Puritanismus» zuweisen können (ebd. 169*).

21 Dieses (vgl. dazu ARNOLD [Anm. 16] 27) und die andern hier wiedergebenen Reitz-Zitate stammen aus dessen Widmung an die drei «Hoch- und Wohl-Edlen / Groß- Ehr und Tugendsamen / Außerwählten Frauen» Agnes Sibylla geb. von Bilderbeck, Katharina Henriette geb. Weißelin und Susanna Margaretha geb. Schartin im 1. Band.

22 In den Teilen 2 und 3, stellt Reitz am Ende der Vorrede zum 1. Teil in Aussicht, werde man «finden Manns- und Weibs-Personen / in allerley Ständen / grosse und geringe / Herren und Knechte, Gelehrte und Ungelehrte, Edle und Unedle ...» Zur 15. Historie des 3. Teils (Samuel Schumacher) vgl. DELLSPERGER (Anm. 5) 44-52, v.a. 50f.

Diese drei Beispiele mögen zeigen, wie grundsätzlich und unbefangen im «radikalen» Pietismus über die Stellung der Frau im kirchlichen Leben nachgedacht worden, wie offen man in diesen Kreisen für geistliche Erfahrungen von Frauen gewesen ist. Hier bliebe noch viel zu entdekken.

Nun zum dritten, letzten Teil und damit vorerst wiederum zurück nach Bern.

III

Ich möchte Sie mit einer Bernerin bekanntmachen, die 1740 mit einem Andachtsbuch hervorgetreten ist. Ihre religiöse Autobiographie, die mehr ist als bloss «Einleitung», hätte, wäre sie früher erschienen, sehr wohl in Reitz' Sammlung Aufnahme finden können. Bezeichnend ist wiederum bereits der Titel des Buches: «Glückselige *Freyheit* / Entgegen gestellt / Der beschwehrlichen *Dienstbarkeit*. / Oder: / Einfältige Hertzens- / und / Erfahrungs-Lehr / Einer / Durch die Wahrheit frey gemachten / Schweitzerischen Frauen ...»[24] Um es gleich vorwegzunehmen: Die Begriffe «Freyheit» und «Dienstbarkeit» beziehen sich hier nicht auf männliche Herrschaft, sondern auf diejenige der Sünde. Im Vorwort, das nicht von der Autorin stammt, wird - sehr im Unterschied zu den drei Mägden, von denen früher die Rede war - klargestellt, sub specie aeternitatis sei es im Grunde genommen egal, ob jemand auf der «Schau-Bühne dieser Welt» die Rolle einer Herrin oder einer Magd, eines Herrn oder eines Knechtes - ich füge bei: eines Mannes oder einer Frau - spiele. Die «Comödie oder Tragödie» habe ohnehin einmal ein Ende, «und am Feyrabend unsers Lebens sehen wir einander / alle gleich». Stoische Gelassenheit also kommt hier zum Ausdruck, Seneca überdies selber zu Wort (A 2f.).

Umso dringender stellt sich die Frage, was denn dieses Buch im Zusammenhang unseres Thema soll. Ist, was diese Frau über ihren geistli-

---

23 Vgl. oben zu Anm. 13. Von der 3. Auflage 1716 an erschien das Werk im Verlag Johann Jacob Haugs, des Hauptherausgebers der Berleburger Bibel.
24 Es ist, 1743 bereits in 2. Auflage, bei Gaudard in Bern erschienen. Die folgenden Seitenangaben in Klammern beziehen sich auf die 2. Auflage.

chen Werdegang, ihre plötzliche Bekehrung (13f.), ihr zurückgezogenes Glaubensleben (21-23), die Hölle der Gottverlassenheit, die sie durchgemacht hat (29-39), und die Freiheit, die ihr geschenkt worden ist (40-42), berichtet - ist denn nicht auch dieser Bericht höchst schematisch und im Grunde unoriginell? Ja und nein. Denn diese Frau, die in ihrer Jugend zu den Pietistinnen der ersten Stunde gezählt hat und später in die innere Emigration gegangen ist, folgt unbeirrt ihrem Weg.

Sie geht, was nach damaligen Regeln unerhört ist, zur Amtskirche auf Distanz (40) und wagt es, als alte Frau mit ihren geistlichen Betrachtungen an die Öffentlichkeit zu treten - anonym zwar, aber was hiess das schon in einer Stadt von der Grösse des damaligen Bern? Dass «die Schönheit und Herrlichkeit Christi ... sich ... in seiner (sc. des Menschen) Seelen» spiegle (46), darauf kommt es ihr an, das ist ihr Thema. Ein Buch also, in dem Kirche als Institution, in dem Gesellschaft und Politik weitgehend ausser Betracht fallen? Gewiss. Berücksichtigt man aber, was und wie diese Frau in ihrer Zeit gelebt hat, dann sind Spuren entschlossener Emanzipation unverkennbar. Auch ist ihr Haus in Bern *das* Absteigequartier vieler verfolgter und verfemter Pietisten gewesen, deren einige wir im zweiten Teil beispielhaft kennengelernt haben.

Wenn zudem diese Frau in einer ihrer Weihnachtsandachten die folgenden Sätze formuliert, so hat das, von einer Frau und Mutter gesprochen, doch wohl seine besondere Resonanz: «... wir sollen einmal noch Mütter des HErrn JEsu werden; er will noch, und auch jetzt von uns im Geist gebohren werden, welche geistliche Geburt nicht minder Freude in der Seelen wecket, als in der Heiligen Maria ... Sollte GOtt, der das Meer der Freuden, und aller wahren Wollust ist, der die Freude einer irdischen Geburt deren giebt und gönnet, die gebohren hat, daß sie sich über der Frucht ihres Leibes von Hertzen freyen kan, nicht auch innigst und seeligst erfreuen, eine solche Seele, die JEsum in sich empfangen, und durch ihn den Heiligen Geist, der das Hertz freudig und frölich macht über solchem Heil» (203f.).

Die Rede ist von Margret Zeerleder-Lutz, der Cousine des Berner Pietisten Samuel Lutz. Sie hat von 1664-1750 gelebt und ist für ihre Zeit

wirklich eine «frey gemachte Schweitzerische Frau» gewesen.[25] Einer
ihrer Gäste, die in Bern nicht gerade gern gesehen wurden, die aber in
ihrem Haus gleichsam unantastbar waren, hiess Nikolaus Ludwig von
Zinzendorf. Er war im Januar 1740 zum ersten Male bei ihr zu Besuch.
Ihm und seiner Herrnhuter Brüdergemeine kommt in dem Prozess, dem
wir hier auf der Spur sind, grosse Bedeutung zu.[26]

Die Haltung, welche Zinzendorf in der Frage nach der Stellung der
Frauen innerhalb der christlichen Gemeinde eingenommen hat, lässt sich
nicht auf einen Nenner bringen. Zu unterschiedlich sind die Äusserungen, die er in dieser Sache zu verschiedenen Zeiten und je nach Situation abgegeben hat. Sein Frauenbild schillert in mancherlei Farben, und
wenn er die vermeintlich naturgegebenen Wesenseigenschaften der Geschlechter beschreibt, dann fehlt es auch bei ihm nicht an zeitbedingten
Schematismen. Aber bei allen Variationen ist *ein* Thema bei ihm doch
durchgehend herauszuhören, ist eine *Tendenz* unverkennbar: Jesus, beziehungsweise in der Sprache und Theologie des Grafen: der Heiland
hat in der Art seines Umganges mit den Frauen diesen «ihren Respekt
wieder[ge]geben», so «daß die Frauensleute Ursache haben, sich ihres
Standes zu freuen ...» (6). Schwestern sind auch für Zinzendorf nicht
«besser» als Brüder, aber sie sind in der Regel zärtlicher, munterer,
lichter, stärker, treuer, wachsamer als diese (9). Wenn die Brüdergemeine nicht nur nach Funktionen, lebensgeschichtlichen Phasen und Arbeitsgruppen, sondern auch nach den Geschlechtern gegliedert war, so
hatte das nicht zuletzt den Sinn, die Schwestern als solche zur Geltung
kommen zu lassen. Gleichsam seine Verkörperung hat das christliche
Frauenbild, das in der Gemeine damals Gestalt angenommen hat, in
Zinzendorfs Gattin, Erdmuth Dorothea geb. Gräfin Reuss (1700-1756)

---

25 Vgl. PAUL WERNLE, Der schweizerische Protestantismus im 18. Jahrhundert, 1,
   Tübingen 1923, 179 und passim sowie DELLSPERGER (Anm. 5) 59-61.
26 OTTO UTTENDÖRFER, Zinzendorf und die Frauen, Kirchliche Frauenrechte vor
   200 Jahren, Herrnhut 1919. Die im Text in Klammern folgenden Seitenangaben beziehen sich auf diese nach wie vor grundlegende Untersuchung. Texte zum Thema
   finden sich bei HANS−CHRISTOPH HAHN und HELLMUT REICHEL (Hg.),
   Zinzendorf und die Herrnhuter Brüder, Quellen zur Geschichte der Brüder-Unität
   von 1722 bis 1760, Hamburg 1977, 292-295. Vgl. ferner ERICH BEYREUTHER,
   Ehe-Religion und Eschaton, in: DERS., Studien zur Theologie Zinzendorfs, Gesammelte Aufsätze, Neukirchen-Vluyn 1962, 35-73, besonders 55.

gefunden, die Hausmutter, gleichberechtigte Partnerin ihres Gatten, Seelsorgerin, Ökonomin und Mitglied der Generalkonferenz zugleich gewesen ist.[27]

Es würde zu weit führen, hier die vielfältigen Ämter zu erwähnen, welche die Schwestern in der Gemeine innehatten und in denen sie deren Aktivitäten mittrugen. Zwar ist der Name «Brüdergemeine», als er sich einmal eingebürgert hatte, geblieben. Aber Zinzendorf war sich der damit verbundenen Problematik bewusst, wenn er sich im Jahre 1756 folgendermassen äusserte: «Ich muß erst eine Apologie für das Wort Brüder machen. Es kommt uns manchmal ein bißchen fremde vor, wenn wir so viele teure Gotteswahrheiten auf die Brüder restringiert sehen. Wir können naturellement nicht anders, als daß wir statt dessen manchmal Geschwister sagen müssen» (43).

Es wurde bereits erwähnt: Der Heiland hat in Zinzendorfs Augen dem weiblichen Geschlecht seinen «Respekt» wiedergegeben. Indessen - so Zinzendorf weiter - seien die Vorurteile, gegen die Jesus damit angegangen sei, im apostolischen Zeitalter zum Teil wieder aufgetreten, zum Beispiel in Form der Feststellung, Adam sei «nicht gerne gefallen», während seine Frau «der Schlange mutwillig Gehör gegeben» habe (45). Angesichts dieser unhaltbaren Argumentation meinte der Graf, es gelte sich konsequent an Jesus zu orientieren, der «die greuelhafte Geringschätzung eines ganzen Menschenteils aufgehoben» habe (47).

Nun hat Zinzendorf Stellen wie 1. Kor. 14 und 1. Tim. 2 natürlich nicht ausser Kraft gesetzt. Das wäre nicht nur in seiner Zeit schwerlich denkbar, sondern auch mit seinen theologischen Prinzipien unvereinbar gewesen. Hingegen hat er eine Auslegung, welche die Frauen diskriminierte, vermieden, indem er diese apostolischen Anordnungen nicht als allgemeingültig, sondern als «Spezialkasus» verstand, welche den Grundsatz von Gal. 3,28 nicht aufheben: «In Christo ist weder Mann noch Weib. Da ist der Unterschied der Geschlechter in Ansehung des Vorrechts zum Geistlichen ganz aufgehoben; vor Ihm erscheinen sie ei-

---

27 SPANGENBERG schreibt über sie: «Sie war nicht dazu gemacht, eine Copie zu seyn, sondern war Original; und ob sie gleich ihren Gemahl von Herzen liebte und ehrte, so dachte sie doch selbst über allen Dingen mit soviel Verstand, dass er sie in dem Theil mehr als Schwester und Freundin anzusehen hatte» (zitiert nach SCHARFFENORTH / REICHLE 450).

nerlei. Aus demselben Prinzipio können die Schwestern auch in der Gemeine lehren, und es ist ganz wahrscheinlich, daß sie in der ersten Kirche gelehrt haben, denn Paulus hat deswegen Ordnung gemacht und gesagt, wie sie dabei gekleidet gehen sollen. Was Paulus an die Korinther in contrarium sagt, ist ein *Spezialkasus*, er hat die korinthischen Weiber gestraft, weil sie zu viel geplaudert hatten, und sagt: *Eure* Weiber sollen nicht lehren» (56f., Hervorhebung vom Verfasser; vgl. 53, 58, 61).

Diese Unterscheidung zwischen allgemein verbindlichen und situationsbezogenen, deswegen nur eingeschränkt gültigen neutestamentlichen Anordnungen hat nicht nur in der Praxis, sondern auch in der Lehre und Kirchenordnung der Herrnhuter ihren Niederschlag gefunden. Um hier ein Beispiel zu nennen: im Jahre 1740 - das Vorwort datiert vom 11. Juli - erschien Zinzendorfs «Probe eines Lehrbüchelgens».[28] In diesem Gemeindekatechismus, der in zahlreichen Auflagen und Übersetzungen Verbreitung gefunden hat, wird in der eben skizzierten Weise differenziert, werden dafür alle nur möglichen neutestamentlichen Belege ins Feld geführt, wird schliesslich anhand des Pfingstereignisses festgestellt, dass in apostolischer Zeit «Weiber öffentlich gezeuget haben» (Apg. 2,16-18). *Daran*, an der damit in Erfüllung gegangenen Verheissung von Joel 3,1f., orientiert man sich in erster Linie.

Es ist hier nicht danach zu fragen, ob diese Position heute exegetisch haltbar sei. Hingegen dürfte es nicht verwundern, dass eben dies damals vehement bestritten worden ist, und zwar noch im selben Jahr in der Untersuchung eines Berners, mit einer Reaktionsschnelligkeit also, die den Ruf der Bedächtigkeit, welchen Berner und Bernerinnen gemeinhin geniessen, Lügen straft. Ihr Verfasser war der ebenso eloquente wie intransingente, gebildete wie selbstbewusste Theologieprofessor Johann Georg Altmann. Er verkörperte als bienenfleissiger Publizist mit weitgefächerten philologischen, historischen, naturwissenschaftlichen, literarischen, moralischen und dogmatischen Interessen recht eigentlich

---

28 Vgl. Bibliographisches Handbuch zur Zinzendorf-Forschung, unter Mitarbeit von HANS–CHRISTOPH HAHN, JÖRN REICHEL, HANS SCHNEIDER und GUDRUN MEYER hg. v. DIETRICH MEYER, Düsseldorf 1987, Teil A, Nr. 140.

einen neuen, den aufklärerischen Gelehrtentypus.[29] Altmann nun nahm in seiner «Philologisch-kritischen Erörterung» diejenigen Bibelstellen, welche «von den sog. Herrnhutischen Brüdern neuerdings», das heisst eben im «Lehrbüchelgen», ins Feld geführt worden waren, «um die Lehrbefugnis (potestas) der Frauen zu rechtfertigen» (probare)[30], Punkt für Punkt unter die Lupe. Er liess daran keinen guten Faden. Einleitend warf er der Brüdergemeine vor, ihre Exegese sei von Interessen und nicht vom Streben nach unvoreingenommener Erkenntnis geleitet (432-434). Die Deutung von 1. Kor. 14 und 1. Tim. 2 als «Spezialkasus» sei schon im Gedanken an den Kirchenvater Tertullian, aber auch unter Berücksichtigung neuerer Autoritäten wie etwa Campegius Vitringa völlig unhaltbar (§4). Altmann fragte weiter, woraus denn eigentlich geschlossen werden könne, dass die Frauen, die an Pfingsten den Heiligen Geist empfangen haben, auch wirklich öffentlich gelehrt hätten (§9)? Für Prophezeiungen jedenfalls gebe es in der christlichen Kirche seit dem Abschluss des biblischen Kanons keinen Raum mehr (§9). Einer Hausmutter (mater familias) komme es zu, in Abwesenheit ihres Gatten zuhause (in aedibus privatis) aus der Heiligen Schrift oder aus Gebet- und Erbauungsbüchern vorzulesen (§4). Was darüber hinausgehe, komme einer Wiederbelebung alter Ketzereien gleich, sei es derjenigen des Montanismus mit seinen Prophetinnen, sei es derjenigen der Collyridianerinnen[31], die einem absonderlichen Marienkult gehuldigt und heidnisches Priesterinnentum fortgeführt hätten (§12, vgl. 432). Dass in der Brüdergemeine aufrichtig fromme Menschen lebten, sei zwar unbestreitbar. Aber man wisse doch zur Genüge, wie leicht Menschen von geringer Bildung und bescheidenem Talent (homines nec magna eruditione nec magno ingenio) sich von neuen Lehren und übertriebener Frömmigkeit fortreissen liessen (458).

Nun, Altmann - in dieser Hinsicht eine typische Übergangsgestalt - hat in ähnlicher Weise auch Spinozas Pantheismus und die «papicolae», die

---

[29] RUDOLF ISCHER, Johann Georg Altmann (1695-1758), Die Deutsche Gesellschaft und die moralischen Wochenschriften in Bern, Bern 1902 (Neujahrsblatt der Litterarischen Gesellschaft Bern auf das Jahr 1903); HANSPETER STUCKER, Die Berner Hohe Schule am Übergang von der Orthodoxie zur Aufklärung 1690-1750, Diss. phil. I Bern 1984 (Masch.), passim (mit Prosopographie).

[30] Vgl. Bibliographisches Handbuch zur Zinzendorf-Forschung, Teil B, Nr. 72. Die im Text in Klammern folgenden Belege beziehen sich auf Altmanns Untersuchung.

Katholiken, bekriegt. Zinzendorf hat, obwohl er sich in derart guter Gesellschaft befand, diesen Hieb aber nicht kommentarlos hinnehmen können, zumal die Gemeine selber sich damals in einer heiklen Umbruchssituation befand und deswegen von allen Seiten unter Beschuss genommen wurde. Schon im Januar 1741 wandte er sich in einem (bald auch publizierten) Schreiben an den Berner Dekan Dachs und bat diesen, er möchte doch Altmann als seinen Untergebenen wegen solcher Verleumdungen gebührend massregeln.[32] Zinzendorf durfte annehmen, er werde auch Gehör finden, war doch Johann Jakob Dachs in der Geschichte des bernischen Pietismus ein Mann der ersten Stunde gewesen.[33] Wie ist Zinzendorf Altmanns Kritik entgegengetreten? Er stellte fest, dass dieser von den Organisationsstrukturen der Gemeine keine Ahnung habe. Er wisse zum Beispiel nicht, dass die Geschlechter in ihr «gäntzlich separirt» seien, die Gemeine infolgedessen auch nie grundsätzlich statuiert habe, «daß Weiber in publico oder die Männer lehren sollten». Zinzendorf beharrt auf der These, dass in apostolischer Zeit hinsichtlich der Lehrbefugnis für Frauen eine einheitliche Regelung durchaus nicht bestanden habe. «Denn wenn auch nur eine Gemeine, und auch nur eine Weile, diese Erlaubnis gehabt; so ist in selbiger Zeit eine Differenz in den Kirchen-Ordnungen derselben Gemeinen gewesen ...»

Diese Reaktion mag einen zwiespältigen Eindruck hinterlassen. *Einerseits*, so will es mir scheinen, befindet Zinzendorf sich in der Defensive, was angesichts der erwähnten kritischen Situation, welche der Gemeine zu schaffen machte, nicht unverständlich ist. Er betont, wie *restriktiv* die Lehrerlaubnis für Frauen in der Gemeine gehandhabt werde. Altmann wird er damit nicht überzeugt haben. Denn was die *Tendenz* des in der Gemeine in Gang gekommenen Prozesses betraf, so hat dieser als Polemiker sehr wohl gemerkt, woher der Wind wehte.

---

31 Vgl. dazu LThK 6, 1961, 382f.

32 Schreiben des Hrn. Gr. v. Zinzendorff an den Hrn. Antistes zu Bern, Hrn. D. Dachs, m. Jan. 1741, in: Büdingische Sammlung Einiger Jn die Kirchen-Historie Einschlagender Sonderlich neuerer Schrifften, I, Büdingen 1742, 775-780 (Reprint: NIKOLAUS LUDWIG VON ZINZENDORF, Ergänzungsbände zu den Hauptschriften, hg. v. ERICH BEYREUTHER und GERHARD MEYER, VII).

33 Vgl. DELLSPERGER (Anm. 5) 9-11, 62-65 und passim.

Zinzendorf hat denn auch - und das ist das *andere* - hartnäckig an seiner exegetischen Grundthese festgehalten.[34]

Johann Georg Altmann ist der Herrnhuter Brüdergemeine - von den Frauen ganz zu schweigen - nicht gerecht geworden. Diese Tatsache entbindet uns aber nicht davon, sein Pamphlet nun wenigstens andeutungsweise auch noch in seinen zeitgenössischen Kontext hineinzustellen. Man wird Altmann immerhin zugutehalten müssen, dass er über die mannigfaltigen ekstatischen, visionären, spiritualistischen, inspiratorischen, prophetischen Phänomene allen Ernstes beunruhigt war, welche die Kirchen seiner Zeit gehörig in Aufregung versetzt haben.[35] Sie waren von einem sogenannten kirchlichen Pietismus damals noch schwer zu unterscheiden, und nicht selten haben gerade Frauen darin eine führende Rolle gespielt. Hier wäre nun von «Prophetinnen» wie Dorothee Allgöwerin, Jeanne Bonnet, Marie Huber, Ursula Meyer und, selbst wenn wir uns auf die Schweiz beschränken würden, von vielen, vielen anderen zu sprechen.[36] Es unterbleibt nicht aus Geringschätzung, sondern schlicht aus Zeitgründen. Wenn auch davon noch die Rede sein könnte, so wäre allerdings auch danach zu fragen, ob diese Frauen, die von der theologischen Wissenschaft ausgeschlossen waren und in der Kirche direkt keine Stimme hatten - ob denn diese Frauen eine andere Möglichkeit hatten, als im Sinne einer radikalen Alternative sich direkt

---

34 Zur Kontroverse Altmann - Zinzendorf vgl. auch ISCHER (Anm. 29) 79. - Der Burgdorfer Dekan JOHANN RUDOLF GRUNER war der Ansicht, es hätte Zinzendorf besser angestanden, Altmann mit Argumenten entgegenzutreten, als diesen gleichsam zu verzeigen. Darauf aber, meinte Gruner - und darin spiegelt sich seine ablehnende Haltung den Herrnhutern gegenüber -, werde man vergeblich warten. «Warum? Die Reputation würde wohl leiden, aber nicht die Reputation der Gegner, sondern deß Hrn Graffen, das förchtet man, und findet dahar beßer zu schweigen als sich einzulaßen» (COLLECTANEA ECCLESIASTICA VARIA, Burgerbibliothek Bern, Mss.Hist.Helv.XII.103, 192f.). Hinzuzufügen bleibt bloss noch, dass Gruner sich damit die Überzeugung des Pamphletisten JOHANN PHILIPP FRESENIUS aus dessen 1. Band «Bewährte[r] Nachrichten Von Herrnhutischen Sachen» (Bibliographisches Handbuch zur Zinzendorf-Forschung, Teil B, Nr. 201), S.55f., zu eigen gemacht hat.

35 Nach ISCHER ist ALTMANN der Verfasser des 1744 anonym und mit dem fiktiven Erscheinungsort Strassburg versehenen «Send-Schreiben[s] / An einen / Vornehmen Mann / Ueber die Frage: / Was von denen so häuffig in der Schweitz / sich befindenden Geisttreibern, Separa- / tisten, Schwermern, und Herren- / huttern zu halten sey» (Bibliographisches Handbuch zur Zinzendorf-Forschung, Teil B, Nr. 157).

36 Vgl. PAUL WERNLE (Anm. 25) v.a. III 3. und 4. und passim (Register).

auf göttliche Inspiration zu berufen, sich so zu legitimieren und - eben dies war ihre Tragik - sich damit vor dem Forum der damaligen theologischen Wissenschaft und kirchlichen Instanzen selber zu disqualifizieren. Aber das wäre wiederum ein «weites Feld».

Frauenemanzipation im Pietismus? Es wäre vermessen, nach diesen fragmentarischen Ausführungen hier ein Fazit ziehen zu wollen. Über die Stellung der Frauen in den herkömmlichen Hausgemeinden zum Beispiel, über die Art und Weise, wie Frauen in der pietistischen Briefliteratur sich selber zum Thema zu Wort gemeldet haben, und über vieles anderes habe ich nur andeutungsweise sprechen können. Von «Emanzipation» im strikten Sinne des Wortes kann zudem nur in einer von Fall zu Fall differenzierenden Weise die Rede sein, überdies nur im Zusammenhang jenes umfassenderen Prozesses, auf den zu Beginn hingewiesen worden ist. Es steht aber ausser Frage, dass im Pietismus neben dem Reichtum der Konfessionen, Traditionen und geistlichen Gaben auch die Verschiedenheit der Geschlechter und die Chancen, die darin verborgen liegen, für die Kirche Jesu Christi neu entdeckt worden sind. Es ist dies selten so geschehen, dass man sagen könnte, damit sei den Frauen auch bereits Recht widerfahren. Wenn wir aber, was für die Neuzeit angemessen ist, «Emanzipation» als Prozess begreifen, dann treten hier Spuren zutage, denen aufmerksam zu folgen sich lohnt.

SR. SABINE STÜSSI

«DAS BAND DER VOLLKOMMENHEIT IST DIE LIEBE» (KOL. 3,14) - DIAKONIE: WEG ZUR EMANZIPATION?

Die Vorbereitungsgruppe hat über meinen Vortrag ein Wort aus dem Kolosserbrief gesetzt, ein anspruchsvolles Wort, und alles unter die Frage der Emanzipation gestellt: Liebe - Emanzipation - Diakonie. Sind das nicht Widersprüche? Ich denke, dass man von mir erwartet, dieser Frage nachzugehen und Antwort zu finden.

Ich habe schon oft über Diakonie nachgedacht und darüber referiert, kaum aber unter dem Aspekt der Emanzipation. Meine eigene Biographie hat mir nicht Anlass gegeben, mich in besonderer Weise für die Frauenemanzipation einzusetzen. Ich fand mich als genügend emanzipiert und weiss mich darum auch sehr dankbar verpflichtet den Kämpferinnen und Kämpfern, ohne die ich jetzt nicht hier stehen könnte, und zwar hinsichtlich meiner Lebensqualität in der Gefolgschaft und auch meiner Unabhängigkeit im Glaubensleben und in der Nachfolgeentscheidung.

Diakonie heisst Dienst, Dienst im Namen Jesu Christi, Liebesdienst, Liebesdienst an Armen und Elenden, Liebesdienst an Brüdern und Schwestern. Die Urgemeinde wusste sich da elementar selbstverständlich verantwortlich, vom Liebesdienst Christi her. Wortverkündigung und Liebesarbeit gehörten zusammen. Später entwickelte sich ein Fürsorgeamt, mit dem Wachstum der Gemeinden. Es begann mit Gastfreundschaft, Mahlzeiten für die Armen, Versorgung der Witwen. Diese Betreuten sollten dann ihrerseits mithelfen, Traurige zu trösten, Einsame zu besuchen, Waisenkinder aufzunehmen und dann auch Kranke zu pflegen. Es waren vornehmlich Frauen, die sich für solche Dienste freiwillig zur Verfügung stellten. Man nannte sie früh schon Diakonissen, ohne dass man an ein besonderes Amt oder an einen Rang gedacht hätte. Es waren Frauen, die ein Vertrauen und eine Achtung genossen, und die sich als wesentliche lebendige Bausteine der Gemeinde verstanden. Diese frühe weibliche Diakonie verschwand dann wieder. Die Bischofskirche (3. Jahrhundert) baute eine Art diakonisches Amt aus. Den Bischöfen wurden Diakone zugeordnet, die sich je nach politischen Misserfolgen und Kriegshandlungen Gefangener, unbestatteter Toter, Verstümmelter anzunehmen hatten. Die Liebesarbeit wurde in der Folge kirchlich institutionalisiert und beinhaltete auch Vermögensfürsorge, Armenberatung, und dann vor allem Mitarbeit im Gottesdienst und Unterricht für Taufbewerber.

Ich breche hier die allgemeine kirchengeschichtliche Betrachtung ab. Es ist nicht meine Aufgabe, über das diakonische Amt der Kirche zu referieren. Ich denke, dass ich das Augenmerk vor allem auf die schwesternschaftliche Diakonie richten darf.

Mein Ansatzpunkt ist der kleine Ort des Ursprungs der Mutterhausdiakonie im 19. Jahrhundert. Es schien mir aber wichtig, auch die erste selbstverständliche weibliche Diakonie der allerersten Zeit der Christenheit aufleuchten zu lassen, weil den Vätern und Müttern der Mutterhausdiakonie etwas Derartiges vorgeschwebt hat. Sie spürten dort eine Wertschätzung der Frau und das Nichtvorhandensein eines diskriminierenden Untertons, wenn von «Liebesdienst» gegenüber dem «Wortdienst» die Rede war. Das ursprünglich enge Ineinandergreifen von Predigt, Seelsorge und Liebesdienst darf nicht ausser Acht gelassen werden.

I. MUTTERHAUSDIAKONIE

Mutterhausdiakonie ist eine schwesternschaftliche Diakonie, Diakonie in kommunitärer Lebensform. Inwiefern ist sie auch ein Markstein auf dem Wege der Emanzipation der Frau? Erlauben Sie mir einen diakoniegeschichtlichen Abriss bescheidener Art und personenbiographische Erzählungen.

Die Erweckungsbewegung im 19. Jahrhundert weckte auch Diakonie aus ihrem Schlafe auf, und zwar ganz deutlich im Zusammenhang mit der Entdeckung der weiblichen Frömmigkeit und deren Überzeugungskraft und Hingabebereitschaft. Man liess der Bibellesefreudigkeit der Frau guten Raum und schätzte ihr Zeugnis und Gebetsleben. Bevor ich die Väter der Mutterhausdiakonie nenne, seien darum zwei Frauen besonders erwähnt, deren Pioniertaten wichtige Signale darstellten.

Die englische Quäkerin *Elisabeth Fry* (1780-1845), Mutter von 11 Kindern, drang mit ihrer Glaubens- und Liebeskraft zu den Verbrechern und Gefangenen in Newgate vor, um ihnen die befreiende Botschaft des Evangeliums zu bringen, nicht ohne gleichzeitig radikale Verbesserungen der unhaltbaren Zustände in diesem Gefängnis zu verlangen. Sie war eine grosse, tapfere Kämpferin, die mit Kühnheit und Mut und dem Einsatz ihres Lebens Frieden, Ordnung und Trost zu diesen Menschen brachte.

Sophie von Wurstemberger, die Gründerin des Berner Diakonissenhauses, traf anlässlich ihrer Studienreise nach England mit Elisabeth Fry zusammen und schrieb in ihr Tagebuch: «Montag. Um 11 Uhr Jahresversammlung für die Gefängnisarbeit ... Präsidiert durch unsere Elisabeth Fry. Interessante Berichte ... über Besuche, Fürsorge und Deportation der Gefangenen. Das Werk ist wertvoll, notwendig, segensreich. Einladung an die Anwesenden, Mitarbeiterinnen an der Sache zu werden. E. Fry spricht mit einer vornehmen Einfachheit und Salbung, die niemand von den andern hat. Sie erwähnt Lausanne, Bern, Zürich. Ich bin etwas verwirrt, wenn sie eine Frage an mich richtet. - Donnerstag, 30. Juni. Sehr ermüdender Tag ... der Regen beängstigt mich. Endlich gelangen wir auf allerlei Umwegen nach Upton, wo ich einen ruhigen Augenblick hatte mit meiner inniggeliebten Mrs. Fry, und ich erhielt ihren köstlichen Segen. O, dass mein Gott sie stütze und stärke, diese liebe, liebe Dienerin seines Hauses! Ich kann nicht ausdrücken was sie ist durch Den, der Seine Kinder zubereitet!»[1]

In Deutschland war es *Amalie Sieveking* (1794-1859), die in Hamburg während einer Cholera-Epidemie die Frauen und Mädchen im Namen Jesu Christi aufrief, sich als Pflegerinnen für die Schwerkranken zur Verfügung zu stellen. Sie ging voran, und sie gab sich selber völlig hinein und stand einem Spital vor. Die Gründung einer weiblichen Genossenschaft nach dem Vorbild der Barmherzigen Schwestern gelang ihr jedoch nicht.

---

1 LYDIA LOCHER (Hg.), Erinnerungen aus dem Leben der Gründerin des Berner Diakonissenhauses, Sophie von Wurstemberger, Bern 1927, 41 und 55.

Zum Durchbruch der Frauendiakonie kam es in Deutschland durch die Erleuchtung und das Wirken Theodor Fliedners und Wilhelm Löhes.

II. DIE VÄTER UND MÜTTER

Theodor Fliedner (1800-1864), ein vielseitig begabter und an der Menschheit interessierter frommer Mann, übernahm als junger Pfarrer 1822 die kleine Diasporagemeinde im Städtchen Kaiserswerth am Rhein. Auf Reisen und Wanderschaften begegnete er der wirtschaftlichen Not und lernte die Bedürfnisse der Bevölkerung während der sich rasch entwickelnden Industrialisierung kennen. Um den armen Gemeinden beizustehen, musste der Pfarrer auf Kollektenreisen gehen. Während der Reisen durch die europäischen Länder begegnete er den erweckten Gemeinden und dem tatkräftigen Wirken, das von ihnen ausging, vor allem dem selbstverständlichen kompetenten Einsatz der Frauen. Fünfmal war er in England, im Land der Elisabeth Fry und im Land der industriellen Revolution. Fliedners scharfer Verstand und seine verantwortungsvolle Liebe erkannten, dass Frauen durch das Entstehen der Fabriken in ihrer Lebensweise besonders tangiert wurden und in Nöte gerieten. Die Frau der Mittel- und Oberschicht erfuhr die Umwertung und das Zusammenbrechen ihres Wirkungskreises in Haus und Hof. Die patriarchalische Ordnung hielt sich aber und überdeckte ein entleertes Dasein, wo Frauen unbeschäftigt dahinlebten, während diejenigen der unteren Stände in noch ungeordnete Fabrikarbeit verpflichtet wurden. Es stand ein Ringen bevor, einerseits um das Recht selbständiger Beschäftigung, andererseits um würdige Arbeitsbedingungen.

Es sind immer wieder die durch die christliche Heilsbotschaft Erweckten und die sich dem Liebesgebot Stellenden, die Veränderung in der Gesellschaft zustande bringen. Fliedners bedeutende Pionierleistungen waren ein «Asyl für weibliche Strafentlassene», eine «Kleinkinderschule» und, besonders wichtig, die «Bildungsanstalt für weibliche Pflegerinnen». Das war 1836. Dieses Datum gilt als Gründungsjahr des ersten Diakonissenhauses der «Kaiserswerther Art», nach welcher sich auch das Berner Haus richtet und nennt. Fliedner nannte diese ersten Pflegerinnen-Schülerinnen bereits Diakonissen. Die Ausbildung in praktischer und theoretischer Hinsicht muss Aufsehen erregt haben. Selbstverständlich war, dass eine theologisch-biblische und ethische Schulung dazukam. Fliedner sandte seine Diakonissen in Krankenhäuser, in Dörfer, zu den Ärmsten, aber auch zu den Übergangenen aller Art in allen Städten. Allmählich wuchs die Stätte der Ausbildung zu einem eigentlichen Krankenhaus heran, weil viele Notleidende und Schwerkranke kamen und Hilfe suchten.

Hier beginnt nun das Unternehmen Fliedners eine Richtung einzuschlagen, die von ihm nicht beabsichtigt war. Die Diakonissen-Frauen schlossen sich zusammen am Ort, blieben so ganz verfügbar für den Dienst und fanden eine bleibende Stätte. Fliedner musste entdecken, dass er nicht Gemeindediakoninnen, sondern Mutterhausdiakonissen herangebildet hatte. Die Zeit war noch nicht reif gewesen für seinen Plan. Nicht dass die Pflegerinnen nicht weiterhin sendungs- und ausreisefreudig gewesen wären. Aber die Gesellschaft und die Kirche waren diesen emanzipierten Frauen gegenüber noch hilflos. Und ein Mutterhaus war ein legitimer Rückhalt für alleinstehende ausgebildete Frauen aus besseren Gesellschaftsschichten.

Es zeigt sich hier die Sorgfalt und Weisheit eines dem Wirken des Heiligen Geistes offenen Mannes, dass er seine Vorstellungen der Realität anpassen konnte, was den Fortbestand dieses gewagten Unternehmens bedeutete. Er musste der neuen Genossenschaft eine Ordnung geben. Da die Pflegerinnen eine bleibende Verpflichtung zu Dienst und Gemeinschaft einzugehen bereit waren, wählte Fliedner für sie die Kleidung der verheirateten Frau. Die Diakonisse war ja auch unter die Haube gekommen. Das war kühn. Die Salärfrage wurde durch eine gemeinsame Kasse geregelt. Dass Theodor Fliedner und seine erste Frau Friederike eine Art Hauselternfunktion übernahmen, war trotz patriarchalischem Prinzip eine neue Sache. Denn Frau Fliedners Rolle war bedeutend. Neben der Erfüllung ihrer mütterlichen Pflichten an elf eigenen Kindern gab sie sich in grosser Opferbereitschaft der Förderung, Erziehung und Leitung dieser ersten Diakonissen hin. Mit 42 Jahren starb sie aus Erschöpfung. Fliedners zweite Gattin, Karoline, übernahm die Aufgabe im Haus und in der Diakonissenanstalt. Diese Frauen waren die Vorläuferinnen der Vorsteherinnen, Oberinnen. Ein Gebet von Frau Karoline ist überliefert, dem sie den folgenden Satz als Erklärung beigefügt hat: «Es wird mir immer gewisser, dass der Herr ... mich berufen hat, für das Diakonissenwerk das Leben zu lassen, und ich bin dann ganz willig dazu.»[2]

Was in Kaiserswerth entstand, war also nicht die Wiederfindung des Diakonissenamts, aber es war etwas ganz Eindrückliches, Neues: eine diakonische Schwesternschaft als klare Gemeindeform und die Ausbildungsstätte für christliche Krankenschwestern. Jährlich traten viele junge Frauen ein.

Eine von Fliedner umfänglich ausgebildete Pflegerin war *Florence Nightingale* (1820-1910), die sich aber nicht entschliessen konnte, im Mutterhaus zu bleiben. Sie wurde die Bahnbrecherin für moderne Krankenpflege in England. Ihr Biograph Strachey schreibt über Florence Nightingale: «Kaiserswerth war das entscheidende Ereignis ihres Lebens. Die Erfahrung, die sie dort als Krankenschwester gewann, bildete die Grundlage für alle zukünftigen Unternehmungen und legte ihre Laufbahn endgültig fest.» Martin Gebhardt berichtet in seiner Fliedner-Biographie: «Es war ein feierlicher Augenblick in der Geschichte der Krankenpflege, als der Diakonissen-Vater seiner Schülerin die Hände aufs Haupt legte und betete, dass ihr Aufenthalt in Kaiserswerth Frucht bringen möge, und dass ihre reichen Gaben dem Dienste der Menschenliebe geweiht sein sollen. Mit den gleichen Worten, die er bei der Einsegnung seiner Diakonissen sprach, liess er sie ihren Weg ziehen.»[3] Und Fliedner selber schreibt in seinem Jahresbericht: «In unserem Mutterhaus dahier hatten wir im letzten Jahre wieder die Freude, mehrere Christinnen aus höheren Ständen, aus verschiedenen Ländern, für die christliche Liebespflege im Allgemeinen vorzubilden, teils mehr für die Krankenpflege, teils mehr für Erziehung und Unterricht. Zuerst aus Schweden: Maria Cederchjöld zur Vorbildung für ein in Stockholm zu gründendes Diakonissen-Mutterhaus. Sodann war aus England zum zweiten Mal Miss Florence Nightingale über ein Vierteljahr hier, um sich für die Krankenpflege auszubilden.»[4] So gründet auf dem Diakonis-

---

2 Zitiert nach ERICH BEYREUTHER, Geschichte der Diakonie und Inneren Mission in der Neuzeit, Berlin 1983, 69.

3 Zitiert nach CARL VOSSEN, Florence Nightingale, Geliebtes Kaiserswerth, Zum 150jährigen Bestehen des Diakoniewerkes Kaiserswerth (1836-1986), o.J., 142f.

4 Ebd. 144.

senhaus Kaiserswerth das Wirken von Florence Nightingale und in seiner Weiterführung die Entwicklung des Roten Kreuzes!

Die andere wichtige Gründerfigur der weiblichen Diakonie war *Wilhelm Löhe* (1808-1872), ein durch die lutherische Kirchenfrömmigkeit geprägter Pfarrer mit einem grossen Sehnen nach Erneuerung des Gemeindelebens und einer Vision, die starke Liebeskraft der Frau blühen und fruchtbar werden zu lassen. Vor allem betonte er die Fähigkeiten der Frau auf den Gebieten der Unterweisung und Erziehung. In Neuendettelsau, in Bayern, gründete er 1853 den «lutherischen Verein für weibliche Diakonie» und hoffte, dass so in den Gemeinden lebendige Zellen entstünden, zu deren Belebung und zur Wahrnehmung der Kranken- und Armenpflege. Doch auch hier erfüllten sich diese Hoffnungen nicht, und es kam zur Gründung einer «Bildungsanstalt für christliche Mädchen». «Nicht für immer, nur einstweilen», tröstete er sich. Doch die Absolventinnen wünschten eine bleibende Lebensgemeinschaft. Es ist eindrücklich, wie Löhe allmählich die grosse Bedeutung einer kommunitär lebenden Gesellschaft erkannte und nun in ganz besonderer Weise förderte und vertiefte. Von Löhes Sicht und Hochachtung für die Sache der Diakonie ging eine Kraft aus auf alle in der Folge gegründeten Diakonissenhäuser. Löhe besingt einmal die Diakonisse und sagt, er möchte sie malen als eine «Jungfrau am Altare, in der Wäscherei, in dem Krankensaale, auf dem Feld ... Die Füsse im ... Staub niedriger Arbeit - die Hände an der Harfe - das Haupt im Sonnenlicht der Andacht und Erkenntnis Jesu», und er würde darunter schreiben: «Alles vermag sie - arbeiten - spielen - lobsingen».[5]

Löhe hat auch eine Probezeit vor der Einsegnung, vor dem Gelübde zum lebenslänglichen Dienst, klar festgesetzt. Es war ihm wichtig, die Freiheit zu wahren, der jungen Frau ein Weggehen aus der Institution in Würde offen zu lassen. So wünschte er als vornehmstes Gelübde dasjenige der Aufrichtigkeit. Er wollte der Gemeinschaft eine «fröhliche Freiheit» bewahren.[6] Löhe hielt vorerst Distanz zu Fliedner und Kaiserswerth, reiste selber auch ein wenig im Land umher, schloss sich

---

5 BEYREUTHER (wie Anm. 2) 77.
6 Ebd. 76.

dann aber mit seiner Gründung ganz der fliednerischen Form der Mutterhausdiakonie mit der sog. «Kaiserswerther Prägung» an.

Das Werk solcher Frauendiakonie wuchs und weitete sich aus. Nach 50 Jahren gab es im mitteleuropäischen Raum 60 Mutterhäuser. 600 Diakonissen betrieben Spitäler, 700 wirkten als vom Mutterhaus ausgesandte Gemeindediakonissen, weit im Land herum. Der Stand der Diakonisse als ausgebildeter Berufsfrau förderte die Möglichkeit der Frauenberufsbildung ganz allgemein. Zunächst wirkten Frauen als freie Krankenschwestern, dann in andern Sozialdiensten, später gab es auch Beamtinnen und mehr und mehr Frauen in der Unterrichts- und Erziehungsarbeit. Man stelle sich vor: Mutterhausdiakonie als Vorkämpferin der berufstätigen Frau!

III. DIE NACHFOLGEGENERATION

In der zweiten Generation der Mutterhausdiakonie wurde man sich der inneren tragenden Kraft einer Schwesternkommunität voll bewusst, der Kraft, die aus der persönlichen Glaubensentscheidung jeder einzelnen Schwester fliesst, welche sich ihrem Heiland und den leidenden Brüdern und Schwestern seiner Gemeinde auf Erden mit bindenden Versprechen übergibt. Um diesen freudigen Glauben lebendig zu erhalten, waren eine gottesdienstliche, seelsorgerliche und sorgfältige Begleitung und eine kontinuierliche biblisch-theologische Schulung nötig. So konnten Diakonissen zu Persönlichkeiten heranreifen, die, auch durch die Bewährung in der unausweichbaren Gemeinschaft, befähigt wurden, Spitälern, Heimen, Schulen und Betrieben aller Art vorzustehen und «ihren Mann zu stellen».

Dass eine Gemeinschaft, die der Einzelnen vieles abnimmt und auch vorenthält, Schlupfwinkel für Schwächen bieten kann, ist selbstverständlich und darf nicht verschwiegen werden. Aber es war doch so, dass neben der Pionierleistung auf dem Gebiet der Berufsausbildung der Frau ebenfalls die Bedeutung eines kommunitären Lebens und seiner Ausstrahlung und Wirksamkeit wieder entdeckt und legitimiert wurde.

Während der fortschreitenden allgemeinen Emanzipationsbewegung veränderten sich die Motivationen zum Eintritt in ein Mutterhaus. Sogenannt einfacheren Mädchen stand ein grosses Angebot an Arbeitsplätzen in Fabriken verschiedener Art offen, solchen aus höheren Ständen neue Wege der Berufsausbildung und zu selbständigerer Lebensgestaltung. Der Ruf des Evangeliums in die radikale Nachfolge und zum lebenslangen Dienst schuf eine enge Auslese. Doch gab es immer wieder neue Impulse.

Friedrich von Bodelschwingh (1831-1910) stellte schon früh die Frage, ob Diakonissen sich nicht vermehrt anderen Gruppen von Notleidenden zuwenden sollten und die Spitalkrankenpflege abzutreten hätten - übrigens eine immer aktuelle Frage. Bodelschwingh gründete 1871 in Bethel-Bielefeld ein grosses sozial-diakonisches Unternehmen. Er nannte Bethel «die Stadt der Barmherzigkeit», die Stadt der Diakonie. Kinder und Erwachsene, Gesunde und Kranke - vor allem Epileptiker - Bürgerliche und Verwahrloste, Einsame, sollten in vielen Häusern miteinander leben und sich gegenseitig helfen. In unserem Zusammenhang wichtig ist die Tatsache, dass Bodelschwingh in die Mitte des Ganzen eine Diakonissenschwesternschaft stellte, ein Zeichen der diakonischen Prägung und Ausrichtung des Unternehmens. Er berief *Eva von Tiele-Winckler* (1866-1930), eine der eindrücklichsten Frauen der Mutterhausdiakonie. Sie sollte Oberin der Betheler Schwesternschaft werden. Eva von Tiele-Winckler stammte aus Ostpreussen und war Erbin des Schlosses Miechowitz in Schlesien. Durch ihre katholische Mutter war ihr die mittelalterliche Mystik vertraut, und es war eine glühende Gottesliebe und ein heiliger Ernst in ihrem Wesen. Das väterliche Erbe verbrauchte sie restlos zur Gründung von Heimathäusern für verlassene Kinder. Sie wurde auch die Begründerin eines Mutterhauses in ihrer Heimat, des Hauses «Friedenshort», und sie bildete sorgfältig eine Schwesternschaft heran. Da sie innerlich dem Ordensstand nahe war, hatten die drei evangelischen Räte eine grosse Bedeutung für sie im Hinblick auf die treue Nachfolge im Schwesternstand. Sie schenkte der Mutterhausdiakonie eine Dimension der Sehnsucht nach dem Himmelreich, die sich in ganzer Hingabe an diese Welt des Leidens ausdrückte.

Diese ausgeprägte Individualistin in Sachen Glaubensleben brach die Brücken zu ihrer Heimat ab und begab sich im völligen Gehorsam in eine definitive Bindung an ein gewachsenes Werk. Diese Tat wurde der ganzen Kaiserswerther Diakonie zum Segen.

Dass Bodelschwingh gerade diese Frau in sein soziales Werk berief, deutet auf seine grosse Wertschätzung des kommunitär-diakonischen Frauenstandes. Eva von Tiele-Winckler setzte sich zeitlebens auseinander mit den Fragen um Freiheit und Unabhängigkeit. Aus einem Brief: «Die mit dem Staat zu eng verknüpfte Landeskirche macht mir oft angst, und nach meinem Fleisch und Blut möchte ich am liebsten in ein viel kleineres, durch gar keine äusseren Stützen gehaltenes Hüttlein kriechen, weil unser Heiland doch an dem Kleinen und Verachteten seine Freude hat ... Allein dies sind doch - wie ich sehe - meist unartige, fleischliche Gedanken der Freiheit. Die ein wenig engherzigen Ordnungen der Konsistorien etc. sind mir lästig, aber wenn ich dann sehe, wie Gottes Wort so gar nicht gebunden ist, wie z.B. hier auf allen Kanzeln des ganzen Ravensberger Landes Gottes Wort lauter und rein verkündet wird und sich die Gemeinde-Kinder fröhlich und lustig, wie die Fische im Wasser, in Gottes Wort, in Taufe und Abendmahl tummeln, so schäme ich mich meiner Unart und Unzufriedenheit.»[7] Der Briefwechsel mit Bodelschwingh zeigt, wie ernst der Kirchenmann diese Frau nahm, und wie er deren Gedanken und Ratschläge als Richtlinien wählte. Er setzte Eva als die, die sie war, in das Amt ein, und er liess sie auch voll Hochachtung wieder ziehen, als sie als Missionarin in radikalerer Armut und Askese und in grösserer Unabhängigkeit sich hingeben wollte.

IV. OSTEUROPA

Bevor wir endlich in die Schweiz und nach Bern zurückkehren, ist es nötig, nochmals in den Osten Europas zu blicken und einen Namen zu nennen, der in der Erweckungsbewegung aufleuchtet und wichtig ist für den Verlauf unserer Geschichte: *Theophil Krawielitzki* (1866-1942), der Diakonissenvater von Vandsburg in Posen. Dort hatten die freikirchlich-methodistische «Evangelische Gesellschaft» und die «Albrechtsbrüder» ein gesegnetes Wirkungsfeld. Krawielitzki wollte sein Werk nicht an die «Kaiserswerther» anlehnen, sondern schaute sich in der Schweiz um und wählte die Richtlinien des Berner Diakonissen-Hauses! Er fand dort, nach seinen Äusserungen, eine grössere Weite des

---

7 Zitiert nach WILHELM BRANDT, Freiheit in Verantwortung, Vorsteherinnen im Mutterhause Sarepta, Westfälische Diakonissenanstalt Sarepta in Bethel, 1969, 51.

religiösen Lebens. Sein Berner Besuch bei Dändliker, dem Ehemann von Sophie von Wurstemberger, war darum so besonders wichtig, weil da die Brücke gefunden wurde zwischen Kirche und Gemeinschaftsbewegung und zwischen den Vätern der Kaiserswerther Diakonie und der Ostdeutschen Gemeinschaftsdiakonie. Diese Verständigung wurde nicht zuletzt deshalb möglich, weil Otto Stockmayer mit Friedrich Dändliker eng verbunden war. Krawielitzki schrieb im Vorwort zu der Berufsordnung seiner Schwestern: «Anregung zur seelsorgerlichen Vertiefung des Mutterhausgedankens nach Fliedner ... erhielt das Werk besonders von dem Diakonissen-Mutterhaus zu Bern in der Schweiz und dessen erstem Leiter Dändliker.»[8] Krawielitzki lernte in Bern auch die Ferienkurse kennen, die das Berner Mutterhaus für seine Schwestern durchführte, und er verordnete seinen Häusern jährliche Erholungskurse nach Berner Muster. Sein Biograph schreibt: «Diese treue Fürsorge des Berner Mutterhauses für die geistliche und körperliche Gesundheit der Schwestern war für Krawielitzki vorbildlich.»[9]

Krawielitzki war Rektor von drei Diakonissenhäusern (Vandsburg, Marburg, Gunzenhausen), das heisst - und das ist wichtig - er übergab die Leitung jedes Hauses je einer Diakonisse, denen er eine gründliche Ausbildung angedeihen liess. Ein besonderes Augenmerk schenkte er der Übung gegenseitiger Achtung und Anerkennung der Individualität und der Eindämmung aller extremen Tendenzen, der Gruppenbildungen in «Bekehrte», «Fromme», «Pfingstliche», «Geistbegabte», indem er solches als «fleischliches Gebaren» entlarvte. Das Wächteramt vertraute er ausdrücklich den leitenden Schwestern an und anerkannte deren geistliche Unterscheidungsgabe. Aus einem Brief an eine der Oberinnen: «Dass durch den Glauben an Christus die Aufhebung der Sündennatur erfolge, so dass der Gläubige auf Erden je einen Stand erreichen könne, wo er der rechtfertigenden Gnade nicht mehr bedarf, wird als Irrlehre abgewiesen.»[10]

---

8 FRITZ MUND, Theophil Krawielitzki, Eine Zeuge aus der neueren Erweckungs- und Diakoniegeschichte, Marburg, o.J., 102.
9 Ebd. 112.
10 Ebd. 63.

Auch im westlichen Deutschland entwickelten sich die Häuser und diakonischen Werke in grosser Mannigfaltigkeit. Bedeutend für die weitere
Entwicklung war *Hermann Bezzel* (1861-1917), der lutherische Pfarrer
und Kirchenmann von prophetischer Geistesmacht. Er war nachmaliger
Rektor der Diakonissenanstalt Neuendettelsau. Aus seiner grossen
Schau verstand er die Mutterhäuser als Orte der Hingabe an die Elenden
dieser Welt. «Das Dienen der treuen Mägde nach Christi Willen ist die
tiefste Daseinsberechtigung der Diakonissenhäuser.»[11] Er ergänzte allerdings, dass Mutterhäuser nicht unentbehrlich seien und hoffte, wie
einst Löhe, auf eine Diakonie aus der Gemeinde für die Gemeinde. Bezzel redet oft, wenn er an die Institutionen denkt, von einer Schöpfung
auf Abbruch. Dennoch nennt er die Diakonissenhäuser die «Schatzhäuser
der Kirche».

V. BERN

Jetzt wird es Zeit, von Bern zu reden. Die Gründerin des Diakonissenhauses hier in Bern, *Sophie von Wurstemberger*, war die Tochter des
Ludwig, Landvogt und Oberst, und kam 1809 auf dem Schlösschen
Wittigkofen in Bern zur Welt. Eine strenge, gründliche Erziehung förderte in der jungen Tochter eine innere Festigkeit und ein gesundes
Selbstbewusstsein. Als Kind schon öffnete sie sich der biblischen Botschaft und dem Einfluss der erweckten Gemeinde. Sophie besuchte,
gerne ohne Begleitung, die Predigten des Pfarrers Galland, wo sie zur
entschiedenen Jesus-Nachfolge bewegt wurde. Sie geriet in Widerspruch
zur traditionellen Kirche und auch zu ihrem Elternhaus, was sie zweifellos in harte innere Kämpfe führte. Kompromisslos begann sie ihren
Glauben in der Liebestätigkeit auszuleben und sich von ihrer Familie
unabhängig zu machen - ein erstaunliches Unternehmen in jener Zeit.
Ein ungemein kühner Schritt war es, als sie 1836 mit Freundinnen zusammen einen Krankenverein gründete, mit dem Ziel, unbemittelten
Kranken sorgsam Pflege und seelsorgerliche Wortverkündigung zukommen zu lassen. 1844 wurde an der Aarbergergasse eine Wohnung
bezogen, als Krankenstube eingerichtet und mit Unterstützung von Arzt
und Pfarrer betrieben als evangelisches, diakonisches kleines Hospital.

---

11 Zu Hermann Bezzel vgl. BEYREUTHER (wie Anm. 2) 85f.

Ein sensationelles, für Kirche und Gesellschaft anstössiges Unternehmen. Das war die Gründung des Diakonissenhauses Bern. Sophie ging es nicht allein um ein Krankenhaus. Sie nahm sofort die Ausbildung von Krankenwärterinnen an die Hand, welche sie auch Diakonissen nannte, nach biblischer Terminologie und im Einklang mit den ersten Gründungen ähnlicher Art, von denen sie Kenntnis bekam. Sie wusste sich verpflichtet, gründliche Sache zu machen und reiste nach England zu Elisabeth Fry und nach Hamburg zu Amalie Sieveking. Im Zentrum stand die Begegnung mit Pastor Fliedner und dem Werk in Kaiserswerth. Sie hatte die Freiheit, die Hand des berühmten Fliedner auszuschlagen, als er um sie warb und sie als Ehefrau in Kaiserswerth behalten wollte. Sie wusste sich dem begonnenen Berner Unternehmen verpflichtet und wollte allein Gott gehorsam bleiben.

In Bern erfolgte ein Umzug an die Nydegglaube, und von dort aus dann die Übernahme eines grossen Geländes, genannt «am Altenberg», - unser Wohnort bis heute. Die Schwesternschaft und das Werk wuchsen. In realistischer Einschätzung der Situation und mit dem Mut zum Unkonventionellen war Sophie bereit, im Alter von 46 Jahren mit dem um 12 Jahre jüngeren *Johann Friedrich Dändliker* den Bund der Ehe einzugehen. Nun floss die Erfahrung und Tatkraft dieses starken Mannes ein ins Werk und in eine Partnerschaft, die als gottgefällige glückliche Verbindung Segen wirkte. Der glaubensmutige Dändliker gab dem Werk eine Wendung zum grossen Unternehmen, was in der Anlage des Salemspitals und dessen Entwicklung zum Ausdruck kam. Es wurden nun vier Krankenhäuser betrieben (Nydegglaube, Blumenberg, Wartheim, Salem) und das Wylergut als Landwirtschaftsbetrieb sowie viele weitere Stätten der Pflege und Betreuung vielerorts. Nach dem Tode Sophies 1878 verheiratete sich Dändliker mit Jenny Schnell. Das Diakonissenunternehmen blieb unter der Leitung des Mannes und seiner Gattin punkto Emanzipation eher im Stillstand. Hauseltern leiteten die Frauenschar. Das Schwergewicht lag auch deutlich auf der Entwicklung der Arbeitsplätze und weniger auf der Heranbildung einer profilierten gefestigten Kommunität von Diakonissen. Mit der Übernahme der Werkleitung durch Pfarrer Adolf Frey bekam die Sache ein rektorales Gepräge. Andererseits gewann die Schwesternschaft durch die Einsetzung einer Diakonisse als Oberin ein neues Selbstverständnis.

Schwester Auguste Oehler wirkte bis 1951, seit 1944 an der Seite des Vorstehers Pfarrer Richard Bäumlin. Sie hat in den vielen Jahren ihrer Amtsführung den Schwestern eine tiefgreifende gemeindefördernde Zurüstung ermöglicht. Pfarrer Bäumlin hat mit seiner Offenheit für die Ökumene und seinem seelsorgerlichen Eingehen auf die Einzelnen neues Leben gefördert.

VI. DIE SCHWEIZERISCHEN DIAKONISSENHÄUSER

Doch wo stehen wir heute? Bevor ich diesen letzten Abschnitt angehe, muss ich Ihnen alle schweizerischen Diakonissenhäuser auch kurz vorstellen. Es gibt in der Schweiz elf Diakonissenhäuser. Ich möchte von ihrer je verschiedenen Entwicklung etwas sagen.

Jedes Diakonissenhaus ist eine selbständige Gründung und steht als Einzelwerk im besonderen Verhältnis zu seiner Kirche. Die elf Häuser pflegen untereinander brüderlichen Kontakt in alljährlichen Konferenzen, gemeinsam organisierten Tagungen und Kursen und orientieren und beraten sich gegenseitig in den Fragen der schwesternschaftlichen Diakonie. Grundsätzlich sind sie aber unabhängig voneinander und wollen sich gegenseitig bei notwendigen Entwicklungen und Veränderungen nicht im Wege stehen. In den letzten Jahren zeichneten sich tatsächlich ganz deutlich auseinanderstrebende Tendenzen ab, in theologischer Hinsicht und den strukturellen Konsequenzen. Um so dringlicher wird aber die Nähe gesucht in den Anliegen eines verbindlichen Propriums des kommunitären Anliegens. Heute leiden ja alle unter der Abnahme der Diakonissenzahl bei gleichzeitiger Zunahme der diakonischen Bedürfnisse. Alle Häuser bemühen sich um die Gewinnung von Menschen, die in einer Gemeinschaftsform in mehr oder weniger verbindlichem Statut zum Dienst bereit wären. Es geht heute um Fragen wie Anpassung der Werke an die Tragkraft der Schwesternschaften, was Abgabe vieler Dienste bedeutet, oder Weiterführung der Werke, eventuell um den Preis des Verlustes des diakonischen Gepräges und christlichen Gehaltes, oder gar Auszug aus den angestammten Werken und Ergreifen neuer zeitgemässer Aufträge. Die Schwesternschaften aller Häuser fragen nach ihrem

Selbstverständnis, befragen ihre Geschichte und prüfen die neuen Gemeinschaftsformen und deren theologische Hintergründe.

Fünf Schweizer Häuser haben die Kaiserswerther Prägung und gehören zur internationalen Konferenz der Kaiserswerther Diakonissenhäuser, nämlich Saint-Loup im Waadtland, Riehen bei Basel, Neumünster in Zollikerberg (Zürich), Braunwald im Kanton Glarus und Bern.

Saint-Loup in Pompaples (Waadt) war die erste Mutterhausgründung in der Schweiz (1842, zwei Jahre vor Bern). Pfarrer Louis Germond aus dem Kreis der Erweckten, die mit Alexandre Vinet die Eglise libre begründeten, erkannte im Zusammenhang mit der Erkrankung und Genesung eines nahen Familiengliedes die Notwendigkeit einer christlichen Krankenpflege und gelobte aus Dank und Liebe, sich voll einzusetzen für die Verwirklichung dieses Anliegens. Die Kirchensynode nahm seinen Entwurf zur Institutsgründung an, den er nach einem Besuch in Kaiserswerth vorlegen konnte, und bevollmächtigte ihn, zusammen mit seiner Frau, im Schloss Echallens mit der Aufnahme von Kranken und der Ausbildung von Diakonissen zu beginnen. Es entstand ein Familienunternehmen: alle drei Töchter wurden Diakonissen und der Sohn Henri Nachfolger seines Vaters. Was sich nach der Übersiedlung nach Saint-Loup dann entwickelt hat, ist erstaunlich. Es bildete sich eine ausgeprägte Kommunität heraus mit einer geregelten geistlichen Lebensordnung, von Oberin und Schwesternrat erarbeitet und verbindlich gelebt. In den letzten Jahren war die Entwicklung von Vertiefung und Ausweitung zugleich gekennzeichnet. Die Schwesternschaft hat sich auch ein neues Kleid geschaffen und die gestärkte Haube durch einen Schleier ersetzt. Diese Schwesternschaft ist voll anerkannt im Département romand des ministères diaconaux der Kantonalkirche. Die theologische Ausbildung der Schwestern geschieht in den kirchlichen Ausbildungstätten und an der Universität, und die Einsegnung wird zusammen mit der Konsekration der Pfarrer vollzogen. Hier hat die Diakonisse tatsächlich ein kirchliches Amt, wird als Amtsträgerin angesehen. Die Einbindung in die Kommunität wird dann als interne Feier vollzogen.

Der Gründer von Saint-Loup wurde in den ersten Jahren heftig angegriffen und des Rückfalls in den Katholizismus bezichtigt. Der Graf und die Gräfin Gasparin gründeten 1859 als Konkurrenz eine

Evangelische Schule für Krankenpflege La Source in Lausanne. Diese Tat erwies sich in der Folge als gute Unterstützung der Sache der christlichen Auffassung von Krankenpflege. Das Werk von Saint-Loup führt heute kein eigenes Spital mehr.

Eine Diakonisse aus Echallens stand in den ersten Jahren der jungen Sophie von Wurstemberger bei in deren Krankenstube an der Aarbergergasse.

Riehen bei Basel. Die Gründung dieses Hauses hängt mit dem Wirken Christian Friedrich Spittlers zusammen. Nachdem Spittler mit dem sich auf Kollektenreisen befindenden Fliedner in Berührung gekommen war, rief er ein Komitee zusammen, das die Gründung einer eigenen Diakonissenanstalt an die Hand nehmen sollte. Als erstes sah man sich nach einer Frau um, die als Leiterin geeignet war. Trinette Bindschedler wurde berufen und nach Kaiserswerth zur Ausbildung gesandt. Sie konnte 1852 dann ganz schnell eine grosse Zahl von einsatzwilligen gläubigen Frauen und viele Kranke und Elende unter einem Dach sammeln. Von dort aus wurden weitere diakonische Dienste in vielen Teilen der Schweiz wahrgenommen. Heute hat das Werk in Riehen kein Spital mehr, konnte aber neue diakonische Arbeitszweige aufnehmen, wie eine Lebensschule für junge Frauen, seelsorgerliche Wohnzellen in Stadtquartieren und viel Gästewesen. Die Diakonisse versteht sich hier nicht als kirchliche Amtsträgerin. Der diakonische Auftrag vollzieht sich als Gemeinschaft, als Gemeindezelle, die im Raum der Kirche einen Stellenwert hat.

Nemünster am Zollikerberg (Zürich). In Zürich liess Pfarrer Zimmermann die Not der unbemittelten Kranken in der Stadt keine Ruhe. Als Glied der Evangelischen Gesellschaft konnte er 1856 das Komitee bewegen, die Gründung einer Diakonissenanstalt an die Hand zu nehmen. Es entstand eine Art Volksspital. Einer Schwester aus Riehen wurde die Leitung anvertraut. Sie riet, den Akzent auf Ausbildung und Formung einer Schwesternschaft zu legen. Das Reglement der ersten Jahre enthielt denn auch an erster Stelle Anweisungen über den Stand und Dienst der Diakonissen, und erst weiter unten Anweisungen über die Krankenversorgung. Als eine eigene Schwester als Leiterin herangebildet war, führte sie zusammen mit dem Vorsteher das grosse Unternehmen. Das Vertrauen und die Hochachtung, die diesen Schwestern entgegengebracht wurden, müssen sehr gross gewesen sein. Es waren Persönlichkeiten, die durch ihren ganzen Lebenseinsatz und die entschiedene Christlichkeit überzeugten. Ähnlich wie in Lausanne entwikkelte sich auch hier neben der Mutterhaus-Krankenpflegeeinrichtung eine Schule für freie Krankenpflege, in Fluntern, durch den Einsatz von Pfarrer Bion und des Vereins für freies Christentum. In den beiden letzten Jahrzehnten hat das Haus Neumünster seine Statuten und Struktur geändert. Das Diakoniewerk hat das kommunitäre Prinzip der Schwesternschaft aufgehoben, die evangelischen Räte unverbindlich erklärt und Zivilbekleidung empfohlen. Solche tiefgreifenden Veränderungen gehen nicht ohne innere Nöte vonstatten, können aber Neuanfänge vorbereiten. Seit einem Jahr ist die Oberin die Direktorin und leitet zusammen mit einer Pfarrerin und einem Verwalter das Werk.

Braunwald, Kanton Glarus. Die Diakonische Schwesternschaft Braunwald wurde 1914 von Pfarrer Gottlob Spörri gegründet, der kurze Zeit in Neumünster Vorsteher gewesen war und sich zusammen mit einigen Schwestern von dort abgesetzt hatte. Er wollte die einfältige Christusnachfolge und den diakonischen Dienst losgelöst von der Institution eines Krankenhauses schlichter darstellen. Er schuf ein Werk der Nächstenliebe und baute ein Haus für Einsame, Verirrte, Erholungsuchende, der Seelsorge Bedürftige und eröffnete ein Kinderheim. Die Schwesternschaft blieb klein an Zahl. Sie hat in den letzten Jahren auch die Tracht verändert in ein einfaches Kleid mit Schleier. Das Ehepaar Spörri lebt im gleichen Statut wie die Schwestern im Haus.

Zwei Diakonissenhäuser sind aus der Evangelisch-methodistischen Kirche hervorgegangen: das Haus Bethanien ZH und das Haus Bethesda BS.

Bethanien (Zürich). 1874 wurde in der Konferenz der Methodistischen Kirchen der Schweiz und Deutschlands in Schaffhausen ein Verein gegründet zur Förderung der Diakonissensache. Nacheinander erfolgten Gründungen in Deutschland und in der Schweiz. Das Haus in Zürich nennt 1911 als Gründungsjahr. Aber es gab schon vorher Bethanienschwestern in der Stadt, aus andern Häusern. Es ist bezeugt, dass der Dichter Gottfried Keller 1890 von einer Bethaniendiakonisse gepflegt wurde und am Ende seines Lebens die Christlichkeit dieser Frau als

Wohltat annehmen konnte. Dora Schlatter berichtet: «Schwester Lisette heilte die Wunden, mit denen der Körper des Kranken vom ständigen Liegen bedeckt war. Sie sorgte auch dafür, daß sein Bett aus der lichtlosen, engen Schlafstube in das geräumige und sonnige Besuchszimmer gebracht wurde. Da es zu hoch war, sägte sie mit Böcklins Hilfe die Füße ab, so daß der Kranke, als er auf das niedrig gewordene Lager gebettet war, scherzte: ‹Nun habe ich im Alter noch eine Wiege.› Als die Schwester einmal für sich in der Bibel las, forderte er sie auf: ‹Lesen Sie laut, es ist auch gut für mich!› Und er habe die ‹weisse Haube›, wie er die Schwester nannte, wiederholt gebeten, das Unservater zu beten; darin sei alles enthalten, was ein Christ zum Leben und zum Sterben nötig habe.»[12]

Die Schwesternschaft sucht heute auch nach neuen Wegen und hat das Tragen von Zivilkleidern freigegeben.

Bethesda (Basel) ist ein Zweig des evangelisch-methodistischen Diakonissenhauses in Strassburg. Prediger Schäfer gründete im Elsass Diakoniewerke, die segensreiche Tätigkeiten entwickelten. Das Haus in Basel wurde 1939 gebaut. Kriegsflüchtlinge waren die ersten Patienten. Ein Spital und Krankenpflegeschulen werden auf modernem Stand und in klarem christlichem Geist geführt.

Das Diakonissenhaus *St. Chrischona* bei Basel gehört zum Werk der Pilgermission. Es begann 1925 mit der Durchführung von Diakonissenschulungskursen in Verbindung mit der Prediger- und Bibelschule. Die diakonischen Aufgaben der Chrischona-Schwestern sind missionarisch-evangelistisch ausgerichtet und werden in Gemeinden, in der Fürsorge, auch an Kindern und verbunden mit pflegerischen Diensten wahrgenommen.

Das Diakonissenhaus *Ländli in Oberägeri* entstand im Zusammenhang mit der Gründung des Gemeinschafts-Diakonieverbandes Marburg (Krawielitzkis Werk). Im Jahr 1926 begann eine tiefgläubige, mit Heilungsgaben ausgerüstete Frau, Minna Popken, Erholungswochen zu organisieren. Ihr Anliegen war, Wortverkündigung und Seelsorge mit Lehrgängen für gesunde Ernährung und mit Pflegekuren zu verbinden.

---

12 DORA SCHLATTER, Barmherzige Kirche, Bern 1944, 105.

Eine diakonische Schwesternschaft bildete sich heran. Ihre Hauptarbeitsgebiete sind Evangelisation, Schulung junger Menschen, Pflege und Betreuung in Kur- und Erholungshäusern. Gegenwärtig wird eine neue diakonische Mitarbeitergruppe im Taschengeldprinzip herangebildet.

Das Diakonissenhaus *Siloah in Gümligen* ist aus dem Diakonieverein der Freien Evangelischen Gemeinden der Schweiz hervorgegangen. 1917 begann es in Ennenda (Glarus) und siedelte 1918 nach Gümligen über. Die Siloah-Schwestern gründeten ein Spital und liessen sich als Krankenschwestern und Psychiatriepflegerinnen ausbilden.

Schliesslich ist das Diakonissenhaus *Salem in Zürich* zu erwähnen, ein Werk der Baptistengemeinde. Es führt eine kleine Schule für Gemeinde- und Diakoniearbeit und ein Altersheim.

So verschieden diese Häuser leben und arbeiten und sich wandeln, so unabhängig sie auch voneinander sind, so verbunden fühlen sich doch die Schwestern als Frauen, die ihr Selbstverständnis finden müssen zwischen dienender Magd und berufstätiger Frau, zwischen Ordensschwester und ausgebildeter Sachverständiger. Eine Diakonisse muss in der heutigen Zeit erneut viel Zivilcourage beweisen, und vielleicht ein grösseres Mass an innerer Unabhängigkeit aufbringen, als es eine nach gängigem Muster emanzipierte Frau haben muss. Aus kirchlichen Kreisen muss sie oft den Vorwurf hören, sie stehe der Entwicklung des Gemeindediakonats im Wege. Dabei war es so, dass die Gemeinden die Entstehung der Diakonissenmutterhäuser durch träges Zögern begünstigt haben. Die Mutterhausdiakonie war die Folge des kirchlichen Beiseitestehens. Heute nun wird der Mutterhausdiakonie Schläfrigkeit vorgeworfen, ihr deutlich gemacht, sie merke nicht, was die Stunde geschlagen habe.

Natürlich ist die Diakonie Aufgabe der Kirche und nicht eines Mutterhauses. Karl Barth sagt: «... die Diakonie ist genau so wie die Mission Sache der *Gemeinde* als solcher. Gemeinde ohne diakonische Verantwortlichkeit wäre nicht christliche Gemeinde. Und sie kann diese Verantwortlichkeit nicht auf einzelne ihrer Glieder oder auf irgendwelche Vereine, Gesellschaften, Anstalten, Werke und Verbände von solchen abwälzen. Daß es in der Gemeinde im Vollzug ihrer Verantwortlichkeit

gerade in dieser Sache auch besonders berufener, geeigneter und ausgebildeter Diakone und Diakonissen bedarf, geht in Ordnung, ebenso daß
diese besonders mit der Sache Beschäftigten sich - wieder innerhalb der
Gemeinde und im Vollzug ihrer Verantwortlichkeit - auch besonders (zu
Diakonen- und Diakonissengemeinschaften) zusammenfinden und daß es
dann wohl auch zur Bildung von besonderen Werk- und Anstaltsge-
meinden kommt, und ebenso endlich, daß solche besonderen Dienstge-
meinschaften, ihrer besonderen Art und Richtung entsprechend, je besondere Lebensstile und -ordnungen herausbilden werden. Es ginge aber
nicht in Ordnung, wenn das Gesetz solcher Arbeitsgemeinschaften sich
als ein anderes darstellte denn als das, nach dem die *ganze* Gemeinde
angetreten ist, und wenn ihre besondere Lebensform einen anderen Sinn
hätte oder annähme als den, die Dienstverpflichtung der *ganzen* Gemeinde in besonderer Konkretion zum Ausdruck zu bringen.»[13] Adolf
Schlatter sieht barmherzig sowohl auf diakonielose wie auch auf die
diakoniebereiten Gemeinschaften. Er sagt, in der Kirche der Reformation hätte die Angst vor dem Verdienstgedanken den Dienstgedanken
gelähmt. Und die Werke der Inneren Mission und der Diakonie betrachtet er als gute Werkzeuge in Gottes Ratschluss. Es könne natürlich
sein, dass eine Schwesternschaft, um den immer grösser werdenden Anforderungen genügen zu können, eigene Strukturen ausbauen müsse,
denen sie dann verpflichtet sei, und die zum Selbstzweck werden könnten.

VII. DIE KOMMUNITÄT

Wie erleben nun Diakonissenschwestern heute ihr Leben im Dienst als
Kommunität und gleichzeitig als mündige Frauen? Die übergeordnete
Emanzipationserfahrung besteht darin, dass der Ruf und seine Bejahung
einer Befreiung gleichkommen, von Zwängen und Bevormundungen
durch die Gesellschaft und andere Mächte dieser Welt befreien, jedenfalls bis zu einem gewissen Grad.

Die *drei evangelischen Räte* (Armut, Ehelosigkeit, Gehorsam) sind
Ratschläge zur Freiheit! Sie ermuntern zur Kühnheit, alles auf eine

---

13 KARL BARTH, Kirchliche Dogmatik IV, 3/2, Zürich 1989, 1024f.

Karte zu setzen, nämlich einen alles zusammenfassenden Lebensentwurf zu wagen und Arbeit und Musse, Glauben und Leben nicht zu trennen und von einem gemeinsamen Ort aus dem gleichen Ziel entgegenzugehen. Unabdingbar bleibt eine innige, persönliche, lebendige Gottesbeziehung und das Band der Liebe, und das Wissen, dass der Gehorsam letztlich nur Gott gebührt.

So erfahren die Schwestern in den drei evangelischen Räten etwas Emanzipatorisches. Weil sie in evangelischer Freiheit gegeben sind, möchten sie nicht eigentlich einen Verzicht betonen, sondern auf die neue Freiheit hinweisen. Es sind Freiheitsratschläge. Sie schaffen Freiräume: zur Anspruchslosigkeit, zum Zölibat und zur Verfügbarkeit; Freiräume aber nicht als Besitz, sondern als anvertraute Gaben, als Talente gleichsam, nach deren Ertrag Gott fragen wird. Die so gepriesenen Freiräume dürfen nicht die Selbstgefälligkeit fördern, vielmehr Befreiung vom eigenen Machtstreben und einen schlichten Umgang mit der eigenen Person ermöglichen. 1. *Armut*, Anspruchslosigkeit: Die Gütergemeinschaft wirkt ausgleichend in der Bewertung der beruflichen Tätigkeit im schwesternschaftlichen Verband. Sie soll aber nicht gleichgültig machen; die einzelne hat für den Lebensunterhalt der Gemeinschaft das ihre beizusteuern. Aber der Rückhalt einer gemeinsamen Güterverwaltung berechtigt die einzelne, das Wagnis der persönlichen Armut einzugehen. Auch die heutige Situation der Mutterhausdiakonie dürfen wir als ein Stück Armut erfahren unter der Verheissung der Seligpreisungen. 2. *Zölibat*, eheloses Leben ist frei von Verpflichtungen und Bindungen einem Lebenspartner, einer mitbegründeten Familie gegenüber, die den Volleinsatz für die Sache beschneiden könnten. Die Verpflichtung zum gemeinsamen Leben und vollzeitlichen Dienst muss aber dementsprechend treu und hingebend wahrgenommen werden, damit diese gesellschaftliche und familiäre Unabhängigkeit verantwortet werden kann. Das Versprechen zur Keuschheit soll wahrhaftig eingehalten werden, nicht als Tugendleistung, sondern um der Integrität willen. Es ist Gnade, ein gutes eheloses Leben zu leben. Je deutlicher es wird, dass auch gutes Eheleben nicht einfach machbar ist, umso mehr Verständnis und Hilfe wird auch den Ehelosen zukommen. Ehelose Schwestern sind nicht leidenschaftslose Menschen. Sie können ihr ganzes Vermögen an leiblichen, seelischen und geistigen Kräften intensiv hineinschenken in den grossen Auftrag und lieben. 3. *Gehorsam*: Der Haltung einer Verfügbarkeit wird kaum mehr Verständnis entgegengebracht. Wer unabhängig, autonom leben will, versteht nicht mehr, was gehorsam leben bedeutet. Gehorsam kann einen Freiraum eröffnen, in dem Gottes Stimme besser gehört werden kann. Wenn ich primär nur Gott gehorchen muss, erfahre ich einen Schutz vor unguten Befehlshabern, letztlich. Wer sich ganz an Gott gebunden weiss, ist bereit sich einbinden zu lassen in ein gemeinsames Dienen und wird Vorgesetzte und Untergebene respektieren. Mich beschäftigt oft die Frage, ob Schwestern ihres Versprechens wegen missbraucht werden könnten, zu Experimenten, zur unfruchtbaren Trägheit, zur Machtentfaltung eines Einzelnen. Bei Samuel erfahren wir, wie Gehorsam vor Gott und vor Menschen vereint sind. Es heisst: Samuel diente dem Herrn unter Eli (1. Sam. 3,1). Gehorsam macht tapfer, wachsam und so widerstandsfähig dem Versucher gegenüber.

Wir Schwestern haben uns eine kommunitäre Satzung gegeben, eine Ordnung, *Schwesternordnung*, und diese als Büchlein drucken lassen. Die Ordnung soll das Leben nicht einengen, sondern ordnen, und in dem Sinn auch wieder frei machen. Ordnungen beschneiden das Leben nicht, sondern fördern es. Sie schützen auch vor unartikulierten listigen Zwängen. Wichtig ist aber immer die Transparenz und vor allem das Gesetz der Liebe. Eine Lebensgemeinschaft stellt sehr hohe Anforderungen an die einzelne und bleibt ein lebenslanges Übungsfeld. Wer darin die Probe besteht, erfährt sich als mündige Frau. Die als Person von Gott Berufene trifft auf Lebensgenossinnen irgendwelcher Art, bindet sich an sie durch das Versprechen und die Einsegnung, auch wenn die biografischen, intellektuellen, emotionalen und politischen Gegebenheiten weit auseinandergehen. Die *Tracht*: Dem neuen Stand entsprechend wurde damals Frauen, die sich zur Diakonie einfanden, eine angemessene einheitliche Kleidung gegeben. Durch die Wahl eines für Verheiratete passenden Kleides wurden aus Töchtern Frauen und aus Mägden ausgebildete Krankenschwestern. Dabei blieben sie aber Dienerinnen in einem umfassenden Sinn. Weil das Kleid von allen immer getragen wurde und eine eigentliche Einkleidung stattfand, liegt der Vergleich mit dem Ordenskleid nahe. Neue Kleiderentwürfe für Schwesternschaften verlassen darum auch den Stil der Tracht, des Frauengewandes des letzten Jahrhunderts und wählen ein modernes oder ein klösterliches Kleid.

Wir haben *kommunitäre Strukturen*: Morgenandacht in der Kirche (vor dem Frühstück) - Mittagslob (vor oder nach dem Mittagessen) - Abendgebet (im Anschluss an das Nachtessen). Diese liturgischen Gebete und Lesungen werden von verschiedenen Schwesterngruppen selbständig erarbeitet und betreut. Die gemeinsamen Mahlzeiten in den verschiedenen Häusern haben echten Mahlcharakter mit Lesungen, Gebet, Gesang und Tafelmusik, immer mit Gästen und Schülerinnen, je nachdem. Bei all dem gibt es natürlich viele Variationen und Ausnahmen. Zudem werden Retraiten und Besinnungswochen angeboten, die jährlichen Konferenzen sind obligatorisch. Ich schreibe einen monatlichen Schwesternbrief an jede Schwester. Hohe Feiertage begehen wir festlich, viele andere Feste fröhlich und wir finden viel Anlass zu Lust und Freude. Wir führen Seminare durch mit allgemeinbildenden Fächern, machen Exkursionen und Kunstreisen, wir haben ein Schwesternorchester, Chor, Theatergruppe usw. Die junge Schwester, die Probeschwester (Novize) hat Anrecht auf eine mindestens fünfjährige Probezeit, in der sie theologisch-biblisch-diakonischen Unterricht erhält, neben ihrer Berufsausbildung oder -ausübung. Sie meldet sich selbständig zur Einsegnung an. Der Einsegnung unmittelbar voraus geht eine dreiwöchige Klausur-Rüstzeit mit der Oberin. Gegenwärtig haben wir eine Probeschwester.

VIII. ÜBERGÄNGE

Die Kaiserswerther Generalkonferenz hat sich 1929 eine Grundordnung gegeben. 1971 wurden diese Ordnungen überarbeitet und in Rahmenordnungen umgewandelt. Man wollte den Zaun weiterstecken und gewisse Einschränkungen aufheben. Nach dem Zweiten Weltkrieg hatten die Eintritte in Mutterhäuser deutlich abgenommen, dies aus folgenden Gründen:

- Säkularisierung ganz allgemein
- radikal veränderte Welt punkto Wissenschaft, Technik usw.
- Wandlung zum sozialen Wohlfahrtsstaat
- schrankenlose materielle, sexuelle, emotionelle Genussbefriedigungsangebote

- Individualismus, Egoismus, Scheu vor verpflichtender Verantwortungsübernahme
- mannigfaltige Frauenberufsbildungsangebote
- neue Frömmigkeit in neuen Gemeinschaftsformen; feministische Theologie
- Landeskirche ohne Verständnis für Mutterhausdiakonie.

Pfarrer Bäumlin hat anlässlich der erwähnten internationalen Tagung den Diakonissenschwesternschaften ganz ernsthaft den Spiegel vorgehalten, als er fragte: «Folgen wir in unserem persönlichen und kirchlichen Verhalten nicht auch vielmehr den eigenen Diagnosen der Verhältnisse anstatt den göttlichen Zusagen? ... Man liefert sich den eigenen Überlegungen aus und erwartet hernach ihre Sanktionierung durch den Segen Gottes, der ja verheissen ist. Man wandelt vorgeblich auf Glaubenswegen und gibt letztlich den Ton und die Richtung doch selber an. Man singt weiter ‹Jesus, geh voran›, wobei wahrheitsgemäss zu singen wäre ‹Herr, ich geh voran auf der Lebensbahn, wollest bitte nicht verweilen, mir getreulich nachzueilen›. Der Mensch glaubt an seine eigenen Vorstellungen und erwartet, Gott werde sich dazu bekennen.»[14]

Geht unsere Mutterhaus-Diakonie zu Ende, weil sie steckenbleibt im alten Entwurf? Zunächst sehen wir, ohne grundlegende Veränderung, doch einige Möglichkeiten zeitgemässen Wirkens, wenn wir

- für kurze oder längere Zeit junge und auch ältere Frauen bei uns wohnen und mit uns leben lassen, wenn sie nach einer Lebenskrise irgendwelcher Art Geborgenheit oder Besinnung suchen;
- eine Anzahl geistig schwacher oder sonst behinderter Menschen in unserer Mitarbeiterschaft arbeiten lassen und ihnen so helfen, eine Lebensaufgabe zu haben;
- die beiden Pflegeschulen auf gutem Stand führen und junge begabte Frauen fördern in diesen wichtigen Berufen, und Lehrlinge ausbilden in unseren Betrieben (Verwaltung, Küche, Gärtnerei usw.);
- einzelne Diakonissen auch nichtpflegerische Berufe lernen lassen und sie aussenden in Fürsorge, Seelsorge oder andere Gemeindeaufgaben;

14 RICHARD BÄUMLIN, Diakonie als Kooperation, Bericht von der 25. Tagung der Kaiserswerther Generalkonferenz vom 20.-24. Oktober 1964 im Diakonissenhaus Bern: Bibelarbeiten, Anfechtung in der Wüste, Texte 4. Mose 13.14.21 (Bibellese im Deutschen Pfarrerkalender Oktober 1964), Bad Godesberg 1964, 16.

- in Kirchgemeinden der Stadt oder andernorts uns einbringen als Kirchgemeinderätinnen, Organistinnen, Synodale oder in Komitees anderer Werke.

Ich habe auch meine Amtstätigkeit zum Teil verstanden als Diakonie an dieser Diakonissenschwesternschaft, die sich in einem enormen Umbruch befindet. In den 20 Jahren meiner Tätigkeit ist die Schwesternschaft von 650 auf 350 Schwestern zurückgegangen, das heisst so viele haben wir beerdigt, sind mit jeder den Weg durch Krankheit gegangen und haben sie beim Sterben getröstet. 30 junge Frauen sind eingetreten, wir haben mit jeder die grossen Auseinandersetzungen des Fragens und Entscheidens mitvollzogen. Einzelne haben die Schwesternschaft wieder verlassen, auch da viel schmerzliches Verarbeiten. 60 Stationen (Spitäler, Asyle, Altersheime, Kinderheime, Ferienheime, Gemeindepflegestationen, Gefängnisdienste, Mitternachtsmission, äussere Mission) haben wir gekündigt und sie andern Trägerschaften übergeben, mehrere eigene Häuser haben wir gekauft - einschneidende Erlebnisse! 200 Schwestern sind in den Ruhestand getreten - Abschiednehmen, Rückkehr, Neueinordnung ... Ist das noch Diakonie? Welche Wirkung geht davon noch aus? Alte Menschen pflegen, und seien es nun alte Diakonissen-Frauen, das ist heute ein sehr aktueller Auftrag. Altwerden und -sein kann ein grosses Leiden sein und ist eine grosse Herausforderung an unsere Gesellschaft.

Beim Betrachten der einzelnen Diakonissen-Häuser haben wir gesehen, dass Schwestern und Mitarbeiter an den Strukturen rütteln. Die junge Frau von heute, auch die fromme, zum Dienst bereite Schwester, tut sich schwer, unter der Leitung eines Vorsteher-Pfarrers zu stehen, der nicht bruderschaftlich lebt, vor allem, wenn er das Proprium einer kommunitären Diakonie nicht voll anerkennt und der Oberin nicht den notwendigen Freiraum und der Schwesternschaft nicht ein angemessenes Bestimmungsrecht belässt. Allerdings ist das partnerschaftliche Zusammenarbeiten in unseren Häusern sehr wichtig und wir haben die Männer nötig.

Diakonissenhäuser sind nicht der Ort einer feministischen Radikalität. In der Regel wollen Schwestern auch nicht die feministische Theologie, sondern eine biblische Theologie, in der ihr volles frauliches Menschsein von Gott angesehen und ihnen darum Emanzipation geschenkt ist, die sie dann ganz selbstverständlich ausleben, mit den Männern und Mitfrauen zusammen. Oft sind Männer bessere Partner der Diakonissen, denn moderne Frauen, auch Theologinnen, schämen sich der Schwestern und wollen deren «umgekehrte» Emanzipation nicht gelten lassen. Junge Schwestern spüren ganz gut, wo Mitmenschen, Männer oder Frauen, soviel innere Freiheit haben oder Zivilcourage, ihre «altmodische» Alternative voll anzuerkennen. Die Aufgeschlossenheit und Freiheit zeigt sich nicht an den Formen. Es kann in einem Haus alter Prägung durchaus zeitgemässes selbstbewusstes Frauenleben gelebt werden, während in einem den modernen Forderungen der Befreiungsideologie entsprechend veränderten Haus neue Zwänge und Diktaturen die Oberhand gewinnen können. Die Befreiung liegt im Bewahren der ersten Erfahrung des freien Menschseins aus Gottes Liebe und dem Ganz-in-Anspruch-genommen-Sein durch den Anruf Gottes.

Im übersehbaren Aufbruch in der Frauendiakonie behalten aber die alten emanzipatorischen Wurzeln ihre Kraft, nämlich:

- das Zusammenwirken der Hingabebereitschaft und der Durchschlagskraft der Frau, und das Entdecken der fraulichen Fähigkeit in Verkündigung und Seelsorge,
- die Bereitschaft der Frau, Verantwortung und Belastung zu übernehmen in Leitungsaufgaben, für Betriebe und deren Belegschaften,
- die Gestaltungskraft der Frau, Neues aufzubauen und Altes umzustrukturieren, das heisst heute Dienstaufträge weiterzugeben und den diakonischen Auftrag an eine andere Trägerschaft abzutreten,
- der Einsatz zur Erhaltung einer Stätte des gemeinsamen Lebens, des Gebets, der Seelsorge, dies im Hinblick auf Menschen, die Zuflucht oder Herberge suchen in eigener Unrast und in der Zerrissenheit dieser Welt,
- in diesem Zusammenhang auch die Fähigkeit, aktuelle dringliche Notsituationen zu erkennen und mit der Hilfeleistung dort einzusetzen, und
- Ausbildungsstätten auf christlich ethischer Basis einzurichten und zu fördern.

Im Rückblick auf die Situation der Stadt Bern sei nochmals festgestellt:

Frauendiakonie hat es in Bern schon in den Anfängen der christlichen Liebestätigkeit gegeben. Und es gibt da alte örtliche Zusammenhänge und Verflechtungen: Das Gut Wittigkofen, wo Sophie von Wurstemberger geboren wurde, gehörte im Mittelalter dem Kloster Interlaken und wurde 1271 von Mechtild von Seedorf erworben, der Gründerin der Insel-Schwestern-Samnung. Mechtild baute für ihre Schwestern ein Kloster auf der Insel der Aare unten beim Altenberg, dort wo sich das Saxergut befindet, in welchem das Diakonissenhaus heute seine Krankenpflegeschule führt. Inselschwestern hiessen diese Weissen Schwestern. 1853 zogen Berner Schwestern zum Dienst ins Inselspital ein. Die Nydegglaubenhäuser, die das Diakonissenhaus in der Anfangszeit bewohnte, stehen auf dem Boden des Stadthauses der Mönche von Interlaken. 1883 zogen Berner Diakonissen nach Interlaken in den Spitaldienst. In der Reformationszeit wurden das Inselspital und die Samnung der Weissen Schwestern aufgelöst. Güter und Einkünfte, wohl auch Schwestern, wurden dem Spital der Seilerin an der Zeughausgasse übergeben. Anna Seiler, die fromme und reiche Witwe und Burgerin von Bern, stiftete ihr Vermögen zur Gründung eines Spitals als Werk der Barmherzigkeit aus dem Glauben an Jesus Christus. Es wurde wegen Baufälligkeit aufgehoben und an das Inselspital angeschlossen, und später kam, wie erwähnt, der Besitz der Weissen Schwestern dazu. Die Beginenschwestern unter der Leitung der Bela von Thun gehören auch in das Bild der diakonischen, durch Frauen gewährleisteten Liebestätigkeit in der Stadt Bern. Sie lebten nicht im Kloster, wohl aber unter einem Gelübde, ihr Leben dem Dienst an Kranken zu weihen und betrieben an der Junkerngasse eine Art Diakoniehospital. Mechtild von Seedorf, Bela von Thun, Anna Seiler, Sophie von Wurstemberger - mutige, hingebende, gottesfürchtige Frauen waren es, die Impulse gaben zur Diakonie in Bern und zur Entwicklung des städtischen Spitalwesens.

IX. DAS BLEIBENDE

Das Bleibende besteht grundsätzlich und letztlich nicht im Verlangen und Streben nach Macht und Regiment der Frau, sondern im Suchen nach selbstverständlich gegebenem Raum, den Menschen zu dienen, so zu dienen, dass die Fähigkeiten und Erkenntnisse der Frau den Menschen zugute kommen.

Zu den Leitgedanken jeder alten Mutterhaus-Diakonisse gehört ein Spruch von *Wilhelm Löhe*. Er ist heute noch lebendig in den Schwesternherzen. In solch gläubiger Hingabe kann die Schwester ihr ganzes Selbst finden. Ob das heute noch verstehbar ist?

> «Was will ich? Dienen will ich.
> Wem will ich dienen?
> Dem Herrn in seinen Elenden und Armen.
> Und was ist mein Lohn?
> Ich diene weder um Lohn noch um Dank,
> sondern aus Dank und Liebe;
> mein Lohn ist, dass ich darf.
> Und wenn ich dabei umkomme?
> Komme ich um, so komme ich um, sprach Esther,
> die doch Ihn nicht kannte, dem zu Liebe ich umkäme
> und der mich nicht umkommen lässt.
> Und wenn ich dabei alt werde?
> So wird mein Herz grünen wie ein Palmbaum,
> und der Herr wird mich sättigen mit Gnade und Erbarmen.
> Ich gehe mit Frieden und sorge nichts.»[15]

Und *Silja Walter* sagt:

> «Ich liebe
>
> So geschieht es nun
> so geschieht es nun
> mit den Menschen der Welt
> so geschieht es
> mit allem nun
> mit dem Ganzen
> aus meinem Herzen.
> Ich sagte ja

---

[15] Zitiert nach FRIEDRICH THIELE, Diakonissen im Umbruch der Zeit, Stuttgart 1963, 32f.

wenn es aufbricht
und alle Menschen
sind nun mein.[16]

Ich sagte Ja

Aber ich sagte ja es wird
aufbrechen
und fließen
durchdringen und selig
machen
bis tief in die Welt
und noch weiter
süß neu und umarmen
wer es nicht ahnt.»[17]

Edith Stein, promovierte Philosophie-Lehrerin, die, als zum Katholizismus konvertierte Jüdin, in das Karmeliterkloster eingetreten war,
schreibt, die Liebe sei das Freiste, was es gebe. Die Person finde sich
selbst nur, wenn sie ganz in Gottes Liebe ruhe. Bei allem scheinbaren
Selbstverlorensein gebe das Sein in Gott vollsten Selbstbesitz der eigenen Person. Personsein als Selbstbesitz ermögliche Freiheit als Über-
sich-selbst-verfügen-können, nicht um sich in einer sich selbst isolieren-
den Abkapselung zu verschliessen und zu behaupten, sondern um sich in
freier hingebender Liebe zu verschenken. Nur wer sich selbst besitze,
könne sich in Freiheit verschenken.[18]

Dieser umfassende Sinn bleibt. Wer danach lebt, kann ein Zeichen sein.
Zeichen einer lebendigen Hoffnung in dieser Welt, denn diese Welt ver-
geht und ein Neues kommt. Zeichen für die Liebe, die dieser Welt geschenkt ist. Vielleicht darf darum eine Schwesternschaft, Bruderschaft,
ein Zeichen sein durch die gelebte Bruderliebe und so an sich ein Dienst
sein für die Welt?

---

16 SILJA WALTER, Der Tanz des Gehorsams, Zürich 1970, 124.
17 Ebd. 122.
18 Vgl. EDITH STEIN, Am Kreuz vermählt, Einsiedeln 1984, 64.

X. DAS ZEICHEN

Dazu eine kleine Geschichte: Ein Vater liess seinen zwei Söhnen ein Getreidefeld als Erbstück zurück. Sie teilten das Feld in zwei Hälften unter sich. Der eine Sohn war reich und unverheiratet, der andere arm und Vater vieler Kinder. Einmal, zur Zeit der Getreideernte, sann der Reiche in der Nacht auf seinem Lager: «Ich bin reich, wozu brauche ich die Garben? Mein Bruder ist arm, und das einzige, was er für seine Familie braucht, sind die Garben.» Er stand auf, ging zu seinem Feldanteil, nahm eine ganze Menge seiner Garben und brachte sie auf das Feld seines Bruders. In derselben Nacht dachte sein Bruder: «Mein Bruder hat keine Frau und keine Kinder. Das einzige, woran er Freude hat, ist sein Reichtum. Ich will ihn ihm vermehren.» Er stand auf, ging zu seinem Feldanteil und brachte seine Garben auf das Feld seines Bruders. Als beide in der Frühe ihr Feld besuchten, staunten sie darüber, dass das Getreide nicht weniger geworden war. Auch in den folgenden Nächten taten sie dasselbe, jeder brachte seine Garben auf das Feld des andern. Und da sie jeden Morgen merkten, dass nichts weniger geworden war, dachten sie, der Himmel hätte sie beschenkt. In einer Nacht geschah es, dass beide Brüder, die Hände voller Garben, sich auf ihrem Weg begegneten. Da erkannten sie, was geschehen war.

Eine andere Geschichte liegt dem Symbol zugrunde, das wir Berner Schwestern auf unserem Medaillon tragen. Es ist die Geschichte einer Frau aus dem Alten Testament, in 2. Kön. 4 am Anfang: Eine Witwe wird von ihrem Schuldherrn bedroht und ist in Gefahr, ihre Söhne wie Hab und Gut zu verlieren. Sie sucht Hilfe beim Propheten Elisa. Er weist sie an, ihren kleinen Rest Öl in viele leere Gefässe zu verteilen. Sie geht auf diese unbegreifliche Sache ein, und das Öl beginnt in Strömen zu fliessen. Es fliesst, solange leere Gefässe da sind. Der Prophet zeigt ihr auf, dass sie nicht wenig oder nichts hat, sondern dass sie einen starken, mächtigen Gott hat, der ihr in Liebe und grosser Barmherzigkeit beisteht. Es sind nicht eigene Schätze, die sie eröffnen kann, sondern sie gibt Gottes Lebensstrom Raum. Aber sie setzt alles ein, was sie zur Verfügung hat und wagt das Verwegene!

MARIANNE JEHLE-WILDBERGER / MONIKA WALLER

GESCHICHTE UND GEGENWART DES EVANGELISCHEN FRAUENBUNDES DER SCHWEIZ (EFS)

A. ZUR GESCHICHTE DES EVANGELISCHEN FRAUENBUNDES DER SCHWEIZ
(VON MARIANNE JEHLE-WILDBERGER)

Der «Evangelische Frauenbund der Schweiz» ist ein junges Kind der Frauenbewegung. Er wurde 1947 gegründet, 35 Jahre nach dem «Schweizerischen Katholischen Frauenbund». Doch der Schein trügt. Der Evangelische Frauenbund hat Wurzeln, die tief ins 19. Jahrhundert zurückreichen. Erlauben Sie mir deshalb, zunächst einen Blick auf die lange Vorgeschichte des Evangelischen Frauenbundes zu werfen.

I. DIE FRÜHE FRAUENBEWEGUNG (ZWEITE HÄLFTE DES 19. JAHRHUNDERTS)

Die organisierte Frauenbewegung der Schweiz beginnt in der zweiten Hälfte des 19. Jahrhunderts mit der Genferin Marie Goegg-Pouchoulin und der Britin Josephine Butler. Diese beiden bedeutenden Frauen sind die Mütter nicht nur der politischen, sondern auch der evangelischen Frauenorganisationen der Schweiz.

Marie Goegg-Pouchoulin stammte aus einer Genfer Hugenottenfamilie. Ihre geistige Heimat war die Aufklärung, ihr Ansatzpunkt die - um es mit den Worten von Beatrix Mesmer zu sagen - «Inkonsequenz des Liberalismus», das heisst die Ausklammerung der Frauen aus den freiheitlichen Programmen jener Zeit.[1]

---

1 BEATRIX MESMER, Ausgeklammert/Eingeklammert, Frauen und Frauenorganisationen in der Schweiz des 19. Jahrhunderts, Basel 1988, 4ff.

Evangelische Frauenbewegung der Schweiz

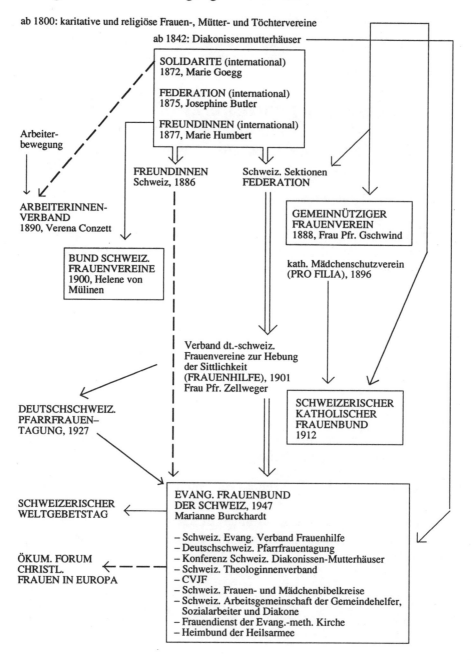

ab 1800: karitative und religiöse Frauen-, Mütter- und Töchtervereine

ab 1842: Diakonissenmutterhäuser

SOLIDARITE (international)
1872, Marie Goegg

FEDERATION (international)
1875, Josephine Butler

FREUNDINNEN (international)
1877, Marie Humbert

Arbeiter-
bewegung

FREUNDINNEN
Schweiz, 1886

Schweiz. Sektionen
FEDERATION

ARBEITERINNEN-
VERBAND
1890, Verena Conzett

GEMEINNÜTZIGER
FRAUENVEREIN
1888, Frau Pfr. Gschwind

BUND SCHWEIZ.
FRAUENVEREINE
1900, Helene von
Mülinen

kath. Mädchenschutzverein
(PRO FILIA), 1896

Verband dt.-schweiz.
Frauenvereine zur Hebung
der Sittlichkeit
(FRAUENHILFE), 1901
Frau Pfr. Zellweger

DEUTSCHSCHWEIZ.
PFARRFRAUEN–
TAGUNG, 1927

SCHWEIZERISCHER
KATHOLISCHER
FRAUENBUND
1912

EVANG. FRAUENBUND
DER SCHWEIZ, 1947
Marianne Burckhardt

SCHWEIZERISCHER
WELTGEBETSTAG

ÖKUM. FORUM
CHRISTL.
FRAUEN IN EUROPA

– Schweiz. Evang. Verband Frauenhilfe
– Deutschschweiz. Pfarrfrauentagung
– Konferenz Schweiz. Diakonissen-Mutterhäuser
– Schweiz. Theologinnenverband
– CVJF
– Schweiz. Frauen- und Mädchenbibelkreise
– Schweiz. Arbeitsgemeinschaft der Gemeindehelfer,
  Sozialarbeiter und Diakone
– Frauendienst der Evang.-meth. Kirche
– Heimbund der Heilsarmee

Nachdem Marie Goegg 1868 eine erste internationale Frauen-Assoziation gegründet hatte, kam es 1872 zur zweiten, der sogenannten «Solidarité». In deren Organ forderte sie «die absolute Gleichstellung der Frau vor dem Gesetz und in der Gesellschaft». «Diese beiden menschlichen Wesen (d.h. der Mann und die Frau), die auf dasselbe Ziel hin geschaffen wurden und die sich in allen Dingen gedrängt sehen, sich anzunähern, können nicht weiterhin in zwei verschiedene Klassen eingeteilt werden ...»[2]

Josephine Butler schöpfte ihre Motivation aus dem Christentum. Sie war die Frau eines anglikanischen Geistlichen. Ihr Anknüpfungspunkt waren die sozialen Probleme, die als Folge der Industrialisierung und Urbanisierung entstanden waren.

Josephine Butler begann ihr Wirken mit praktischer Arbeit für alleinstehende Frauen und Prostituierte in England. Doch bald erkannte sie, dass diese wohltätige Arbeit nicht genügte: «Ihr werdet förmlich ermuthigt», schreibt sie, «und es gelingt Euch vielleicht, ein neues Rettungshaus zu errichten, während andrerseits der Heerd der Sittenverderbnis ... schrankenlos und in erschreckender Progression sich ausdehnt. - Es wird ganz anders werden, sobald Ihr, ohne Eure barmherzigen Werke stehen zu lassen, den Muth habt, in offener Fehde gegen die gesetzliche Prostitution aufzutreten».[3] Gesetze zementieren nach Josephine Butler die Prostitution, deshalb plädierte sie für deren Abolition, das heisst Abschaffung. «Eine mächtigere Hand als die des Menschen hat die Schuppen von unseren Augen weggestreift», fährt sie fort. «Nichts kann das Licht verdunkeln, das Gott selbst vor uns angezündet hat ...» Sie wendet sich «gegen ein häusliches Glück, das auf dem Verderben dieser Elenden (d.h. der Prostituierten) beruht». Damit verwirft sie die damals verbreitete Doppelmoral. «Lassen wir uns nicht täuschen! Diese Entwürdigung armer, elender weiblicher Geschöpfe geht nicht sie allein an, es ist eine Kränkung der Frauenwürde überhaupt, es ist eine Beleidigung für mich, eine Schande für alle Frauen in allen Ländern der Welt.»

---

2 MARIE GOEGG-POUCHOULIN, zitiert in Frauengeschichte(n), hg. v. ELISABETH JORIS und HEIDI WITZIG, Zürich 1986, 484. - Marie Goegg war in zweiter Ehe mit Armand Goegg verheiratet, der sich an der deutschen 48er Bewegung beteiligt hatte.

3 JOSEPHINE E. BUTLER, Eine Stimme in der Wüste, Paris-Neuchâtel 1875, 41f. Die folgenden Zitate ebd. 17.26.15.

Es wird klar, dass es Josephine Butler nicht um moralische Entrüstung ging, sondern um etwas Grundsätzliches, nämlich um die Würde der Frau und letztlich, wie sie sagt, um eine «bessere Ordnung».

Anlässlich einer Vortragsreise in die Schweiz im Jahre 1875 gründete Josephine Butler in Genf die internationale «Fédération abolitionniste». Marie Goegg trat der Fédération ebenfalls bei. Umgekehrt unterstützte Josephine Butler die egalitären Forderungen Marie Goeggs und deren «Solidarité».

Es ist erstaunlich, wie modern und emanzipiert - ja geradezu feministisch - die beiden Frauen waren. Praktisch alle Themen der heutigen Frauenbewegung waren bereits da: Würde und Selbstbestimmung der Frau, Frauenbildung, politische Gleichberechtigung, auch Frieden und soziale Gerechtigkeit. Die Organisationen, die sie gründeten, waren international und einem christlichen Humanismus verpflichtet, jedoch ohne Bindung an eine spezifische Kirche.

Diese Organisationen waren elitär. In der Schweiz stellten sich nur wenige Männer und Frauen aus der evangelischen und liberalen Westschweizer und Berner Oberschicht voll dahinter. Unter ihnen befand sich das Ehepaar *Aimé und Marie Humbert* aus Neuenburg. Letztere wurde auch die erste Präsidentin der 1877 gegründeten, der Fédération verwandten «Internationalen Vereinigung der Freundinnen junger Mädchen».

Neue Spezialuntersuchungen zeigen auf, dass damals auch in der Schweiz viele Mädchen vom Land gezwungen waren, in der Stadt ihr Brot zu verdienen.[4] Hier glitten sie infolge sexueller Ausbeutung oder Arbeitslosigkeit oft in die Prostitution ab oder brachten «uneheliche» Kinder zur Welt. Vor diesem Hintergrund hatten die prophetischen Aufrufe Josephine Butlers die Entstehung vieler lokaler Sektionen der «Fédération» zur Folge, deren Mitglieder sich oft aus bereits bestehenden karitativen Vereinen rekrutierten. Doch die Geschichte der nächsten Jahrzehnte zeigt, dass man in diesen Sektionen die Anliegen Josephine

---

4 Frauengeschichte(n), wie Anm. 2, 307; ANITA ULRICH, «Marie Trottoir» in Zürich, Zur sozialen Situation der Prostitution in der Belle Epoque, in: SZG 34, 1984, 420ff.; Itinera, Fasc. 2/3, Berichte des Zweiten Schweiz. Historikerinnentreffens, Auf den Spuren weiblicher Vergangenheit, Basel 1985, 121.

Butlers und Marie Goeggs nur selektiv rezipierte. In den Vordergrund rückten nun doch die Rettungshäuser, die Josephine Butler nur als Pflästerchen hatte gelten lassen.

II. IM ZEICHEN VON SITTLICHKEIT UND MORAL

In der Generation nach Marie Goegg und Josephine Butler gab es Spaltungen und neue Sammlungen in der Frauenbewegung der Schweiz.

Einerseits entstand 1888 der «Schweizerische Gemeinnützige Frauenverein». Dieser verlangte: «Statt Rechte der Frau - Fürsorge und Gemeinnützigkeit.» Die erste Präsidentin des neuen Dachverbandes, *Rosina Gschwind*, nannte als ihre Ideale «Sittlichkeit, Häuslichkeit, die glückliche Familie».[5] In Haushaltkursen sollten die Mädchen zu guten Müttern herangebildet werden.

Anderseits gründeten 1890 die Arbeiterinnen mit *Verena Conzett* ihren eigenen Verband, in dem gerade die Ideen der Frauenemanzipation und der sozialen Gerechtigkeit weitergetragen wurden.

Die «Freundinnen junger Mädchen» gründeten eine schweizerische Sektion. Sie widmeten sich vor allem der Präventionsarbeit.

Kurz nach Ausbruch des Ersten Weltkrieges - in einer Zeit, da internationale Verständigung unpopulär geworden war - versuchte *Clara Ragaz*, den Friedensgedanken wachzuhalten. Sie war Mitbegründerin der «Internationalen Frauenliga für Frieden und Freiheit».

Die Genferinnen schliesslich unternahmen um die Jahrhundertwende einen neuen Anlauf in Sachen Frauenrechte. Auf ihren Anstoss wurde im Jahre 1900 der «Bund Schweizerischer Frauenvereine» (BSF) gegründet. Er sollte das Sammelbecken für sämtliche Frauenorganisationen der Schweiz werden, wozu es allerdings nie kam. Erste Präsidentin war die Bernerin *Helene von Mülinen*.[6] Sie war Mitglied der butlerschen «Fédération», und sie verstand sich als überzeugte Christin - und: sie

---

5 ROSINA GSCHWIND, zitiert in: Frauen der Welt, hg. v. der Red. NZZ, 1982, 12. - Rosina Gschwind war christkatholische Pfarrfrau.
6 Zu Helene von Mülinen vgl. Die Evangelische Schweizerfrau, Nr. 1, Basel 1947, Vorwort.

vertrat die Ideen der Gleichberechtigung und des Abolitionismus in alter Ungebrochenheit. Nicht umsonst erinnerte man sich bei der Gründung des Evangelischen Frauenbundes der Schweiz dieser grossen Frau als einer der Gründerinnen der christlichen Frauenbewegung.

In den deutschschweizerischen Sektionen der «Fédération» stiessen aber gerade die Gleichberechtigungsforderungen und der Abolitionismus je länger, je mehr auf Unverständnis. Deshalb lösten sie sich 1901 von der internationalen Organisation und gründeten den «Verband deutsch-schweizerischer Frauenvereine zur Hebung der Sittlichkeit». Wie der barocke Titel der neuen Organisation sagt, ging es um die «Hebung der sittlichen Begriffe im Volk», um die «Förderung des Familienlebens» und um «Bewahrung und Rettung schutzbedürftiger Kinder und gefährdeter und gefallener Mädchen».[7] Dazu sollte gerade nicht die Abschaffung, sondern die Verschärfung der Sittlichkeitsgesetze dienen. Wir stellen also fest, dass sich der Sittlichkeitsverband dem Geschlechterdualismus der «Gemeinnützigen» annäherte. Zu seiner Ehre sei aber gesagt, dass er immer noch im butlerschen Sinne der Doppelmoral entgegentrat[8], dazu eine Gesetzeskommission[9] ins Leben rief und in verschiedenen Städten «Zufluchtshäuser»[10] für Frauen und Mädchen jeglichen Standes eröffnete, die als Vorläufer der heute teilweise ja immer noch als progressiv verschrieenen Frauenhäuser gelten können.

Die Frauenbewegung der Schweiz war nun also in eine Vielzahl von Organisationen zersplittert. Natürlich gab es Querverbindungen. So publizierte der «Sittlichkeitsverband» einerseits gemeinsam mit den «Freundinnen» das Organ «Aufgeschaut, Gott vertraut», anderseits arbeitete er praktisch mit den «Gemeinnützigen» zusammen und schloss sich später sogar dem «Bund Schweizerischer Frauenvereine» an.

Nach dem Gesagten dürfte deutlich geworden sein, dass sowohl die «Gemeinnützigen» wie der «Bund Schweizerischer Frauenvereine» wie die «Freundinnen» christliche Wurzeln hatten. Die mitgliederreichste

---

7 Verband deutsch-schweizerischer Frauenvereine zur Hebung der Sittlichkeit, Gesamtbericht Aarau 1914, 9.

8 Z.B. PAULINE LIER im Jahresbericht der Sektion St. Gallen 1908/9, Archiv Frauenhilfe St. Gallen.

9 Aus: SALOME STAEHELIN, Rückblick auf 75 Jahre Frauenhilfe, 1976, ungedruckt.

10 Gesamtbericht 1914 (wie Anm. 7), Sektion Basel.

Organisation, der «Sittlichkeitsverband», stellte sich auch nach seinen Statuten bewusst auf christliche Grundlage. Die Mehrzahl seiner Präsidentinnen waren Pfarrfrauen[11], und es ist bezeichnend, dass 1927 aus diesem Verband heraus der Anstoss zur «Deutschschweizerischen Pfarrfrauentagung» kam.

Alle diese Organisationen waren also mehr oder weniger christlich geprägt. Meistens waren es evangelische Frauen, besser gesagt: «Damen», die in ihnen den Ton angaben. Aber alle Verbände, ohne Ausnahme, bezeichneten sich als konfessionell neutral. Noch 1929, als man den «Sittlichkeitsverband» in «Schweizerischer Verband Frauenhilfe» umbenannte[12], liess man das «Evangelisch» weg. Es ging den damaligen evangelischen Frauen in der Schweiz nicht um das Konfessionelle, sondern um Sachprobleme, zu deren Lösung sie einen Beitrag leisten wollten, wobei die christliche Motivation teilweise eher unbewusst im Hintergrund stand. Sie hatten nichts dagegen, wenn auch kirchlich wenig engagierte Protestantinnen und sogar Katholikinnen dabei waren, was allerdings in der Praxis je länger, desto weniger der Fall war.

Ich möchte dem Vortrag von Anne Marie Höchli-Zen Ruffinen nicht vorgreifen, aber ich meine, dass die Gründung des «Schweizerischen Katholischen Frauenbundes» von 1912 eine Reaktion auf die bereits bestehende - evangelisch dominierte - Frauenbewegung war.

III. DIE GRÜNDUNG UND DIE ANFÄNGE DES EVANGELISCHEN FRAUENBUNDES DER SCHWEIZ (EFS) 1947

In Deutschland hatten sich evangelische Frauen bereits 1899 zum «Deutsch-Evangelischen Frauenbund» zusammengeschlossen.[13] Dieser

---

11 Erste Präsidentin des Sittlichkeitsverbandes war Frau Pfarrer Lily Zellweger-Steiger aus Basel, die zweite - sehr langjährige - Frau Pfarrer E. Schmuziger aus Aarau. Letztere rief die Deutschschweizerische Pfarrfrauentagung ins Leben; vgl. FRANZISKA MARIA BRACHER, Aus der Geschichte der Evangelischen Frauenhilfe Bern 1886-1986, Akzessarbeit evang.-theol. Fakultät Bern 1986, hg. v. Vorstand der Evang. Frauenhilfe Bern, 16.

12 Dies wohl nach Vorbild der deutschen, 1899 gegründeten, vorwiegend auf Gemeindeebene tätigen *Frauenhülfe* des Evangelisch-kirchlichen Hülfsvereins.

13 Der Deutsch-Evangelische Frauenbund entstand also im selben Jahr wie die Frauenhülfe. Im Gegensatz zu jener war er teilweise politisch ausgerichtet.

überstand die nationalsozialistische Zeit und blühte nach dem Zweiten Weltkrieg neu auf. Bei meinen Nachforschungen ist es mir nicht gelungen, Hinweise auf einen direkten Einfluss der deutschen Dachorganisation auf die Gründung des Evangelischen Frauenbundes der Schweiz zu finden. Ein indirekter ist aber wahrscheinlich. Sicher ist, dass der «Verband Frauenhilfe» sich in einem Buch über die Innere Mission in der Schweiz von 1940 als «evangelisch» bezeichnete und dass in diesem Verband auch das Postulat nach einem Zusammenschluss mit andern evangelischen Frauenorganisationen heranreifte. Doch es bedurfte eines äusseren Anlasses, damit weitere Kreise dafür gewonnen werden konnten.

1946 sollte in Zürich der «Dritte Schweizerische Frauenkongress» stattfinden. Es war dafür auch eine Sektion unter dem Titel «Das Christentum im Wirken der Frau» geplant. Eine Katholikin und die damalige Sekretärin der «Frauenhilfe Zürich», die jungverwitwete Pfarrfrau *Marianne Burckhardt-Pfisterer*[14], sollten gemeinsam die Leitung übernehmen. Während sich unter den gut organisierten Katholikinnen mühelos Mitarbeiterinnen für das Projekt finden liessen, gab es auf evangelischer Seite Probleme. Schliesslich bat Marianne Burckhardt die ihr damals noch nicht persönlich bekannte *Marga Bührig* telefonisch um Hilfe.[15] Dieses Telefongespräch brachte den Stein in Rollen.

Nach dem erfolgreichen Verlauf ihrer Veranstaltungen am Frauenkongress führten Marianne Burckhardt und Marga Bührig eine Umfrage nach der Wünschbarkeit eines evangelischen Frauendachverbandes durch. Frauenhilfe, Pfarrfrauen, Diakonissen, Gemeindehelferinnen, Theologinnen, Mädchenbibelkreise und Methodistinnen antworteten positiv. Sie waren sich alle einig, dass das evangelische Anliegen beim «Bund Schweizerischer Frauenvereine» und bei den «Gemeinnützigen» nicht mehr genügend aufgehoben sei. Die Erfahrung, dass die katholischen Reihen geschlossen waren, und der Wunsch, die evangelischen Frauen möchten eine «Kraft im Lande» bedeuten, waren die ausschlag-

---

14 MARIANNE BURCKHARDT-PFISTERER, Details zum Telefongespräch, in: 1947/72, Evangelischer Frauenbund der Schweiz, ungedruckt, Archiv EFS Zürich.
15 MARGA BÜHRIG, Spät habe ich gelernt, gerne Frau zu sein, Stuttgart 1987, 74.

gebenden Motive.[16] Auch welsche Frauenvereine gaben ihr Einverständnis. Sie waren häufig bewusster evangelisch als die deutschschweizerischen. Zudem war die Stunde günstig nach dem allgemeinen helvetischen Schulterschluss im Zweiten Weltkrieg. - Der damalige Präsident des «Schweizerischen Evangelischen Kirchenbundes», Alphons Koechlin, unterstützte das Anliegen nachdrücklich. Es soll an dieser Stelle aber nochmals betont werden, dass die evangelischen Frauen selbst die Initiative ergriffen und dass es sich im Gegensatz zum «Schweizerischen Katholischen Frauenbund» eindeutig um eine Bewegung von unten nach oben handelte.

So kam es am 31. Mai 1947 in Zürich zur Gründungsversammlung. Es waren Vertreterinnen von vierzehn evangelischen Frauenorganisationen anwesend. Zur ersten Präsidentin des Evangelischen Frauenbundes der Schweiz wurde Marianne Burckhardt gewählt. In zwei Kurzreferaten skizzierten Marga Bührig und die Genferin Gertrude Jornod die Ziele des Dachverbandes. Heute sei eine klare Stellungnahme nötig für die Sache Christi, sagte Marga Bührig, auch werde von den evangelischen Frauen eine einheitliche Linie erwartet. «Wir haben vom Evangelium her eine Antwort zu suchen in der Frage der Ebenbürtigkeit und Unterordnung der Frau»[17], fuhr sie vorsichtig fort, während *Gertrude Jornod* die evangelischen Frauen pathetisch «des femmes victorieuses, libérées, triomphantes, rayonnantes»[18] nannte.

Die «Frauenhilfe», von der die Initiative ja ausgegangen war, fügte noch 1947 ihrem Namen das «Evangelisch» ein. - Nicht alle evangelischen Frauen konnten sich aber mit dem «Evangelisch» anfreunden. Die «Freundinnen junger Mädchen» zögerten noch jahrelang, sich dem Evangelischen Frauenbund anzuschliessen. Sie hielten die Fiktion konfessioneller Neutralität aufrecht, obwohl es bei ihnen seit der Gründung der katholischen Parallelorganisation «Pro Filia» keine Katholikinnen

---

16 Jahresbericht des Evangelischen Frauenbundes der Schweiz (EFS) 1956/57, ungedruckt, Archiv EFS Zürich.

17 Vortragsmanuskript MARGA BÜHRIG, Archiv EFS Zürich; Protokoll der Gründungsversammlung des EFS vom 31. Mai 1947 in Zürich, Archiv EFS Zürich; 1947/72 (wie Anm. 14).

18 Protokoll Gründungsversammlung (wie Anm. 17).

mehr gab. Diese Episode zeigt ein Dilemma auf, das bis heute für einen Teil der evangelischen Frauen seine Gültigkeit behalten hat.[19]

Der Evangelische Frauenbund wollte am Anfang vor allem ein Ort der Begegnung sein.[20] An den jährlichen Delegiertenversammlungen lernte man sich kennen. Dazu kamen noch jährliche Präsidentinnenzusammen-künfte. Auch das neue Organ, «Die Evangelische Schweizerfrau», deren Redaktion übrigens bald Marga Bührig übernahm, förderte den Zusammenhalt. Der Evangelische Frauenbund wurde auch zu einem Ort der gegenseitigen Förderung und Ermutigung.

Neben die institutionellen Verbindungen traten die persönlichen. Ein Beispiel: *Helen Stotzer-Kloo* war in den frühen 70er Jahren Vorstands-mitglied, Präsidentin des Weltgebetstages und Redaktorin von «Schritte ins Offene», dem Nachfolgeorgan der «Evangelischen Schweizerfrau» (darüber später), in einer Person.[21] Zudem vertrat sie den Evangeli-schen Frauenbund in der «Arbeitsgemeinschaft der konfessionellen Frauenverbände» und in der «Arbeitsgemeinschaft für Evangelische Er-wachsenenbildung».

IV. GLAUBE UND ÖKUMENE

Ich kehre zum programmatischen «Evangelisch» von 1947 zurück. In §1 der Statuten hiess es: «Der Verband steht auf bewusst evangelischer Grundlage.»[22] Was wurde daraus? - 1949 wurde beschlossen, Kader-kurse im - wie es wörtlich heisst - «evangelischen Denken» zu veran-stalten, zuerst für die deutsche Schweiz auf dem Hasliberg, dann auch für das Welschland in Vaumarcus. Dabei zeigte sich das «Verlangen nach ernster Bibelarbeit».[23] Diese Formulierungen lassen erkennen, dass

---

19 Im Jahre 1990 sind die "Freundinnen" wieder aus dem EFS ausgetreten, teilweise immer noch aus demselben Grund.

20 Protokoll Gründungsversammlung (wie Anm. 17).

21 Für die nachfolgende Darstellung der Weltgebetstagsarbeit habe ich Anregungen entnommen aus: HELEN STOTZER-KLOO, Der Weltgebetstag, ungedruckt, Archiv EFS Zürich.

22 Protokoll Gründungsversammlung (wie Anm. 17).

23 Vorstandsprotokolle EFS vom 5. März und 25. Juni 1949 sowie vom 3. Juni 1951, Archiv EFS Zürich.

es die besonders von Karl Barth und Emil Brunner geprägte Theologie war, die dem Evangelischen Frauenbund Pate stand.

Die Sorge um das konfessionelle Gleichgewicht stand in den ersten Jahren stark im Vordergrund. Doch schon im Jahresbericht von 1952/53 lesen wir: «Man sollte nichts spüren von Enge, von Ausschliessung, wohl aber von frohen, tapferen Herzen.»[24] Zur Sammlung gesellte sich also die Öffnung. Das «Evangelisch» verlor seinen konfessionellen Klang und bedeutete nun eine dem Evangelium entsprechende Haltung. So sind Glaube und Ökumene beim Evangelischen Frauenbund bald nicht mehr voneinander zu trennen.

Auf dieser Linie lag es, wenn der Evangelische Frauenbund seinen Mitgliedsverbänden seit 1949 den Weltgebetstag zur Durchführung empfahl. Die Idee, die von presbyterianischen und baptistischen Frauen der USA stammt, war zu jenem Zeitpunkt zwar schon 60 Jahre alt, in der Schweiz aber noch kaum bekannt. Der Evangelische Frauenbund beteiligte sich auch praktisch an der Organisationsarbeit.[25] Die Idee zündete. Das Wachstum des Weltgebetstages lässt sich an der Kollekte ablesen: von 6'000 Franken im Jahr 1954 auf 581'000 Franken im Jahr 1987!

Die Weltgebetstagsarbeit ist Pionierarbeit, und zwar in vierfacher Hinsicht:

Erstens: Sie ist international.

Zweitens: Sie ist ökumenisch - zuerst im Sinne der Zusammenarbeit von Frauen aus der Landeskirche mit Frauen aus Freikirchen. Seit der Mitte der 60er Jahre beteiligen sich auch Katholikinnen.

Drittens: Sie ist Laienarbeit: Frauengruppen bereiten die Gottesdienste vor und führen sie auch durch. Der Weltgebetstag hat viel beigetragen zur Bildung verantwortlicher und aktiver Frauen in den Gemeinden.

Viertens: Die Weltgebetstagsarbeit gab der Gesamtkirche wichtige Impulse. Von Anfang an wurde in den Gottesdiensten das Unservater ge-

---

24 Jahresbericht EFS 1952/53, ungedruckt, Archiv EFS Zürich.

25 Wie mir Marianne Burckhardt-Pfisterer persönlich mitteilte, wurde sie nach dem ersten, von ihr organisierten Weltgebetstagsgottesdienst in Zürich gefragt: «Ja, haben denn das wirklich die Frauen allein gemacht?»

meinsam gesprochen, was damals noch unüblich war.[26] Die Liturgie von 1972 wurde vielerorts als derart unkonventionell empfunden, dass sich eine öffentliche Diskussion in Presse und Radio entspann.

Zu einem Schlüsselerlebnis hinsichtlich Glaube und Ökumene wurde die SAFFA («Schweizerische Ausstellung für Frauenarbeit») im Jahr 1958. Am zentralen Weg der Frauenausstellung stand die Saffakirche. Während der ganzen zweieinhalb-monatigen Ausstellungsdauer gestalteten Katholikinnen, Christkatholikinnen und Protestantinnen täglich ein ökumenisches Mittagsgebet. «Wir sind uns näher gekommen im gemeinsamen Dienst am Kirchlein» stellt der Jahresbericht des Evangelischen Frauenbundes fest.[27]

Eine Frucht der SAFFA war die «Arbeitsgemeinschaft der konfessionellen Frauenverbände der deutschen Schweiz». 1970 wagte es diese erstmals, eine gemeinsame, im kirchenrechtlichen Sinne allerdings katholische Eucharistiefeier durchzuführen. Leider schlief die Arbeitsgemeinschaft bald danach ein. Die Groupe oecuménique romand existiert jedoch nach wie vor.

In der deutschen Schweiz ging die Zusammenarbeit in anderer Form weiter: 1971 fassten der katholische und der evangelische Frauenbund den mutigen Entschluss, eine ökumenische Frauenzeitschrift mit dem aufschlussreichen Titel «Schritte ins Offene» zu gründen. Die Aufbruchsjahre nach dem Konzil waren einem solchen Vorhaben günstig. Eine Leserumfrage in der «Evangelischen Schweizerfrau» hatte eine Ja-Mehrheit von 65% ergeben. In Heft 1 schrieb *Anne Marie Höchli-Zen Ruffinen*[28], die damalige Präsidentin des «Katholischen Frauenbundes»: «Es soll etwas Neues, bisher noch nicht Existierendes entstehen: eine Schrift, die sich an zwei bisher getrennte Leserkreise wendet, die die Leserinnen von jetzt an auf einzigartige Weise verbindet, zusammenschliesst zu einem Kreis - das ist unser grosser Wunsch -, der sich wei-

---

26 Der Zürcher Kirchenrat erhielt daraufhin eine Reklamation, weil im Grossmünster, «der Kirche Zwinglis, wieder Gebete gemurmelt würden». Marianne Burckhardt in 1947/72 (wie Anm. 14).

27 Jahresbericht EFS 1957/58, ungedruckt, Archiv EFS Zürich; vgl. auch BÜHRIG (wie Anm. 15) 112.

28 ANNE MARIE HÖCHLI-ZEN RUFFINEN, Schritte ins Offene, Heft 1, Zürich 1971, Vorwort.

ten und ausdehnen möge über unsere Organisation hinaus.» Das Experiment bewährte sich: «Schritte ins Offene» haben dank ausgezeichneter Redaktorinnen eine ungeahnt positive Entwicklung genommen und behaupten trotz ökumenischem Frost einen festen Platz unter den kirchlichen Presseorganen (heutige Auflage: 11'000).

V. DER EVANGELISCHE FRAUENBUND DER SCHWEIZ ALS STIMME DER EVANGELISCHEN FRAU IN DER ÖFFENTLICHKEIT

Nach der religiösen möchte ich noch kurz eine weitere Entwicklungslinie innerhalb des Evangelischen Frauenbundes aufzeigen: die politische. Bereits in den beiden Referaten der Gründungsversammlung wurde angedeutet, dass der Evangelische Frauenbund nicht darum herumkommen würde, auch zu politischen Fragen, insbesondere zur Gleichberechtigung der Frau, Stellung zu nehmen, allerdings nicht im Sinne einer Priorität. Zumindest im Vorstand wurde man sich schon nach wenigen Jahren einig, dass «der Evangelische Frauenbund die Aufgabe (hat), nach aussen hin die evangelischen Frauen zu vertreten. Das bedeutet ... das Einstehen für die Sache des Evangeliums auch in all den Fragen, die uns Frauen angehen. Es ist einfach nötig, dass z.B. in schweizerischen Kommissionen auch die evangelische Sicht der Dinge vertreten wird, und es ist ganz klar, dass diese Stimme eher Gehör findet, wenn ... möglichst viele Gruppen und Vereine zusammenstehen».[29] Im Gegensatz zu Behauptungen, wie sie etwa im Sammelband «Frauengeschichte(n)» zu finden sind, war der Evangelische Frauenbund also von Anfang an keineswegs apolitisch![30] Diese Entwicklung war schon deshalb unausweichlich, weil es die Öffentlichkeit selbst war, die mit immer zahlreicheren Anfragen an den Evangelischen Frauenbund gelangte.

---

29 Werbeblatt «Der Evangelische Frauenbund der Schweiz - was ist er und was will er?», 1950, Archiv EFS Zürich. In den neuen Statuten des EFS von 1954/55 wurde in Art. 1 eingefügt, der Zusammenschluss der evangelischen Frauen bestehe, «um ihre gemeinsamen Anliegen und Grundsätze in der Öffentlichkeit zu vertreten». Jahresbericht EFS 1954/55, ungedruckt, Archiv EFS Zürich.
30 Frauengeschichte(n), wie Anm. 2, 469.

Im Jahre 1954 gab es einen ersten Anlauf zu einem neuen Gesetz über die Kranken- und Mutterschaftsversicherung. Der Vorstand sandte den Vorentwurf den Mitgliedverbänden zur Stellungnahme. Bei der Auswertung der Fragebögen machte man die bemerkenswerte Feststellung, dass sich die Meinung der evangelischen Frauen im Vergleich zu den anderen Frauenverbänden derjenigen der Sozialdemokratinnen am meisten näherte.[31] Bei späteren Vernehmlassungen kann man ähnliche Beobachtungen machen.

Ich füge noch ein zweites Beispiel an: Anlässlich der Delegiertenversammlung des Evangelischen Frauenbundes von 1958 wurde der Presse folgende Resolution zugestellt (ich zitiere den französischen Wortlaut, da ich den entsprechenden deutschen Text nicht gefunden habe): «Les participantes à l'assemblée générale ... verraient avec grand plaisir que le droit de vote exclusivement masculin soit converti dans notre Etat démocratique en droit de vote actif et passif des adultes; elles sont persuadées que Jésus-Christ appelle aujourd'hui les femmes à servir également dans les affaires publiques. C'est pourquoi elles luttent pour l'introduction du droit de vote féminin actif et passif.»[32] Um dieselbe Zeit, da der Entscheid für das Frauenstimmrecht fiel, beschloss der Evangelische Frauenbund, seine Stimme in der Öffentlichkeit auch dort geltend zu machen, wo es nicht um Frauenfragen ging.

Ich komme zum Schluss meines Vortragsteils. Ich möchte nochmals betonen, dass mit der Öffnung zur Ökumene und mit der Öffnung zur Politik im noch jungen Evangelischen Frauenbund wichtige Weichen gestellt wurden. Ich hoffe, meine Ausführungen haben auch klar gemacht, dass die evangelische Frauenbewegung nach einer Zeit der Zersplitterung und der Verbürgerlichung zur alten Einheit und geistigen Weite zurückgefunden hat, nun allerdings auf viel breiterer Basis. Der Kreis hat sich im Jahr 1987 auch äusserlich geschlossen mit der Auf-

---

31 Jahresbericht EFS 1954/55 (wie Anm. 29).
32 Protokoll der Generalversammlung vom 7./8. November 1958 in St. Gallen, ungedruckt, Archiv EFS Zürich. Der Entscheid fällt in die Zeit der zweiten Präsidentin, der Diakonisse Dora Schlatter. Nach Auskunft von Anne Marie Höchli-Zen Ruffinen fiel der Entscheid im Schweizerischen Katholischen Frauenbund ein Jahr früher.

nahme des schweizerischen Zweiges der «Association Joséphine Butler», die sich heute vor allem gegen die Kinderprostitution einsetzt.

B. DER EVANGELISCHE FRAUENBUND DER SCHWEIZ HEUTE
(VON MONIKA WALLER)[33]

Nachdem meine Kollegin die Geschichte der Frauenbewegung bis hin zur Gründung des Evangelischen Frauenbundes der Schweiz geschildert und Sie noch bis in die Gegenwart geführt hat, bleibt mir die Aufgabe, Ihnen unsern Verband, so wie er heute besteht und arbeitet, vorzustellen.

Ich werde meine Aufgabe in drei Teile gliedern: I. Die Struktur des Evangelischen Frauenbundes der Schweiz; II. Schwerpunkte unserer Arbeit; III. Schlussgedanken.

I. ZUR STRUKTUR DES EVANGELISCHEN FRAUENBUNDES DER SCHWEIZ

Im Evangelischen Frauenbund der Schweiz sind ca. 80 schweizerische, kantonale und lokale Vereinigungen zusammengeschlossen, zudem gehören ihm 215 Einzelmitglieder an. Dies ergibt ein Total von gegen 200'000 Mitgliedern. Die jährliche *Delegiertenversammlung* vereinigt die verschiedenen Organisationen und findet alternierend in der deutschen und der welschen Schweiz statt.

Der *Zentralvorstand* besteht zur Zeit aus 17 Mitgliedern. Die Vorstandsmitglieder sind einerseits Vertreterinnen der angeschlossenen Vereini-

---

33 "Heute" bezieht sich auf den Winter 1988/89. Bis zur Drucklegung des Buches sind mehr als zwei Jahre vergangen, in denen die Arbeit und Entwicklung im EFS nicht stillstanden. Themen wie "Warum streiten wir, wenn wir vom Frieden sprechen?" oder "Sucht und Lebenssinn" haben uns seither intensiv beschäftigt. Das Arbeitsheft "Bio-Ethik" ist fertiggestellt und wird als Arbeitshilfe rege benützt. Ganz neu versuchen wir, in Zusammenarbeit mit andern grossen schweizerischen Frauenorganisationen, politische Anliegen in der Öffentlichkeit zu vertreten und gemeinsam Ziele zu erreichen (Sozialversicherung, Situation der Drittweltfrauen in der Schweiz etc.).

gungen oder werden ad personam gewählt. Wir kommen jährlich in neun bis zehn ganztägigen Sitzungen zusammen, und jede von uns nimmt gewisse Arbeiten mit nach Hause.

Ein grosser Teil der Arbeit geschieht in *Kommissionen* oder *Arbeitsgruppen*. Die inhaltlichen Schwerpunkte ihrer Tätigkeit lassen sich in folgende Gebiete gliedern:

Erstens: Der Bereich «Glaube»: Theologische Kommission, Weltgebetstag, Groupe oecuménique romand des associations féminines.

Zweitens: Der Bereich «Bildung»: Arbeitstagungen in Vaumarcus und «Frauen unterwegs», Zeitschriften «Approches» und «Schritte ins Offene».

Drittens: Der Bereich «Stimme in der Öffentlichkeit»: juristische Kommission, Arbeitsgruppe Frieden.

Viertens: Der Bereich «Internationale Beziehungen»: Commission d'Entraide, Arbeitsgruppe Südafrika.

Ich werde in meinem zweiten Teil «Schwerpunkte der Arbeit» genauer auf die Arbeit einzelner Kommissionen und Arbeitsgruppen eingehen.

In Zürich befindet sich unser *Sekretariat*, ausgestattet mit einer qualifizierten Sekretärin und Teilzeitaushilfen. Dort werden die anfallenden Schreibarbeiten erledigt. Dort geschieht die Koordination der vielschichtigen Arbeit, dort werden all die Aufträge der ehrenamtlich arbeitenden Vorstandsmitglieder ausgeführt.

II. SCHWERPUNKTE UNSERER ARBEIT

Einführend möchte ich festhalten, dass wir versuchen, all unsere Arbeit auf bewusst christlicher Grundlage zu tun. Das Wort «evangelisch» in unserem Namen soll nicht einfach ein leeres Wort sein. Wir versuchen, all unsere Entscheidungen, unsere Überlegungen, unser Handeln auf der Grundlage des Evangeliums zu tun. Wir wollen in christlicher Verantwortung arbeiten. Evangelisch heisst nicht einfach Zugehörigkeit zur evangelischen Kirche, sondern dem Evangelium gemäss.

Im folgenden möchte ich die Schwerpunkte unserer Arbeit in drei Teile gliedern: 1. Die Bildungsarbeit; 2. Die Stimme des Evangelischen Frauenbundes in der Öffentlichkeit; 3. Internationale Verknüpfungen.

1. Die Bildungsarbeit

Eine der Hauptaufgaben des Verbandes ist unser Beitrag zur Bildung oder Weiterbildung der Frauen. Wir versuchen, Themen zu erspüren, aufzugreifen, zu studieren und anschliessend an unsere Verbände weiterzugeben mittels Arbeitsheften, Tagungen, Kursen und Publikationen.

Ich beginne bei den *Arbeitsheften*. In den letzten Jahren haben wir verschiedene Arbeitshefte herausgegeben. Es ging bei diesen Arbeiten, die durch ad hoc gegründete Arbeitsgruppen erstellt wurden, immer darum, die Verbände gut zu informieren, Grundlagen zu eigenen Überlegungen zu liefern, die Verbände zur Arbeit und Information ihrer Mitglieder zu ermuntern. Ich möchte Ihnen vier unserer Arbeitshefte kurz vorstellen:

Im Jahre 1984 wurde die Arbeitsmappe zur Initiative «Recht auf Leben» herausgebracht. Das Heft enthielt eine juristische Stellungnahme, einen historischen Rückblick, eine Definition der verschiedenen Lösungen, theologische und psychologische Überlegungen, Literaturangaben zur Information und schliesslich einen Fragenkatalog. Dieses Heft stiess auf sehr grosses Interesse.

Nur wenig später, Ende 1985, hat die Arbeitsgruppe «Frieden» das Heft «Umdenken» fertiggestellt. Gedacht für die Arbeit an der Basis, sollte es ein Umdenken fördern im Sinne von Gesamtverantwortung anstatt Gesamtverteidigung. Neben staatspolitischen Aspekten um Sicherheitspolitik und Gesamtverteidigung befasst sich das Heft auch mit dem Friedens- und Sicherheitsverständnis der Bibel und nimmt in einem dritten Teil den Frauenalltag in den Themenkreis hinein.

Des weiteren ist eine Arbeitsgruppe im Augenblick daran, ein Arbeitsheft zum Thema «Biotechnologie und Ethik» zu erarbeiten. Es soll Anregung und Hilfe bieten für die Auseinandersetzung mit dieser komplexen Problematik anhand von praktischen Beispielen aus den Bereichen «künstliche Befruchtung», Genmanipulation in Medizin und Arzneimitteln, Erbgutforschung und genetische Eingriffe in der Landwirtschaft. Wir hoffen, die Frauen an der Basis zu ermuntern, sich von wissenschaftlichen Begriffen nicht abschrecken zu lassen, sondern sich im Gegenteil damit zu befassen. All diese Fragen gehen uns Frauen sehr viel an.

Die theologische Kommission des Evangelischen Frauenbundes hat eine Stellungnahme zum Studienheft des Reformierten Weltbundes «Ihr werdet meine Zeugen sein» erarbeitet und im Jahre 1986 herausgebracht. Die Studie, die in zwei verschiedenen Fassungen in deutscher und französischer Sprache vorliegt, soll interessierte Frauen anregen, am schwierigen Selbstbesinnungsprozess der verschiedenen reformierten Kirchen auf ihre Weise teilzunehmen. Im Augenblick ist die theologische Kommission daran, sich zu den feministischen Thesen zu Gerechtigkeit, Friede und Bewahrung der Schöpfung zu äussern.

Hier möchte ich anfügen, dass der Evangelische Frauenbund der Schweiz sich nicht einfach mit der feministischen Theologie identifiziert. Wir verfolgen mit grossem Interesse die feministischen Strömungen. Von seiten der Feministinnen werden wir aber oft als konservativ, alten Strukturen verhaftet, bezeichnet.

Ein ganz wesentlicher Zweig unserer Bildungsarbeit sind die *Tagungsangebote*, einerseits die Delegiertenversammlungen, die immer einem besonderen Thema gewidmet sind, anderseits die Herbsttagungen für die Verantwortlichen der angeschlossenen Verbände, an denen immer wieder in der Luft liegende Probleme aufgegriffen werden. So bedeutete die Delegiertenversammlung 1988 für den Evangelischen Frauenbund den Einstieg in die Thematik der vom Ökumenischen Rat der Kirchen ausgerufenen Dekade «Kirchen in Solidarität mit den Frauen». Wir spürten, dass Sinn und Zweck dieser Dekade nicht für alle Frauen gleichermassen eindeutig zu formulieren sind. An unseren Herbsttagungen haben wir denn auch die angesprochenen Themen weiterverfolgt, in Zürich mit dem Tagungsthema «Solidarität unter Frauen in der Schweiz» und in Sierre mit dem Thema rund um die «Macht»: «le pouvoir, pouvoir apprendre, apprendre à pouvoir, apprendre le pouvoir».

Ein weiterer Teil der Bildungsarbeit sind die *Kurse*, zum Beispiel die alljährlichen Arbeitstagungen von Vaumarcus in der Westschweiz seit

1951 und in der deutschen Schweiz auf dem Herzberg, die «Frauen unterwegs» seit 1980. Die Tagungen in der Westschweiz, das Camp de Vaumarcus der femmes protestantes sind eigentliche Grossanlässe. Da kommen jedes Jahr zweihundert bis dreihundert Frauen für zweieinhalb Tage zusammen und erleben gute Vorträge, intensives Arbeiten in Gruppen, gutes Beisammensein, Bereicherung für den Frauenalltag und Anstösse für die Arbeit in der Kirchgemeinde.

Zu unseren Bildungsangeboten dürfen wir auch unsere Zeitschrift *«Approches»* in französischer Sprache und die sicher vielen bekannte ökumenische Zeitschrift *«Schritte ins Offene»* zählen.

2. Die Stimme des Evangelischen Frauenbundes in der Öffentlichkeit

Unsere juristische Kommission, die grösstenteils aus Juristinnen, aber auch aus an juristischen Fragen interessierten Laien besteht, beantwortet für unsern Verband die *Vernehmlassungen* des Bundes. Wenn die Frist reicht, werden die Vernehmlassungen auch an unsere angeschlossenen Verbände zur Stellungnahme weitergeleitet. Es scheint uns ausserordentlich wichtig, dass in diese Antworten unser evangelisches Anliegen einfliesst. Unser Verband ist auch in *öffentlichen Gremien* vertreten. So haben wir einen Sitz in der Eidgenössischen Kommission für Frauenfragen seit deren Beginn im Jahre 1976 und einen Sitz in der Eidgenössischen AHV/IV-Kommission. Ich halte es für sehr wertvoll und wichtig, dass in diesen eidgenössischen Gremien die konfessionellen Dachverbände eine Vertretung haben.

Unter «Stimme in der Öffentlichkeit» fällt ganz sicher unsere *Friedenskampagne*. Kennen Sie sie? Ich möchte gerne dafür ein wenig Zeit verwenden. Zusammen mit den «Frauen für den Frieden Schweiz» wurde diese Kampagne erstmals 1985 lanciert. Die Kampagne stützt sich auf ein vom Nationalrat angenommenes Postulat und fordert vom Bund eine Koordinationsstelle für Friedensforschung. Die Teilnehmerinnen wenden sich in einer Kartenaktion an den Bundespräsidenten und die Parlamentarier und Parlamentarierinnen, um die Finanzierung dieser Koordinationsstelle durch öffentliche Mittel zu verlangen. Um ihrer Forderung Nachdruck zu verleihen, zahlen die Teilnehmer und Teilnehmerinnen eine freiwillige Friedenssteuer in den Friedensfonds, der kleinere Pilotprojekte der Friedensforschung finanziert. Bis heute haben mehr als zweitausend Personen an die 240'000 Franken eingezahlt. Ein Aufsichts-Komitee beschliesst über finanzielle Unterstützungen. Wir haben also das alte christliche Anliegen «Frieden» wieder aufgenommen, das in der evangelischen Frauenbewegung schon wiederholt Thema war. Populär ist das Thema immer noch nicht, und wir riskieren, missverstanden und als «links» abgestempelt zu werden.

Als öffentliche Stimme des Evangelischen Frauenbundes betrachte ich auch unsere Parolen bei gewissen *Abstimmungen*. So haben wir uns ganz eindeutig zur Mutterschaftsversicherung und ebenso zur Initiative der «Nationalen Aktion» zur Begrenzung der Einwanderung geäussert. Die heutige Situation der Ausländer und Asylanten in der Schweiz beunruhigt uns sehr, und wir werden uns immer wieder für die Benachteiligten, Minderheiten, Randgruppen, für diejenigen ohne Stimme einsetzen.

3. Internationale Verknüpfungen

Alle unsere internationalen Verknüpfungen helfen uns, uns jederzeit bewusst zu machen, dass unsere christliche Verantwortung weit über unsere Landesgrenzen hinausgeht, dass wir aufgefordert sind, Solidarität zu üben und zu leben.

Der Evangelische Frauenbund der Schweiz erhält jedes Jahr einen Teil der Weltgebetstagskollekte. Damit werden *Stipendien* an Frauen aus der dritten Welt bezahlt, an Frauen, die eine Ausbildung oder Weiterbildung absolvieren möchten. Im Augenblick werden 31 Stipendiatinnen unterstützt, die verteilt auf die ganze Welt studieren.

Im Jahre 1984 wurde unsere *Südafrika-Arbeitsgruppe* gegründet. Diese Gruppe erarbeitet drei- bis viermal pro Jahr ein Mitteilungsblatt, unsere Südafrika-Arbeitsblätter. Wir hoffen, durch diese Informationsblätter einen Beitrag zur Bewusstseinsbildung zu leisten, besonders Frauen im kirchlichen Bereich auf die gemeinsame christliche Verantwortung in bezug auf Südafrika anzusprechen, vielleicht auch einen Beitrag an die Überwindung und Abschaffung der Apartheid zu leisten.

Auch in der welschen Schweiz erscheinen Informationsblätter, die Nouvelles d'Afrique du Sud. Diese erscheinen seit Ende 1985; die Gruppe entstand in Zusammenarbeit mit der Anti-Apartheid-Bewegung. Auch mit diesem Thema exponieren wir uns. Der Evangelische Frauenbund sollte sich nach Ansicht gewisser Kreise nicht in die grosse Politik einmischen.

Seit 1982 existiert das *Ökumenische Forum Christlicher Frauen in Europa*, und seit 1984 sind wir Mitglied. Unser Vorstandsmitglied Martha Schädelin ist Vertreterin für die Schweiz. Im Februar wird die nächste Vollversammlung auf Boldern stattfinden unter dem Thema «Gerechtigkeit, Friede und Bewahrung der Schöpfung», mit dem Hauptakzent «mitgeschöpflich leben».

Das Forum schafft wichtige Kontakte unter Frauen verschiedener Konfessionen in verschiedenen Ländern. Gerade für die Frauen in den Oststaaten sind diese Kontakte von grosser Bedeutung. Hier besteht die Möglichkeit, mit Frauen aus dem Westen zusammenzukommen.

Ich habe einige unserer internationalen Beziehungen aufgezeigt, dies nur bruchstückhaft. Es soll einen Eindruck von der Vielfalt geben.

III. SCHLUSSGEDANKEN

Wenn ich die Gegenwart des Evangelischen Frauenbundes der Schweiz beschreiben soll, so wäre es falsch, wenn ich Ihnen unsere Sorgen verheimlichen würde.

Hauptsorge ist unsere finanzielle Situation. Es ist dies nichts Neues. Finanzsorgen begleiteten unsern Verband seit dessen Bestehen. Erst dank der Zuteilungen der Schweizerischen Bundesfeierspende in den Jahren 1970 und 1979 konnte die Arbeit auf eine solide Basis gestellt und professionell angegangen werden. Seither haben wir nichts mehr erhalten, und wir sind auf die Unterstützung der Kantonalkirchen angewiesen. Wir sind dankbar, dass wir unsere Arbeit fortführen können.

Eine ganz andere Tatsache gibt mir zu denken: Wie gelingt es mir, den Evangelischen Frauenbund der Schweiz bekannter zu machen? Es gibt eine grosse Anzahl von Kirchgemeinden mit ihren Behörden, die keine

Ahnung haben von der Existenz eines evangelischen Frauen-Dachverbandes. Wir haben uns bei einem Teil der kantonalen Kirchenräte persönlich vorgestellt, wir können unsere Stimme in der kirchlichen Presse laut werden lassen, aber in den Tageszeitungen werden unsere Stellungnahmen oder Abstimmungsparolen kaum angenommen und veröffentlicht. Für mich heisst es immer wieder zu erfahren und zu spüren, dass wir keine evangelische Presse haben. Da geht es dem Schweizerischen Katholischen Frauenbund viel besser.

Zum Abschluss stelle ich folgende *Frage*: Braucht es den Evangelischen Frauenbund der Schweiz, einen evangelischen Dachverband?

Dazu ein paar Gedanken:

Erstens: Wir wissen von unseren angeschlossenen Verbänden, zum Beispiel dem Schweizerischen Evangelischen Verband Frauenhilfe, dass sie unsere Anregungen, Impulse und Informationen wirklich brauchen.

Zweitens: Ich glaube, dass unser Verband eine Art Raum schaffen kann, in dem Menschen verschiedenster christlicher und/oder politischer Anschauung über die Probleme unserer Zeit diskutieren und dies als eine Bereicherung für ihr Leben erfahren können.

Drittens: Wir besitzen heute zwar das kirchliche Frauenstimmrecht, und der Prozentsatz von Frauen in kirchlichen Gremien ist vielerorts recht hoch. Doch bleibt noch viel zu tun. Zum Beispiel gibt es in der Schweiz noch keine einzige Theologieprofessorin.

Viertens: Auch heute noch fühlen sich Frauen in kirchlichen Gremien nicht immer wohl. Frauen setzen häufig andere Schwerpunkte und vertreten auch bei traditionellen Themen oft eine etwas andere Sicht (zum Beispiel grösseres Interesse für feministische Theologie).

Fünftens: Wir geniessen eine Freiheit und Beweglichkeit, die uns erlaubt, Themen anzupacken, die wir als Frauen für wichtig erachten. Ich erwähne nochmals unser Engagement für den Frieden, für gerechtere Verhältnisse in Südafrika. «Mut zum Risiko» haben wir auf unsere Fahne für die Schlussveranstaltung der «Schweizerischen Evangelischen Synode» geschrieben und darüber einen Regenbogen gemalt. Mögen wir immer genügend Mut haben, nach unserem Gewissen zu handeln, auch wenn dies heisst, unbequeme Wege zu gehen.

Nach all diesen Gedanken kann die *Antwort* nur heissen: Ja, es braucht ihn, den Evangelischen Frauenbund der Schweiz. Und als Zusammenfassung und Abschluss möchte ich Ihnen ein Wort aus dem Jahresbericht 1967 mitgeben: «Wir haben die evangelischen Frauen in ihren innersten traditionellen Anliegen wie in ihren kühnsten neuen Bestrebungen zu vertreten ..., es ist die Zukunft der Kirche, an der Zukunft der Welt mitzuarbeiten.»

ANNE MARIE HÖCHLI-ZEN RUFFINEN

GESCHICHTE UND GEGENWART DES SCHWEIZERISCHEN KATHOLISCHEN FRAUENBUNDES (SKF) [1]

Im Schweizerischen Katholischen Frauenbund sind heute - mit wenigen Ausnahmen - alle katholischen Frauenorganisationen der Schweiz zusammengeschlossen. Er umfasst 15 schweizerische Mitgliederverbände, wie zum Beispiel die Verbände der katholischen Bäuerinnen, der Frauen der katholischen Arbeitnehmerbewegung, der Pfarrhaushälterinnen, der Frauen- und Müttergemeinschaften - den weitaus grössten Verband, welcher in rund 1000 Pfarrgemeinden der deutschen Schweiz Ortssektionen hat.

Zum Schweizerischen Katholischen Frauenbund gehören ferner 21 kantonale Frauenbünde, die ihrerseits die Ortssektionen zusammenfassen (gesamthaft um die 250'000 Mitglieder).

Der Schweizerische Katholische Frauenbund führt drei soziale Werke - es wird von ihnen noch die Rede sein. Er gibt zusammen mit den Müttergemeinschaften die Monatszeitschrift «Frau + Familie aktuell» und mit dem Evangelischen Frauenbund der Schweiz «Schritte ins Offene» heraus. Er arbeitet mit ständigen Fachgruppen. Er funktioniert auf Grund von demokratischen Spielregeln und hat sich zum Ziel gesetzt, mitzuarbeiten in Kirche und Staat. Die Tätigkeit des Schweizerischen Katholischen Frauenbundes vollzieht sich also gleichzeitig in zwei unterschiedlichen Lebensbereichen - im kirchlichen sowie im politischen. Demzufolge berühren Emanzipationsprozesse in der kirchlichen Arbeit auch das Tun und Sagen des Schweizerischen Katholischen Frauenbundes im öffentlichen Leben - und umgekehrt. Befreiungsbewegungen, zum Beispiel auf dem Weg zur vollen politischen Mitsprache, fördern den Wunsch nach voller Gleichberechtigung auch in der Kirche. Wo Befreiung im einen Bereich verunmöglicht wird, werden im andern

---

[1] Abgesehen von den in den weiteren Anmerkungen genannten Titeln verweise ich auf das Archiv des Schweizerischen Katholischen Frauenbundes (Burgerstr. 17, Luzern). Vgl. zudem BEATRIX MESMER, Ausgeklammert - Eingeklammert, Frauen und Frauenorganisationen in der Schweiz des 19. Jahrhunderts, Basel-Frankfurt a.M. 1988.

Schritte verzögert oder verhindert. Die nun folgenden Ausführungen müssen vor dem Hintergrund dieser wechselseitigen Auswirkungen gesehen werden.

I. ZUR GRÜNDUNGSGESCHICHTE DES SCHWEIZERISCHEN KATHOLISCHEN FRAUENBUNDES

Der Schweizerische Katholische Frauenbund wurde 1912 gegründet. Bereits ein Jahrzehnt früher gab es Bemühungen, katholische Frauenvereine in einem Dachverband zu sammeln. Während neutrale Frauenorganisationen ausschliesslich auf die Verbesserung der Situation von Frauen und Familien ausgerichtet waren, gehört die Gründung des Schweizerischen Katholischen Frauenbundes auch in ein Kapitel des Verbandskatholizismus und der Kirche der Schweiz. Das Kapitel könnte überschrieben werden «Sammlung der Kräfte unter einheitlicher Ideologie».[2]

Was für katholische Frauenvereine gab es um die Jahrhundertwende zu sammeln? Seit 1875 waren in vielen Pfarrgemeinden Müttervereine - nach französischem Vorbild als kirchliche Vereine, unter geistlicher Leitung - gegründet worden. Sie waren ausschliesslich auf religiöse Vertiefung und Erziehungsfragen ausgerichtet. Daneben existierten auch sozial tätige Elisabethenvereine. 1872 wurden der Verein katholischer Lehrerinnen, 1897 der internationale Mädchenschutzverein und von 1899 an Arbeiterinnenvereine gegründet. Diese letzteren beiden wurden ins Leben gerufen für junge Frauen, die als Hausangestellte und Fabrikarbeiterinnen aus den katholischen Stammlanden in die Diaspora auswanderten. Vereinzelt gab es auch weibliche Mitglieder in den damals weitverbreiteten Katholikenvereinen. Diese Männervereine sollten - wie wir sehen werden - bei der Gründung des Schweizerischen Katholischen Frauenbundes eine entscheidende Rolle spielen.

1905 wurden vorerst die katholischen Männervereine zu einem Dachverband zusammengeschlossen, nämlich zum Schweizerischen Katholi-

---

2 CHRISTA MUTTER, Frauenbild und politisches Bewusstsein im Schweizerischen Katholischen Frauenbund, Lizentiatsarbeit, eingereicht bei der Philosophischen Fakultät der Universität Freiburg (Schweiz), 1987, 24.

schen Volksverein (SKVV). Dieser verfolgte religiöse, kulturelle und, bis zur Gründung der Katholisch-Konservativen Partei im Jahre 1912, auch politische Ziele.

Noch im gleichen Jahr (1905) ging der Volksverein daran, einen Frauenbund (Dachverband) zu gründen. Die Absicht war: Männer und Frauen sollten auf dem «Weg ins katholische Ghetto» sich gemeinsam stützen, gemeinsam stark werden für den Kampf um Anerkennung und Gleichberechtigung der Schweizer Katholiken in der Eidgenossenschaft.[3] Es war damals beabsichtigt, die Frauen, in einem eigenen Bund gesammelt, unter das Dach des Volksvereins zu holen. Der Schweizerische Katholische Volksverein verfasste die Statuten, die ihm selber die Oberleitung sicherten, gründete den Frauenbund und ernannte als Präsidentin die Redaktorin der seit 1900 bestehenden Zeitschrift «Schweizer Katholische Frauenzeitung». Schon nach einem Jahr scheiterte das Experiment am Widerstand der Frauen. Die Präsidentin des Internationalen Mädchenschutzvereins stellte dazu fest: «C'est à faire triompher le Volksverein que nous travaillons - de même nos ressources doivent en partie alimenter la caisse du Volksverein.»[4] 1906 erfolgte die Auflösung dieses Frauenbundes im Männerverband.

Im Mai 1912 wurde schliesslich der Schweizerische Katholische Frauenbund gegründet - diesmal als unabhängige Organisation der Frauen. Diese fühlten sich durch die sozialen Probleme, welche durch Industrie und Verstädterung entstanden waren, herausgefordert. Soziale Aufgaben und die Teilnahme am öffentlichen Leben standen für die Gründerinnen im Vordergrund.

Art. 1 der Statuten nannte unter anderem als Zweck:

- Die Erhaltung und Förderung des religiösen Lebens in Familie, Gemeinde und Staat - im engen Anschluss an die Lehre der Kirche.

- Stellungnahme zu den das Frauengeschlecht besonders berührenden Zeitfragen und die Förderung sozial-caritativer Frauentätigkeit.

---

3 URS ALTERMATT, Der Weg der Schweizer Katholiken ins Ghetto, Zürich-Köln 1972, 428.
4 MUTTER (wie Anm. 2) 37.

Emilie Gutzwiller-Meyer aus Basel, vom Initiativkomitee zur Präsidentin gewählt, lud im September 1912, also nur wenige Monate nach der Gründung, zu einem ersten Frauentag in Einsiedeln ein. 7000 Frauen reisten in Extrazügen aus dem ganzen Land her, um sich informieren zu lassen über «Die Frau im neuen Zivilgesetzbuch». Dieses Zivilgesetzbuch trat 1912 in Kraft und brachte den Frauen namhafte Verbesserungen ihrer rechtlichen Stellung sowie wichtige Aufgaben und neue Einflussmöglichkeiten.

II. WEITERE ENTWICKLUNG DES SCHWEIZERISCHEN KATHOLISCHEN FRAUENBUNDES

Ich möchte nun versuchen, die weitere Entwicklung aufzuzeigen auf Grund von Zäsuren, von Schwellen, von Brüchen. Der Raster meiner Sichtweise heisst gemäss dem mir gestellten Auftrag: Frau, Emanzipation, Loslösen, Befreiung. Diesen Raster möchte ich also anlegen auf die drei Tätigkeitsbereiche des Schweizerischen Katholischen Frauenbundes: den sozialen Bereich; die politische Tätigkeit; die Mitarbeit in der Kirche.

1. Sozialer Bereich

Das Ziel sozialer Tätigkeit sei, so wurde im Schweizerischen Katholischen Frauenbund definiert, «Menschen aus Abhängigkeit und Unfreiheit zu lösen, damit sie ihre menschlichen Möglichkeiten entfalten können».[5]

Der Schweizerische Katholische Frauenbund gründete 1918 die *«Sozialcaritative Frauenschule Luzern»* (später umbenannt in «Soziale Frauenschule»), gemeinsam mit den Lehrschwestern von Menzingen. Das erste Werk des Schweizerischen Katholischen Frauenbundes eine Bildungsstätte! Eine Pioniertat! Bildung löst aus Abhängigkeit.

Die Schule für Sozialarbeit, wie sie heute heisst, ist in den 60er Jahren in eine Stiftung überführt worden und bildet seither auch Männer aus.

---

5 Jahresbericht SKF 1974 (Thema der Generalversammlung 1974 in Bern: «Die sozialen Aufgaben der Kirche in der Schweiz»).

Das zweite Werk, das *Erholungsheim «Hof Gersau»*, wurde vom Schweizerischen Katholischen Frauenbund 1928 errichtet. Das Haus mit seinen 100 Betten, unter der Leitung von Ingenbohler Schwestern, bietet zu bescheidenen Preisen Erholung und Ferien - ursprünglich für überbelastete Frauen - je länger je mehr auch für Rekonvaleszentinnen und auch für Ehepaare. Aus Krankheit, Isolation und Bedrängnis lösen: auch hier eine Herausforderung, der sich die Ordensfrauen im Dienst an den Erholungssuchenden stellen.

Das Werk der Entwicklungshilfe des Schweizerischen Katholischen Frauenbundes - das *«Elisabethenopfer»* - unterstützt Frauenwerke in der Dritten Welt. Es wurde 1957 gegründet, also noch bevor die grossen kirchlichen Entwicklungshilfe-Werke entstanden waren. Die Mittel dazu werden jährlich in den Basisvereinen gesammelt. Im Jubiläumsjahr 1987 wurde eine Schwelle überschritten. Es wurde gesammelt für die Errichtung von Solarzellen in einem afrikanischen Spital im Busch. Der Sammelerfolg war ungewöhnlich gross: In 17 kleineren Spitälern und Dispensaires in Tansania kann jetzt die Versorgung mit Solarenergie erfolgen. Lösen aus Abhängigkeit einerseits und gleichzeitig ein Schritt zur Bewahrung der Schöpfung!

Der *«Solidaritätsfonds für werdende Mütter in Bedrängnis»*, das vierte Werk des Schweizerischen Katholischen Frauenbundes, entstand 1976 als Antwort auf die politische Auseinandersetzung um die Fristenlösung. Hier wird mit finanziellen Mitteln geholfen: jährlich um 900'000 Franken, welche zur einen Hälfte aus einer Kirchenkollekte, zur anderen aus Sammlungen in den eigenen Reihen stammen, weil noch immer eine Mutterschaftsversicherung fehlt. Auch finanzielle Beiträge können aus Abhängigkeit lösen.

Die soziale Tätigkeit von Frauenorganisationen wird oft des Dilettantismus bezichtigt: Frauen würden Pflästerchen-Methoden betreiben, Frauen seien nicht ausgebildet, arbeiteten ehrenamtlich, gingen pragmatisch vor, würden äusserst haushälterisch umgehen mit Geldmitteln - das sei alles andere als professionell.

Die Antwort des Schweizerischen Katholischen Frauenbundes auf diese Vorwürfe lautet: Ja, Frauen machen es anders - sie planen anders, sie handeln anders, sie erkennen eine Notlage und tun das Nächstliegende rasch und unbürokratisch. Fehlschläge sind dabei möglich. Gerade auf diesem Weg - in dem den Frauen «zugestandenen» sozialen Bereich - haben die Frauen des Schweizerischen Katholischen Frauenbundes ein sichtbares Zeichen der Emanzipation gesetzt, und sie erwarten, dass ihre Selbständigkeit und ihr Anderssein erkannt und akzeptiert werden.

2. Politische Tätigkeit

Als Beispiel eines Emanzipationsprozesses möchte ich dem Weg des Schweizerischen Katholischen Frauenbundes zu den politischen Rechten nachgehen.

Die heute so selbstverständlichen politischen Rechte waren für den katholischen Frauenbund von Anfang an nicht selbstverständlich, weil, so meinte er, das Frauenstimmrecht Volksglück und Familie bedrohe und weil dies bolschewistisches Machwerk sei. Das Frauenwirken in der Öffentlichkeit sollte beschränkt bleiben auf jene Gebiete, die angeblich dem Wesen der Frau entsprächen. Das Wesen der Frau, das damalige Frauenbild, verwies die Frauen in die Bereiche Kinder - Küche - Kirche und liess die Beteiligung in Fragen von Fürsorge, Vormundschaftswesen, Schule, Frauen-Bildung, Frauen-Berufe zu. Das Wesen der katholischen Frau wurde noch zusätzlich definiert durch Wunschbilder von Männern aus Kirche und Politik.

1929 wurde im Schweizerischen Katholischen Frauenbund offiziell gegen das Frauenstimmrecht Stellung bezogen. Die Leiterinnen und die kirchliche Obrigkeit beschlossen, die Unterschriftensammlung der grossen schweizerischen Frauenverbände für eine Petition nicht zu unterstützen. Die damals eben erwachte Zusammenarbeit mit den neutralen Frauenorganisationen wurde dadurch empfindlich gestört. In freisinnigen Männerkreisen herrschte über diese Absage Erleichterung, weil die katholischen, kirchentreuen Frauen die politische Gewichtung in der Schweiz hätten verändern können.

1945 gab ein Postulat im Nationalrat zur Einführung des Frauenstimm- und Wahlrechts erneut Anlass zu tiefgreifenden Auseinandersetzungen im Schweizerischen Katholischen Frauenbund. In der neuen Generation von Leiterinnen unter der Zentralpräsidentin Lina Beck-Meyenberger aus Sursee fanden sich nun mehrheitlich Befürworterinnen. Sie drangen nicht durch. Ein bischöfliches Veto hinderte sie daran. Der Bischof von Basel, Franciscus von Streng, berief sich in seinem Veto wiederum auf das traditionelle Frauenbild und auf die zahlreichen Gegnerinnen innerhalb des Schweizerischen Katholischen Frauenbundes. Immerhin wurde Stimmfreigabe beschlossen. Der Schweizerische Katholische Frauenbund fasste keine Parole, weder dafür noch dagegen. Das ist erstaunlich, wenn wir zwei Dinge bedenken:

Während der Grenzbesetzung 1939/45 hat der Schweizerische Katholische Frauenbund mit den anderen Frauenorganisationen den Frauen-Hilfsdienst gegründet. Auf seine Anregung entstand auch ein Vortragsdienst über geistige Landesverteidigung. Frauen warben damals für geistige Landesverteidigung - nicht nur in den eigenen Reihen; es öffneten sich ihnen auch Fabrikhallen und Militärsanitätsanstalten. Das war - in der damaligen Zeit der Bedrohung - dem Wesen der Frau nicht abträglich. Neue Pflichten ohne neue Rechte!

Die andere Tatsache ist noch erstaunlicher. Papst Pius XII. richtete im Oktober 1945 einen Appell an die italienischen Frauen, die eben das Stimmrecht erhalten hatten. Er rief sie auf, ihre Verantwortung für Familie und Staat wahrzunehmen und an die Urne zu gehen. Selbst diese Tatsache - ein Papstwort hatte damals Gewicht - bewirkte den Umschwung nicht. Argumente wurden zurecht- und umgebogen mit der Begründung, dass in der Schweiz die Verhältnisse ganz anders lägen.

Die «Stimmfreigabe» war nur ein kleiner Schritt. Dennoch bedeutete das Jahr 1945 eine Zäsur. Zum ersten Mal wurde innerhalb des Zentralvorstandes des Schweizerischen Katholischen Frauenbundes der Verärgerung Ausdruck gegeben gegenüber der bischöflichen Bevormundung. Von diesem Zeitpunkt an wurde in der Zeitschrift «Die katholische Schweizerin» - einer der beiden Vorgängerinnen von «Schritte ins Offene» - deutlich und offen für das Frauenstimmrecht Stellung bezogen. Ausserdem beteiligte sich eine Reihe von Frauen aus dem Schweizerischen Katholischen Frauenbund an dem 1947 neugegründeten Staatsbürgerlichen Verband katholischer Schweizerinnen, der mit dem Schweizerischen Katholischen Frauenbund aber in Kontakt blieb.

1957 unterbreitete der Bundesrat eine Botschaft zur Vernehmlassung über die politischen Rechte der Frauen. Elisabeth Blunschy-Steiner, die damalige Präsidentin des Schweizerischen Katholischen Frauenbundes und nachmalige Nationalrätin und erste Frau als Präsidentin der Bundesversammlung, berief eine ausserodentliche Delegiertenversammlung ein. Mit überwältigendem Mehr wurde dem Frauenstimmrecht zugestimmt. Der Bischof protestierte vehement und erschien von nun an nicht mehr persönlich an den Sitzungen des Zentralvorstandes, sondern schickte einen Delegierten (davon wird noch die Rede sein).

Es brauchte gesamthaft zwei eidgenössische und 54 kantonale Abstimmungen, bis sich dann der Erfolg im Februar 1971 einstellte. Der Schweizerische Katholische Frauenbund musste sich damals, wie alle Frauenorganisationen, fragen, wie die Mitarbeit im Staat fortan zu gestalten sei, wenn in Zukunft jede Frau mit dem eigenen Stimmzettel mitbestimmen konnte. Es galt auch klarzustellen, dass der Schweizerische Katholische Frauenbund parteipolitisch ungebunden sei und nicht etwa der weibliche Ableger einer christlichen Partei zu werden gedenke.

Auf dem Weg zur Gleichberechtigung muss das Jahr der Frau (1975) erwähnt werden. Am Kongress zum Jahr der Frau wurde von den Schweizerischen Frauenorganisationen eine Initiative für gleiche Rechte für Mann und Frau lanciert. Der Schweizerische Katholische Frauenbund zögerte, die Initiative zu unterstützen. «Gleiche Rechte bedingen gleiche Pflichten», so wurde argumentiert, zum Beispiel Verzicht auf Privilegien beim AHV-Alter oder auf die Befreiung vom Militärdienst. Ausserdem wurden im Schweizerischen Katholischen Frauenbund die eidgenössischen Parlamentarierinnen aus dem bürgerlichen Lager ernstgenommen, welche lehrten, dass gleiche Rechte auf Gesetzesebene verankert werden müssen und nicht in die Verfassung gehörten. Den Frauen in der eidgenössischen Politik wurde besseres Wissen und neue Erfahrung attestiert. Erst das energische Eingreifen und Proteste aus dem eigenen Mitgliederkreis gegen die zögernde Haltung des Schweizerischen Katholischen Frauenbundes bewirkten, dass dieser die Initiative dann doch tatkräftig unterstützte.

Ein kleiner *Exkurs* dazu: Der Protest kam damals vom Verband Katholischer Turnerinnen. Auch dieser Verband stammt aus der Zeit und dem

Geist des Verbandskatholizismus. Er hatte sich insbesondere in den 70er Jahren ungeahnt entwickelt. Die Mitgliederzahl stieg damals von 12'000 auf 40'000. Er ist zum Verband der 20 - 35 jährigen Frauen im Schweizerischen Katholischen Frauenbund geworden. Er vertritt deren Meinung mutig und mit Erfolg. Ausgerechnet der Verband, der es sich von Aussenstehenden hin und wieder gefallen lassen muss, als nicht mehr zeitgemässe Einrichtung eingestuft zu werden!

Eine letzte Momentaufnahme aus der politischen Tätigkeit des Schweizerischen Katholischen Frauenbundes: die Auseinandersetzung im Vernehmlassungsverfahren 1978/79 um eine neue Bundesverfassung als Befreiungsprozess. Eine grosse Zahl von Frauen aus Mitgliederverbänden, aus Fachgremien und Basisvereinen befasste sich mit grundsätzlichen politischen Fragen: Was ist denn das, ein demokratischer, freiheitlicher und sozialer Bundesstaat? Wenn wir zu diesem Staat ja sagen, müssen wir dann nicht auch ja sagen zu Grundrechten, müssen wir nicht einstehen für Sozialrechte (Recht auf Arbeit, Bildung, Wohnung, soziale Sicherheit)? Der Entwurf zur Bundesverfassung war zudem in einer Sprache verfasst, die Frauen verstanden. Begriffe wie Verantwortung und Solidarität tauchten im Text auf. Es waren die Begriffe, welche der Schweizerische Katholische Frauenbund kurz zuvor als Kriterien seines eigenen politischen Handelns definiert hatte. Der Schweizerische Katholische Frauenbund stimmte dem Entwurf für eine neue Bundesverfassung vorbehaltlos zu.

Damals wurde bewusst: der Schweizerische Katholische Frauenbund ist in der glücklichen Lage, frei zu entscheiden, ohne den Zwang parteipolitischer und wirtschaftlicher Erwägungen, ohne Auflagen von irgendeiner Seite, zum Beispiel seitens der Kirche. Er kann seine Entscheide nach den selbstgewählten Grundsätzen fällen - Entscheide von Frauen, von christlichen Frauen. Es wurde klar: Der Schweizerische Katholische Frauenbund kann das Wünschbare postulieren und nicht nur das Machbare. Und: Die Politik der kleinen Schritte muss nicht seine Politik sein.

Damals wurde uns zum ersten Mal bewusst: wir haben den Emanzipationsprozess als Staatsbürgerinnen durchgestanden.

3. Mitarbeit in der Kirche

Emanzipationsprozesse der Frauen im Schweizerischen Katholischen
Frauenbund innerhalb der Kirche zeigen sich in drei verschiedenen Di-
mensionen: im Verhältnis des Schweizerischen Katholischen Frauenbundes zur Institution Kirche; in der praktischen kirchlichen Tätigkeit;
im Wahrnehmen und Bejahen eigener geistlicher Erfahrung.

*a) Das Verhältnis des Schweizerischen Katholischen Frauenbundes
zur Institution Kirche*

Das Verhältnis des Frauenbundes zur Kirche war und ist auch heute im
allgemeinen gut. Die kirchentreuen Frauen waren auch die kirchenna-
hen. Sie waren über verschiedene Kanäle mit der Kirche verbunden.
Zum Beispiel hatte der Katholische Frauenbund - wie alle katholischen
Verbände - einen geistlichen Berater. Der geistliche Berater ist der Seelsorger des Verbandes, er ist besorgt um religiöse Besinnung und Feiern.
Er nimmt in allen Verbänden an den Beratungen des Vorstandes ohne
Stimmrecht teil. Sein Einfluss war bis zu den 60er Jahren namentlich in
den Basisvereinen der Frauen- und Müttergemeinschaften gross.

Im Schweizerischen Katholischen Frauenbund war von 1940 bis 1979
der Professor für Kirchengeschichte an der Theologischen Fakultät in
Luzern, Dr. Johann Baptist Villiger, geistlicher Berater. Er musste nicht
erst für die Sache der Frau gewonnen werden. Schon 1946 war er ein
Befürworter des Frauenstimmrechts. Er übte sein Amt mit Zurückhal-
tung aus. Er wurde hochgeschätzt. Als er 1979 zurücktrat, wurde sein
Platz nicht wieder besetzt. Theologinnen waren inzwischen im Schweizerischen Katholischen Frauenbund eingezogen.

Beim Schweizerischen Katholischen Frauenbund war noch ein weiterer
Vertreter des Klerus jeweils an den Sitzungen des Zentralvorstandes
anwesend, nämlich der Bischof von Basel, dem bei der Aufteilung der
sogenannten Protektorate durch die Schweizer Bischofskonferenz der
Schweizerische Katholische Frauenbund zugeteilt war. Von 1957 an,
dem Jahr des Ungehorsams des Schweizerischen Katholischen Frauenbundes, liess er sich durch einen Delegierten vertreten. Heute sind die

Protektorate aufgehoben. Der Schweizerische Katholische Frauenbund tagte von 1979 an ohne Beisein geistlicher Herren. War das eine Zäsur? Ich denke ja - aber es war vor allem das Ende eines Jahrzehnte dauernden Ablösungsprozesses. Umso mehr erstaunt, was nun folgt.

Nach wenigen Jahren - eine neue Generation von Leiterinnen unter dem Präsidium von Margrit Camenzind-Wüest war inzwischen im Schweizerischen Katholischen Frauenbund eingezogen - vermissten die verantwortlichen Frauen den direkten Weg zur Amtskirche. Der Dialog und die gegenseitige Information seien nicht mehr gewährleistet. Sie wünschten einen Partner im Gespräch um die Frauenfrage in der Kirche - sie wünschten einen spirituellen Begleiter und wählten selber einen solchen.

Es gibt in Frauenkreisen eine einfache Regel: Die Probleme der Frau müssen von Frauen erspürt und angesprochen werden - lösen müssen sie aber Mann und Frau gemeinsam. Aus dieser Sicht kann der neu definierte spirituelle Begleiter im Schweizerischen Katholischen Frauenbund ein Schritt nach vorn sein. Mich betrübt jedoch, dass es auch heute noch einen männlichen (geistlichen) Fürsprecher für den Schweizerischen Katholischen Frauenbund braucht, um Erfahrungen sowie theologisches Denken und Arbeiten von Frauen in die Pastoral und die Lehre der Kirche einzubringen.

Die Verknüpfung mit der Amtskirche geschah nicht nur über den geistlichen Berater und den bischöflichen Delegierten. Sie erreichte ihren Höhepunkt im Jahre 1937, als der Schweizerische Katholische Frauenbund von der Schweizer Bischofskonferenz zu einem Träger der katholischen Aktion ernannt wurde. Entsprechend wurde in den Statuten neu festgelegt:

«Die gesamte Tätigkeit des SKF vollzieht sich in engem Anschluss an die Hierarchie der katholischen Kirche. Die Schweizer Bischofskonferenz ernennt dem SKF einen geistlichen Beirat ... Die Zentralpräsidentin wird nach Rücksprache mit den hochwürdigsten Bischöfen von der Generalversammlung gewählt.»

Der neue Auftrag der «Katholischen Aktion» hiess für den Schweizerischen Katholischen Frauenbund: Einstehen in der Öffentlichkeit für die katholische Sache, zum Beispiel für Sittlichkeit, Moral, religiöses Leben, für traditionelles Familien- und Frauenbild. Das hiess sehr oft für den Frauenbund, öffentlich gegen gesellschaftliche Entwicklungen anzutreten, so gegen Radio, Film, Gemeinschaftsbäder. Wen wundert es, dass dies ein Image prägte, das den Frauenbund bis in die heutigen Tage belastete.

Der Schweizerische Katholische Frauenbund war also ein Sprachrohr der Kirche. Waren die katholischen Frauen dementsprechend auch sichtbar, präsent? Am Katholikentag 1949 - vom Volksverein durchgeführt - wurde dem Frauenbund auf dringendes Bitten hin gewährt, mit höchstens drei Vertreterinnen (auf 10'000 Männer) an der kirchlichen Feier in Erscheinung zu treten, nicht aber an der grossen Kundgebung auf der Luzerner Allmend.

Nur fünf Jahre später, am Katholikentag in Fribourg (1954), war dann der Schweizerische Katholische Frauenbund sichtbar. Damals hatte der Volksverein zusehends an Bedeutung verloren. Das katholische Milieu hatte sich inzwischen geöffnet und der Weg aus dem Ghetto war beschritten.[6] Der Schweizerische Katholische Frauenbund war zu einem stattlichen Verband mit rund 300'000 Mitgliedern angewachsen. Er genoss Ansehen und hatte auch über den eigenen Kreis hinaus Einfluss. Am Frauenbund konnte man nicht mehr vorbei. Jetzt, am Katholikentag in Freiburg, waren Frauen willkommen, auch um die gelichteten Männerreihen zu füllen. Yvonne Darbre-Garnier aus Lausanne, die nachmalige Präsidentin des Schweizerischen Katholischen Frauenbundes, trat als Rednerin auf. Ein gewaltiger Fortschritt!

Ein anderer Gedanke spielte noch mit. Ein Berichterstatter schrieb damals: «Wer soll den katholischen Mann wieder zu seiner Kirche zurückführen? Etwa die katholischen Verbände, etwa die überlasteten katholischen Priester? Nein - die katholische Frau ...»[7]

Das Zweite Vatikanische Konzil in den 60er Jahren und in der Folge die Schweizerischen Diözesansynoden 1972 öffneten für Frauen die Fenster und Türen. Die vom Konzil verabschiedete Dogmatische Konstitution

---

6 ALTERMATT (wie Anm. 3) 428.
7 MUTTER (wie Anm. 2) 145.

«Lumen gentium» sprach sich gegen jede gesellschaftliche und kulturelle Diskriminierung auf Grund der Rasse und des Geschlechtes aus. Im «Dekret über das Apostolat der Laien» heisst es: «Da nun heutzutage die Frauen eine mehr und mehr tätige Rolle im Leben der Gesellschaft ausüben, ist es von grosser Wichtigkeit, dass sie auch am Apostolat der Kirche stets grösseren Anteil nehmen.» In der Pastoralkonstitution «Die Kirche in der Welt von heute» wird gesagt: «Es ist jedoch Sache des ganzen Gottesvolkes, vor allem auch der Hirten und Theologen, mit Hilfe des Heiligen Geistes auf die verschiedenen Sprachen unserer Zeit zu hören, sie zu unterscheiden, auszulegen und im Lichte des Gotteswortes zu beurteilen, damit die geoffenbarte Wahrheit immer tiefer vernommen, besser verstanden und geeigneter vorgelegt werden kann.» - Ist die neu entdeckte Sprache der Frau nicht auch eine der «Sprachen unserer Zeit»?

Die am Konzil geweckte Hoffnung wurde bestärkt an den schweizerischen Diözesansynoden, wo sich Laien, Männer und Frauen, mit dem Bischof, mit Priestern und Ordensleuten zum Gespräch fanden und echte Mitverantwortung erfahren haben. Frauen, als Glieder des Volkes Gottes, waren nicht mehr Gegenstand, Objekt der Seelsorge, sondern mitverantwortlich handelnde Glieder der Kirche, Subjekt. Sie waren selber Kirche! *Das* war die Zäsur. Das damals erworbene Stimm- und Wahlrecht für katholische Frauen in staatskirchlichen Angelegenheiten war nur mehr eine selbstverständliche Folge.

Die Frage nach der Stellung der Frau in der Kirche war im Schweizerischen Katholischen Frauenbund neu bewusst geworden. Die Diskussion um die Ordination der Frau in der Kirche entbrannte. Im Frauenbund herrschte darüber bei weitem nicht Einigkeit, obschon seit Anfang der 70er Jahre wiederholt aus theologischer und anthropologischer Sicht der Boden bereitet worden war. Gleichzeitig hat die zweite Welle der Frauenbewegung auch den Schweizerischen Katholischen Frauenbund erreicht. Diese stärkte das Selbstwertgefühl und gab Mut zu kritischen Stellungnahmen in der Öffentlichkeit. Aus den kirchentreuen sind auch kirchenkritische Frauen geworden. 1976 wurde vom Schweizerischen Katholischen Frauenbund Einspruch erhoben gegen die Erklärung der römischen Glaubenskongregation zur Frage der Zulassung (beziehungsweise Nicht-Zulassung) der Frauen zum Priesteramt. 1979 solidarisierte sich der Schweizerische Katholische Frauenbund mit Hans Küng, dem die Lehrerlaubnis - die Missio - entzogen worden war. Er hatte die Wichtigkeit der Frauenfrage sehr früh erkannt und immer wieder darauf hingewiesen. 1985 sammelte der Schweizerische Katholische Frauenbund Unterschriften zugunsten von Leonardo Boff, dem von Rom ein Buss-Schweigen auferlegt worden war. Der Schweizerische Katholische Frauenbund hatte sich eingehend mit seinem Werk «Die Neuentdeckung der Kirche - Basisgemeinden in Latein-Amerika» (1980) befasst und Hoffnung daraus geschöpft. 1986 beanstandete der Schweizerische Katholische Frauenbund in einem Brief an die Bischofskonferenz deren Schreiben über die Eucharistische Gastfreundschaft. 1987 gelangte er mit einer Petition, begleitet von 12'000 Unterschriften, an den Papst. Darin wurde der Enttäuschung Ausdruck gegeben, dass an der Bischofssynode 1987 in Rom die Frauenfrage ein weiteres Mal nicht ernsthaft behandelt worden war. Der Schweizerische Katholische Frauenbund mobilisierte dadurch Gegnerinnen - auch sie schrieben an den Papst und sammelten 100 Unterschriften mehr als der Schweizerische Katholische Frauenbund.

Viele Frauen ziehen aus der Kirche aus - sie glauben ohne Kirche. Auch der Schweizerische Katholische Frauenbund bleibt nicht verschont vor dem Winter mit eisigen Winden, der gegenwärtig in der katholischen Kirche herrscht. In diesem Klima sind Protest-Aktionen notwendig. Sie sind Ausdruck von «Mut zur Wut», wie Kurt Marti einmal sagte. Sie sind ein Zeichen des Aufbruchs von Frauen auf dem Weg zur vollen Gleichberechtigung in der Kirche - auch dorthin, wo Entscheide gefällt werden. Solange Frauen von den Dienstämtern - Diakonat und Priestertum - ausgeschlossen sind, haben sie keine Mitbestimmung und Partizipation, also keine Teilhabe an der Macht, die es eben braucht, wo etwas zu ändern wäre.

b) Die praktische Mitarbeit der Frauen in der Kirche

Bedingt durch den Priestermangel sind bereits sehr viele Frauen in den verschiedenen kirchlichen Gremien und bei den mannigfachen Aufgaben der Pastoralarbeit zu finden. Es ist nicht der Ort, hier im einzelnen darauf einzugehen. Der Schweizerische Katholische Frauenbund als Dachverband hat sich in dieser Entwicklung darauf beschränkt, Anstösse zu geben, Mut zu machen, indem er Material und Bildungsmöglichkeiten zur Verfügung stellt. Dazu gehören zum Beispiel die mehrmalige Herausgabe von Texten und Unterlagen zur Gestaltung von Frauengottesdiensten, Kurse der Frauen- und Müttergemeinschaften für Eltern von Kindern vor der Erstkommunion und vor der Firmung, die Herausgabe unter anderem einer Dokumentation über Ehescheidung, die Ausbildung von Frauen zur Leitung von voreucharistischen Kinder-Gottesdiensten und Überlegungen zur Ehrenamtlichkeit.

Die praktische Mitarbeit der Frauen wird an der Basis durch die Mitgliederverbände und ihre Sektionen in den Pfarreien und in verschiedensten kirchlichen Aufgaben geleistet.

c) Neue geistliche Erfahrungen

Eine dieser Erfahrungen ist die *Ökumene*. Sie begann mit der SAFFA - der Schweizerischen Ausstellung für Frauenarbeit von 1958 -, wo sich die konfessionellen Frauenverbände in ihrem Kirchlein beim Mittagsgebet näher kamen. Die Arbeitsgemeinschaft der konfessionellen Frauenverbände wurde gegründet. Ich durfte dort den Schweizerischen Katholischen Frauenbund vertreten und habe an gemeinsamen Tagungen, an gemeinsamen Gottesdiensten und Eucharistiefeiern - wo niemand fragte, «was erlaubt sei» - tiefste ökumenische Erfahrungen gemacht.

1968 beschloss der Schweizerische Katholische Frauenbund, sich offiziell am ökumenischen Weltgebetstag zu beteiligen (gemeinsam mit dem Evangelischen Frauenbund der Schweiz und dem Verband Christkatholischer Frauenvereine der Schweiz) und auf den internationalen Gebetstag der Weltunion der Katholischen Frauenorganisationen, den es auch gab, zu verzichten. Die alljährliche Vorbereitungszeit zum Weltgebetstag in den Gemeinden, namentlich der Umgang mit der Liturgie und die Bibelarbeit, haben vielen katholischen Frauen Mut gemacht zur Gestaltung von Frauengottesdiensten in der eigenen Kirche.

Seit 1970 geben der Schweizerische Katholische Frauenbund und der Evangelische Frauenbund der Schweiz unter Mitarbeit des Verbandes christkatholischer Frauenvereine der Schweiz die Zeitschrift «Schritte ins Offene» heraus. Durch den Verzicht auf die je eigene Zeitschrift wurde der Schritt in den «grösseren Raum» gewagt. Er erwies sich als ein Schritt auf Emanzipation und Befreiung hin.

1980 wurde innerhalb des Schweizerischen Katholischen Frauenbundes eine «Arbeitsgruppe *Feministische Theologie*» ins Leben gerufen. Diese hat sich später vom Frauenbund gelöst und arbeitet heute selbständig weiter. Sie hinterliess Spuren. Feministische Theologie wird heute in den Mitgliederverbänden und Basisvereinen des Schweizerischen Katholischen Frauenbundes diskutiert. Aus dieser «Reflexion aufständischer Frauen über ihre Beziehung zu Gott und den Menschen»[8] schöpfen viele katholische Frauen neue Einsichten und neue geistliche Erfahrungen.

Ich möchte das Kapitel «Kirche» abschliessen mit dem, was ich mit der «Unterwanderung der Kirche durch die Frauen» meine. Diese Unterwanderung findet ihren Niederschlag auch in der Studie über «Erfahrungen von Gemeinden ohne Pfarrer am Ort», die 1986 vom Schweizerischen Pastoralsoziologischen Institut in St. Gallen veröffentlicht wurde. Darin heisst es: «Frauen werden aktiver. Als auffällige Konstante in vielen besuchten Pfarrgemeinden hört man, dass die Frauen sich stark entfalten. Frauen- und Müttergemeinschaften blühen überall in dieser Zeit auf und Frauen übernehmen Verantwortung in Liturgie, Katechese, Diakonie und bei Gemeinschaftsanlässen.» - Was ich daran als «auffällig» empfinde, ist die Tatsache, dass erst 1986 festgestellt wurde, wie die Kirche, die von der Struktur her eine Männerkirche ist, je länger je mehr an der Basis nur auf Grund der Mitarbeit von Frauen funktioniert. Das bedeutet doch: Frauen mit neuen geistlichen Erfahrungen aus dem Umgang mit der Bibel, aus der ökumenischen Zusammenarbeit, aus der Frauenbewegung tragen entscheidend mit. Sie prägen die Pastoralarbeit in Pfarrgemeinden, sie bewegen etwas, sie verändern etwas, sie schaffen Selbstverständlichkeiten. Auf Grund dieser Entwicklung ist es meiner Meinung nach keine Frage, dass innert kürzerer oder längerer Zeit diese Entwicklung von unten, die heute hauptsächlich von Frauen getragen wird, auch Schranken

---

8 SR. RAPHAELA GASSER, Feministische Theologie - Umschreibungsversuche, Arbeitspapier des SKF vom 18. März 1985.

durchbrechen wird, welche die Institution Kirche durch ihre restriktive Handhabung der Dienstämter und Leitungsfunktion errichtet hat.

III. SCHLUSSGEDANKEN

Der Weg des Schweizerischen Katholischen Frauenbundes verlief konsequent geradlinig. Frauen begannen sich zu sammeln, wurden gemeinsam stark. Sie nahmen Frauen-Defizite wahr im politischen Bereich, im Netz des Sozialgefüges und in den Institutionen und Satzungen der Kirche.

Die Frauen des Schweizerischen Katholischen Frauenbundes stellten, gemeinsam mit anderen Frauenverbänden, Forderungen an den Staat und bewirkten Veränderungen in Verfassung, Gesetzen und Strukturen.

In der Kirche erlangten sie die Mündigkeit als Laien. Von den Weiheämtern sind sie weiterhin ausgeschlossen.

Emanzipationsprozesse und Befreiungsbewegungen müssen weitergehen. Auch die Frauen des Schweizerischen Katholischen Frauenbundes wollen nicht einfach das «auch» - wie die Männer - sie wollen das «andere».

Das «andere» zu formulieren und folgerichtig danach zu handeln, das erst wird tiefgreifende Folgen in der Kirche und in der Gesellschaft haben.

LI HANGARTNER

DIE RÖMISCH-KATHOLISCHE KIRCHE
IM STREIT UM DIE ANERKENNUNG DER FRAU
SEIT DEM ZWEITEN VATIKANISCHEN KONZIL

I. DER DOKUMENTARISCHE BESTAND

Das Thema «Frau und Kirche» oder «Die Stellung der Frau in der Kirche» oder «Die Würde der Frau» ist seit Jahren nichts Aussergewöhnliches mehr. Im Gegenteil: es ist geradezu konventionell geworden. Die Fülle des Materials ist so gross, dass bei der Sichtung notwendigerweise Einschränkungen gemacht werden müssen. Deshalb werde ich mich im folgenden nur auf die universalkirchlichen Stellungnahmen beziehen und die partikularkirchlichen beiseitelassen. Alle Dokumente zusammenzutragen, die Aussagen enthalten über die Frau im allgemeinen, würde den Rahmen dieses Vortrages sprengen. Darum befasse ich mich nur mit jenen Texten, die das Problem der Gleichheit von Frau und Mann behandeln und stütze mich dabei auf die Dokumentensammlung von Wolfgang Beinert in «Frauenbefreiung und Kirche».[1]

Wie intensiv das Thema «Frau» in den letzten zwanzig Jahren behandelt wurde, zeigt folgende Übersicht: Seit der Enzyklika «Pacem in terris» von Johannes XXIII. sind es 46 universalkirchliche Verlautbarungen, die Aussagen zur Stellung der Frau in der Kirche enthalten, wobei die diesbezüglichen Texte Pauls VI. allein einen Band von 500 Seiten füllen würden. Im Vergleich zu den Jahren nach 1963 gibt es für die Zeit vorher verhältnismässig wenig Dokumente zur selben Fragestellung. Es sind dies - seit Beginn dieses Jahrhunderts bis 1963 - zwölf universalkirchliche Stellungnahmen. Diese können jedoch für eine ernsthafte Diskussion der Stellung der Frauen in der Kirche nicht herangezogen werden. Sie gehen davon aus, dass die Würde der Frau unlösbar mit ihrem Hausfrauen- und Mutterdasein zusammenhängt.[2] Ich werde diese Texte im folgenden unberücksichtigt lassen und erst bei der Enzyklika «Pacem in terris» beginnen.

---

1 WOLFGANG BEINERT, Frauenbefreiung und Kirche, Regensburg 1987.
2 Vgl. ebd. 101.

EXKURS

Auch päpstliche Verlautbarungen sind eine Antwort auf bestimmte gesellschaftliche Probleme, Vorgänge und Fragestellungen, auch wenn es ihnen nicht gelingt, eben diese konkrete Realität anzusprechen und sie sich vielfach in einem idealistischen Raum bewegen. Deshalb möchte ich die gesellschaftliche Situation der Frauen um die Zeit des Zweiten Vatikanum anhand von vier Stichworten kurz schildern. Ich verweise dabei auf das Buch von Herrad Schenk, Die feministische Herausforderung.[3]

Erstes Stichwort: Arbeit

Ging man in den 50er Jahren noch vom Ideal der Hausfrauenehe aus - wobei Mütterberufstätigkeit zwar toleriert, nicht aber staatlich gefördert wurde - so stehen die 60er Jahre - was die Berufstätigkeit der Frau angeht - unter dem Motto des Dreiphasenmodells. Dieses sieht eine Kombination der zwei Lebensrollen der Frau in Familie und Beruf durch die Aufteilung ihres Arbeitslebens in drei Phasen vor, die sich nach dem Familienzyklus richten. In der ersten Phase werden ledige und verheiratete kinderlose Frauen voll ins Erwerbsleben integriert. Mit der Geburt des Kindes beginnt die zweite Phase, die der Mutterschaft, während der sich die Frau ganz aus dem Erwerbsleben zurückzieht. Wenn die Kinder erwachsen sind, beginnt die dritte Phase, der Wiedereinstieg ins Berufsleben. Obwohl dieses Dreiphasenmodell an der Realität des Berufslebens vorbeigeht und sich für viele Frauen diskriminierend auswirkt, ist es für den Grossteil der Bevölkerung zur Norm geworden.

Zweites Stichwort: Kinder

Die Geburtsziffern sinken stetig. Von durchschnittlich vier Kindern in einer Ehe um 1900 sind es 1970 weniger als zwei. Die Scheidungsrate hingegen hat sich zwischen 1956 und 1972 verdoppelt.

---

3 HERRAD SCHENK, Die feministische Herausforderung, München 1981.

Drittes Stichwort: Partnerschaft

Auch wenn die patriarchale Struktur der Ehe weitgehend erhalten blieb, so ist doch ein Abbau des patriarchal-autoritären Familienleitbildes zugunsten eines mehr partnerschaftlichen festzustellen. 1977 wurden in Deutschland Erwerbstätigkeit, Haushaltführung und Kindererziehung gesetzlich als Aufgabe beider Ehepartner definiert, in der Schweiz erst mit dem neuen Eherecht. Es gelingt jedoch nur wenigen Frauen und Männern, einen Rollentausch zu praktizieren.

Viertes Stichwort: Sexuelle Revolution

Sexualität wird zum öffentlichen Gesprächsthema. Vorehelicher Geschlechtsverkehr wird ein in breiten Kreisen toleriertes Verhalten. Die Probeehe oder Ehe auf Zeit statt Verlobung sind die Stichworte, die die 60er Jahre charakterisieren. Die Pille unterstreicht die Autonomie der Frauen, weil sie erstmals über ein Verhütungsmittel autonom verfügen können.

Parallel zu dieser in Kürze dargestellten gesellschaftlichen Entwicklung bezüglich der Situation der Frauen verläuft die Entstehung der Frauenbewegung, beginnend Ende 60er Jahre, von der Kampagne für die Legalisierung der Abtreibung bestimmt. Ist die Zeit um 1975 (Jahr der Frau) geprägt von Frauenselbsterfahrungsgruppen, die nach jahrelangen Protestmärschen den Rückzug nach innen antreten, so stehen nach 1977 feministische Projekte im Vordergrund: Frauenhäuser, Frauenbeizen, Frauenbuchläden und -verlage, Gesundheitszentren usw. Sie sind als Ansätze einer feministischen Alternativkultur zu verstehen, die sich bis heute weitgehend etabliert hat und einen bedeutsamen Raum einnimmt.

Als Abschluss dieses Exkurses über die gesellschaftliche Realität der Frauen in den 60er Jahren und danach und die Frauenbewegung möchte ich noch kurz die christliche Frauenbewegung skizzieren, wie sie in der Schweiz in den letzten paar Jahren entstanden ist.

Als Vorläuferin dieser Bewegung möchte ich die Konzilseingabe im Jahr 1962 durch Frau Heinzelmann nennen. Es ging darum, das den Lehren des Thomas von Aquin zugrunde liegende anthropologische

Verständnis von Frau und Mann als unhaltbar nachzuweisen und, ge-
stützt darauf, das Priestertum für die Frau zu fordern. Obwohl durch die
Konzilseingabe die Solidarität unzähliger Frauen über Europa bis nach
Amerika gewonnen werden konnte, ist sie nicht nur im Bewusstsein
heutiger Frauen fast verloren gegangen, sondern hat auch in Rom die
alten Positionen nicht zu bewegen vermocht.

Ausgangspunkt feministischer Theologie ist der religiöse Aufbruch von
Frauen. Theologinnen solidarisieren sich mit einer Bewegung für die
Emanzipation der Frauen in den christlichen Kirchen.

Wenn der Feminismus *erstens* die radikale Befreiung von Frauen zu
autonomen Menschen beinhaltet, so bedeutet dies feministisch-theolo-
gisch die Befreiung von negativen Selbstbildern und hierarchischen
Denkmustern, zum Beispiel von der Gewalt der rationalen Argumente.[4]

Wenn der Feminismus *zweitens* die Analyse der sozialen und wirtschaftlichen Faktoren voraussetzt, die bei der Unterdrückung der Frau
im Spiel sind, so heisst das, auf die Kirchen bezogen, die Analyse ihrer
Strukturen, die kritische Betrachtung von Sachverhalten, die als gottge-
wollt dargestellt werden und nicht als Ergebnis einer theologisch legiti-
mierten Diskriminierung der Frauen.

Und wenn *drittens* Frauen sich gegen die Männerkultur auflehnen und
eine Gegenkultur schaffen, dann ist es - theologisch betrachtet - die Bewegung der Frauenkirche, die sich einen neuen Raum, ein neues religiöses Selbstverständnis schafft.

Dieser Exkurs sollte in Kürze aufzeigen, in welche gesellschaftliche Realität hinein die päpstlichen Schreiben, denen wir uns nun im folgenden
zuwenden, verfasst worden sind, welche Frauenbilder zu jener Zeit
herrschten, welche Kritiken der Frauenbewegung an der Gesellschaft
wir als bekannt voraussetzen können und müssen - also auch als den jeweiligen Päpsten bekannt - und wie die Päpste damit umgehen. Und:
Wie gehen wir heute mit der Diskrepanz zwischen dem in den kirchlichen Schreiben zum Ausdruck kommenden Frauenbild und unserem
Bild einer befreiten, autonomen, selbstbewussten und gesellschaftsfähi-
gen Frau um?

---

4 CATHARINA HALKES, Gott hat nicht nur starke Söhne, Gütersloh 1980, 25.

II. ZUM HORIZONT DER KIRCHLICHEN VERLAUTBARUNGEN

Die kirchlichen Verlautbarungen dokumentieren nicht nur ein bestimmtes Amts- und Autoritätsverständnis, sondern zeigen auch die Kluft zwischen Lehre und Praxis; und das nicht nur am Beispiel der Ministrantinnen, die heute vielerorts zum Bild eines Gemeindegottesdienstes gehören, obwohl ihnen diese Aufgabe von päpstlicher Seite nach wie vor nicht zugestanden wird. Auch ist es den Frauen untersagt, in der Predigt das Wort zu ergreifen, und auch das ist in vielen Gemeinden zur Selbstverständlichkeit geworden. Macht sich in der Praxis ein Wandel sichtbar, der irgendwann einmal auch die kirchlichen Obrigkeiten erreichen und ihre Verlautbarungen beeinflussen wird, oder wird die Kluft zwischen Lehre und Praxis immer grösser?

In den päpstlichen Schreiben ist immer wieder die Rede von der besonderen Würde der Frau von Anfang an, oder von der gleichen personalen Würde von Mann und Frau. Doch halten solche Aussagen einer näheren Prüfung nicht stand. Vergessen scheinen die Ansichten eines Augustinus, der aus einer falschen biologischen Annahme, dass der Mensch allein aus dem männlichen Sperma entsteht, die Unterlegenheit der Frau unter den Mann folgert, oder die Lehren eines Thomas von Aquin, für den die Frau ein missglückter Mann ist. Vergessen scheinen diese Theorien, deren Einfluss jedoch bis in die heutige Zeit reicht, auch wenn niemand mehr einen Thomas oder Augustinus zitiert, um das traditionelle Bild der Frau als Hausfrau und Mutter zu bekräftigen.

Der Umgang mit kirchlichen Verlautbarungen erfordert es, diese in den Kontext ihrer Geschichte einzuordnen, ihre theologischen und anthropologischen Hintergründe darzustellen, die die Aussagen prägen. Auch die Päpste und Bischöfe schreiben stets als Menschen - Männer - ihrer Zeit, mit einem bestimmten Vorverständnis. Und doch schreiben sie nie als Privatpersonen, deren Meinung nur für sie selber Gültigkeit hat, sondern als Träger von Amt und Macht, deren Aussagen Folgen für die gesamte oder wenigstens für die Teilkirche haben.

III. ZUR ARGUMENTATION

Um die Entwicklungslinie in der Argumentation der kirchlichen Dokumente zur Frage der Stellung der Frau in der Kirche aufzuzeigen, greife ich zurück auf die Enzyklika «Casti connubii» von Pius XI. von 1931. Durch diesen Rückgriff auf die Zeit vor dem Zweiten Vatikanum wird auch deutlich, weshalb die Enzyklika «Pacem in terris» von Johannes XXIII. einen Wendepunkt bezüglich der Bewertung der Frau bedeutet. *Pius XI.* erklärte in *«Casti connubii»*: «Jene Rechtsgleichheit, die heute in so übertriebener Weise beansprucht wird, besteht hinsichtlich der Persönlichkeitsrechte und der Menschenwürde in dem, was dem Vertrag entspringt und der Ehe eigentümlich ist; hierin erfreuen sich in der Tat beide Gatten gleicher Rechte und haben gleiche Pflichten; in den übrigen Dingen aber muss eine gewisse Ungleichheit und Abstufung herrschen, wie sie das Familienwohl und die notwendige Einheit und Festigkeit der häuslichen Gemeinschaft und Ordnung fordern.»[5]

Und *Pius XII.* sagte 1945 in einer Ansprache vor den Leiterinnen der Katholischen Aktion: «Nun ist aber die Funktion der Frau, ihre Seinsweise, ihre angeborene Veranlagung die der Mutterschaft. Jede Frau ist dazu bestimmt, Mutter zu sein; Mutter im physischen Sinne des Wortes oder in einem geistlicheren, geistigeren, doch nicht minder wirklichen Sinne.»[6]

In diesen Texten wird von einer geschlechtsspezifischen Eigenart ausgegangen, die unantastbar sei. Aus dieser biologischen Gegebenheit werden soziologische Folgen gezogen: nämlich die fixe Rollenteilung und die Überlegenheit des Mannes über die Frau. Schlimm wird es dann, wenn diese Überlegenheit theologisch überhöht und dadurch legitimiert wird. So heisst es weiter in *«Casti connubii»*: «Den Aufbau der Familie und ihr von Gott selbst erlassenes Grundgesetz einfachhin umzukehren oder anzutasten, ist nie und nirgends erlaubt.»[7]

Danach zitiert *Pius XI.* ein *Rundschreiben Leo's XIII.* von 1880: «In dem aber, der befiehlt, wie in der, die gehorcht: er das Abbild Christi,

---

5 BEINERT (wie Anm. 1) 115.
6 Ebd. 121.
7 Ebd. 114.

sie das der Kirche, soll die Gottesliebe Mass und Ort von Amt und Pflicht beider bestimmen.»[8]

Das Leitbild der kirchlichen Stellungnahmen bis Ende der 50er Jahre geht von der Ergänzungs- oder Polaritätsthese aus, das heisst Frau und Mann haben einander ergänzende Eigenschaften und Aufgabenbereiche. Durch die Definitionsmacht der Männer jedoch ist diese gegenseitige Ergänzung nie gleichwertig, sondern bedeutet immer auch die Subordination der Frau unter den Mann.

Pius XII. sagte in einer Radioansprache 1956: «Die Frau, welche die Krone der Schöpfung ist und in gewissem Sinn ihr Meisterwerk darstellt, die Frau, dieses sanfte Geschöpf, deren zarten Händen Gott offensichtlich einen so grossen Teil der Zukunft der Welt als Helferin des Mannes anvertraut hat, die Frau, die der Ausdruck alles Guten, Liebenswürdigen und Freundlichen hienieden ist, wird heute, trotz eines falschen Anscheins von Erhöhung, häufig nicht geehrt.»[9]

Die Frau wird auf emotionale Werte festgelegt, deren Bedeutung für die Zukunft der Welt zwar betont wird. Gleichzeitig aber gilt sie mit ihren Werten in funktioneller Hinsicht als zweitrangig - als Helferin des Mannes.

Die «gleichwertige Andersartigkeit» von Frau und Mann bedeutet also immer noch den alten Inhalt. Die Andersartigkeit der Frau ist gleichbedeutend mit ihrer Fähigkeit zur Mutterschaft und den daraus resultierenden soziologischen Konsequenzen und mit der Reduktion der Frau auf diese Eigenschaft. Frauen werden darauf festgelegt, das zu ergänzen, was Männern fehlt, und zwar nicht nur in bezug auf ihre biologischen Fähigkeiten, sondern eben auch mit den daraus resultierenden gesellschaftlichen Aufgaben, die an sie delegiert werden. Dass dieser Bereich der Kindererziehung und der Führung des Haushaltes in unserer Gesellschaft nach wie vor nicht gleichwertig ist, das heisst nicht gleich bewertet wird wie die Aufgaben im öffentlichen Bereich, ist eine offensichtliche Tatsache, die nicht näher begründet werden muss.

---

8 Ebd.
9 Ebd. 125.

Der Lebensort der Frauen endet da, wo jener der Männer beginnt. So-lange den Frauen nur diese einzige Fähigkeit, Kinder zu gebären und zu erziehen, den Haushalt zu führen zugetraut wird, kann davon nicht die Rede sein, dass ihre Andersartigkeit gleich bewertet würde.

Die *Enzyklika «Pacem in terris»* von *Johannes XXIII.* bedeutet gleich-sam einen Wendepunkt sowohl in der Rezeption der gesellschaftlichen Realität als auch in der Argumentation: «Darüberhinaus haben die Men-schen das unantastbare Recht, jenen Lebensstand zu wählen, den sie für gut halten; d.h. also entweder eine Familie zu gründen, wobei in dieser Gründung Mann und Frau gleiche Rechte und Pflichten haben, oder das Priestertum oder den Ordensstand zu ergreifen.»[10]

Und weiter unten heisst es: «Sie [die Frau] nimmt vielmehr sowohl im häuslichen Leben wie im Staat jene Rechte und Pflichten in Anspruch, die der Würde der menschlichen Person entsprechen.»[11]

Diese Argumentation der grundsätzlichen Gleichberechtigung und Gleichheit von Frau und Mann, wie sie in «Pacem in terris» zum Aus-druck kommt, wird auch vom Zweiten Vatikanum aufgegriffen. Ich möchte hier darauf verzichten, weitere Stellen aus «Lumen gentium» und «Gaudium et spes» zu zitieren.

Bei aller Fortschrittlichkeit jedoch bleibt ein «Trotzdem»: Auch wenn das Konzil die Bedeutung der Frau nicht auf ihre häuslichen und famili-ären Tätigkeiten einschränkt, so wird trotzdem davon ausgegangen, dass der «Verschiedenheit der Geschlechter und der jedem der beiden Ge-schlechter in Familie und Gesellschaft eigenen, von der göttlichen Vor-sehung bestimmten Zielsetzung Rechnung (ge)tragen (werde)» (II. Vat. Konzil, Erklärung über die christliche Erziehung, Nr. 16).[12]

Trotz dieser Kritik können wir festhalten, dass in den Konzilstexten erstmals die traditionelle Polaritätsthese zugunsten einer gemässigten Emanzipation aufgegeben wurde. Den Texten liegt das Modell der Part-nerschaft zugrunde, die durch Gleichheit und Verschiedenheit von Frau und Mann gekennzeichnet ist.

---

10 Ebd. 130.
11 Ebd.
12 Ebd. 131.

Paul VI. geht in seinen zahlreichen Schriften zur Stellung der Frau in der Kirche hinter diese Konzilsaussagen zurück. Im Jahr der Frau 1975 sagt er in einer Ansprache: «Wir wollen jetzt nicht mehr unseren modernen Feminismus verteidigen, bekräftigen oder sublimieren. Dieses Jahr wird auf der ganzen Welt das Jahr der Frau begangen; auch die Kirche spricht sich dazu - wie es ihre Pflicht ist - positiv aus. Sie stimmt gerne darin zu, dass die Stellung der Frau im beruflichen und sozialen Leben weiter verbessert werde. Doch vertritt sie gleichzeitig die Würde und Sendung der Frau, wie der Plan Gottes es ihr zugedacht hat: als liebe Tochter, als reine und starke Jungfrau, als liebevolle Braut, vor allem aber als Mutter, die in Ehre und voller Würde zu halten ist, und schliesslich als Witwe, fromm, im Leid gereift und unermüdlich.»[13]

Paul VI. scheint ein etwas eigentümliches Verständnis vom Feminismus zu haben, wenn er einerseits festhält, dass die Kirche sich positiv dazu ausdrückt, und gleichzeitig von der göttlichen Berufung der Frau als reiner Jungfrau, liebevoller Frau und Mutter und frommer Witwe spricht. Nicht nur steht hier wieder das Polaritätsmodell im Hintergrund seiner Vorstellung; er bekennt sich darüber hinaus - wenn auch nicht ausdrücklich - zur Unterwerfung der Frau unter den Mann. Dazu Wolfgang Beinert in seinem Artikel zur Frauenfrage im Spiegel kirchlicher Verlautbarungen: «Niemand käme auf die Idee, den Mann erschöpfend zu definieren als lieben Sohn seiner Mutter, als reinen und starken Junggesellen, als liebevollen Bräutigam, vor allem als Vater, der in Ehre und voller Würde zu halten ist, und schliesslich als frommen und unermüdlichen Witwer.»[14]

Für den *jetzigen Papst* scheint das Thema «Frau» sehr bedeutsam zu sein, hat er sich doch seit seinem Amtsantritt fast jedes Jahr in einer Ansprache, Enzyklika oder einem apostolischen Schreiben dazu geäussert. Im Unterschied zu seinem Vorgänger sieht er die Bedeutung der Frau nicht schlechthin in bezug auf Familie und Mutterschaft, sondern gesteht ihr auch Aufgaben im öffentlichen Bereich zu, das heisst Familie und Beruf sind prinzipiell vereinbar. Auch betont er die Partnerschaftlichkeit der Beziehung zwischen Frau und Mann.

---

13 Zitiert aus: L. HANGARTNER / B. VIELHAUS, Mutter ist die Beste, Lizentiatsarbeit an der theologischen Fakultät Fribourg, 1983 (unveröffentlicht).

14 BEINERT (wie Anm. 1) 85.

Als Beispiel möchte ich das im vergangenen Jahr erschienene *Apostolische Schreiben «Mulieris dignitatem»* zitieren. Der Papst bezeichnet das Schreiben selbst als Produkt seiner vertieften Reflexion und Meditation über die anthropologischen und theologischen Grundlagen des Themas, doch meditiert er fernab von jeglicher Lebenswirklichkeit von Frauen. Was er schreibt, hat mit der konkreten Lebensrealität von Frauen nichts zu tun, sondern bewegt sich in einer idealistischen und biblischen Symbolwelt.

Es sind emanzipatorische Ansätze festzustellen, zum Beispiel wird in der Auslegung von Genesis 3,16 das Herrschen des Mannes über die Frau als Störung der Gleichheit bezeichnet, als Folge der Sünde. Und weiter unten heisst es: «Die Frau darf nicht zum ‹Objekt› männlicher ‹Herrschaft› und ‹Besitzes› werden» (Nr. 10).[15]

In einer Stellungnahme der Frauengruppe «Maria von Magdala» aus Deutschland wird darauf hingewiesen, dass die Art und Weise der Entstehung dieses Dokumentes ein Widerspruch sei zur päpstlichen Kritik des gestörten Herrschaftsverhältnisses zwischen Frau und Mann. Das Verhalten des Papstes, als Mann zu definieren, wer die Frau sei und zu sein habe, sei ein unzulänglicher Übergriff auf die Freiheit der Frau und letztlich Ausdruck seines Herrschaftsdenkens.

Trotz des Bemühens, die Frauenfeindlichkeit zu überwinden, gibt es auch in diesem Dokument für die Frauen nur zwei Möglichkeiten: entweder sind sie Jungfrau oder Mutter (Nr.7).

Die Bestimmung des Mannes entweder als Jungmann oder Vater zu definieren, käme niemandem in den Sinn.

Durch die zeitlose, ungeschichtliche und apolitische Sichtweise des Papstes wird die Frau auf ein realitätsfernes Wesen reduziert. Sie ist, was sie schon immer war: empfänglich, sensibel und hingabefähig (Nr. 18).

---

15 Dieses und die beiden folgenden Zitate in: Apostolisches Schreiben «Mulieris dignitatem», Über die Würde und Berufung der Frau anlässlich des marianischen Jahres, Rom 1988, 38-41.24-27.70-75.

IV. VIER FESTSTELLUNGEN

In einem Vortrag ist es nicht möglich, die zur Diskussion stehenden Dokumente fundiert zu kritisieren. Es ist höchstens möglich, die Argumentationsweisen darzustellen, wie ich es versucht habe. Bevor ich zum Schluss komme, möchte ich vier Beobachtungen, die ich beim Lesen der Texte gemacht habe, festhalten:

Erstens: Auch katholische Würdenträger kommen nicht um die feministische Bewegung, ihre Kritik und ihre Ziele herum. Mit zum Teil feministischem Sprachgebrauch wird die Hierachisierung von Frau und Mann abgelehnt, wird ein Bewusstheitsgrad und eine Position vorgetäuscht, die sich bei näherer Betrachtung der Inhalte nicht zu halten vermögen. Dahinter kommt, im Gegenteil, eine totale Verkennung der modernen Frauenbewegung zum Ausdruck, wenn von berechtigten Emanzipationsbestrebungen die Rede ist und gleichzeitig vor einer Vermännlichung der Frau gewarnt wird.

Zweitens: Mann definiert, wer Frau ist und zu sein hat. Die besondere Eigenart der Frau und ihre Würde bilden den Kern päpstlicher Aussagen zur Thematik der Stellung der Frau. Die Unterscheidung in Weibliches und Männliches wird auf den Anfang der Schöpfung zurückgeführt und göttlich legitimiert, mit dem Ziel, die der Frau zugewiesene Rolle zu rechtfertigen. Frauen sind Objekt amtskirchlicher Definitionen, sie werden weder um ihre Meinung gefragt noch um ihre Beteiligung an Entscheiden gebeten. Die Würde des Mannes hingegen scheint kein Thema zu sein. Diese Tatsache allein sollte uns nachdenklich stimmen.

Drittens: Das Mass der Würde wird von Männern nicht nur definiert, sondern auch überwacht. Wie weit diese Würde reicht, kommt in allen Texten genügend zum Ausdruck. Dies zeigt sich konkret in der Beantwortung der Frage der Frauenordination. Die Glaubwürdigkeit päpstlicher Aussagen misst sich letztlich an diesem Punkt. Solange Frauen unter der Berufung auf die Männlichkeit Jesu und der Apostel das Priesteramt verweigert wird, kann nicht von einer absoluten Gleichheit von Frau und Mann und kann auch nicht von der Ebenbildlichkeit der Menschen, also Frau und Mann, mit Gott gesprochen werden.

Viertens: Um die Gleichstellung von Frau und Mann zu begründen, gewinnt Maria in der Argumentation zunehmend an Bedeutung. In ihrer Erwählung durch Gott wird sichtbar gemacht, dass das weibliche Geschlecht von gleicher Heilsbedeutung sei wie das männliche. Gleichzeitig wird klar ausgedrückt, wie diese Heilsbedeutung für die Frauen zu verstehen sei: nämlich in ihrer göttlichen Bestimmung zur Jungfrau und Mutter.

V. SCHLUSSBEMERKUNG

Frauen sind für die Kirchen weiterhin unsichtbar. Dies in zweifacher Hinsicht: symbolisch und strukturell. Die in den kirchlichen Schreiben geforderte Gleichheit von Frau und Mann hat weder in bezug auf religiöse Symbole noch in bezug auf die Frage der kirchlichen Ämter Konsequenzen. Feministisch-exegetische Ergebnisse finden nur am Rande der Studien Aufnahme. Die religiöse Sprache und Symbolik gehen immer noch und fast ausschliesslich von den Erfahrungen der Männer aus und geben ihre Sicht der Dinge und ihre Wertvorstellungen wieder.

Die strukturelle Unsichtbarkeit der Frauen in der Kirche, nämlich ihre Abwesenheit in fast allen kirchlichen Ämtern, bedeutet auch ihren Ausschluss von allen Leitungs- und Entscheidungsfunktionen. Dieser Ausschluss einzig aufgrund ihrer Geschlechtszugehörigkeit und die Aufrechterhaltung kirchlicher Strukturen als Macht- und Herrschaftsstrukturen sind hinreichende Beweise dafür, dass mit der propagierten Geschwisterlichkeit in der Kirche nicht ernst gemacht wird. Die immer wieder betonte Gleichheit von Frau und Mann ist solange eine Illusion, Selbsttäuschung und Arroganz, als sie in der Praxis nicht verwirklicht wird.

AUTORINNEN UND AUTOREN
MITARBEITERINNEN UND MITARBEITER

SOPHIA BIETENHARD

Geboren 1960 in Steffisburg. Studium der Theologie in Bern, Decatur (Georgia, USA) und Jerusalem (Israel). Als Lehrerin für Religion und Philosophiegeschichte am LehrerInnenseminar in Langenthal tätig. 1986 bis 1990 Mitglied der Kommission für Frauenfragen des Synodalrates Bern-Jura.

INES BUHOFER

Geboren 1938 in Berlin. Studium der Theologie in Hamburg und Heidelberg, der Theologie und Soziologie in Marburg. Ab 1965 Pfarrerin in Luzern und Zug, danach zehnjähriges Lektorat für Theologie und Psychologie bei Schweizer Verlagen. 1979 bis 1989 Gemeindepfarrerin in Zürich-Höngg. Seit 1989 an der Helferei Grossmünster tätig. 1987/88 Lehraufträge an der evang.-theol. Fakultät der Universität Zürich für frauenspezifische Ausbildung von Theologinnen.

RUDOLF DELLSPERGER

Geboren 1943 in Bern. Studium der Theologie in Bern und Heidelberg. Promotion mit einer Arbeit zur Kirchen- und Theologiegeschichte des 19. Jahrhunderts und Habilitation mit einer Untersuchung zum frühen Pietismus in Bern. Von 1980 bis 1984 Pfarrer in Burgdorf. Seit 1986 Ordinarius für Neuere allgemeine Kirchengeschichte und Konfessionskunde an der evang.-theol. Fakultät der Universität Bern. Lebt mit seiner Familie in Toffen bei Bern.

LI HANGARTNER

Geboren 1953 in Luzern. Studium der Theologie in Fribourg. Anschliessend Tätigkeit in der Sozialarbeit und in der Frauenarbeit. Als Publizistin und Referentin aktiv. Gegenwärtige Arbeit im Bereich Erwachsenenbildung im Umfeld feministische Theologie und Frauenanliegen allgemein. Besondere Schwerpunkte: Gerechtigkeit in Beziehungen, Berufs- und Lebensalltag und in theologischen Belangen; Gerechtigkeit in den Beziehungen zwischen Frau und Mann, zwischen Erwachsenen und Kindern, ArbeitgeberInnen und ArbeitnehmerInnen, zwischen "erster" und "dritter" Welt. Li Hangartner lebt mit ihrem Kind in Luzern.

ANNE MARIE HÖCHLI-ZEN RUFFINEN

Geboren 1923 in Baden (Aargau). Ausbildung an der Universität Lausanne zur Sekundarlehrerin im Aargau. Von 1970 bis 1982 Zentralpräsidentin des Schweizerischen Katholischen Frauenbundes. 1972 bis 1983 Mitglied des Einwohnerrates der Stadt Baden, wovon 1980/81 als dessen Präsidentin. 1982 bis 1986 Präsidentin der römisch-katholischen Kirchenpflege Baden. 1985 Verleihung des Dr. theol. h. c. durch die Theologische Fakultät der Universität Fribourg. Lebt mit ihrer Familie in Baden.

MARIANNE JEHLE-WILDBERGER

Geboren 1937 in Schaffhausen. Studium der Geschichte in Zürich. Abschluss mit einer Arbeit über "Die schweizerischen evangelischen Kirchen und der deutsche Kirchenkampf 1933-1939". Zusammen mit ihrem Mann Verfasserin der "Kleinen St. Galler Reformationsgeschichte". Kantonsschullehrerin. Mitglied des Vorstands des Evangelischen Frauenbundes der Schweiz. Lebt mit ihrer Familie in St. Gallen.

HERMANN KOCHER

Geboren 1955 im Berner Seeland. Studium der Theologie in Bern und Heidelberg. 1982 bis 1990 Assistent für Neuere Kirchengeschichte und Konfessionskunde an der evang.-theol. Fakultät der Universität Bern. Wohnt mit seiner Familie in Escholzmatt (Luzern), wo er als Pfarrer in der Diaspora-Gemeinde des obern Entlebuchs wirkt. Publikationen zum Schweizerischen Protestantismus (Schwergewicht 20. Jahrhundert).

ALOIS ODERMATT

Geboren 1936 in Dallenwil (Nidwalden). Studium der Theologie in Deutschland und Italien und der mittelalterlichen Geschichte in Fribourg und München. Promotion in Fribourg mit einer Arbeit über Liturgie und mönchisches Brauchtum in einer Benediktiner-Abtei des Mittelalters. Berater der schweizerischen Spitalschwesterngemeinschaften von 1972 bis 1984. Tätigkeit am Schweizerischen Pastoralsoziologischen Institut in St. Gallen von 1977 bis 1987. Publikationstätigkeit, darunter ein Aufsatz zur Geschichte der Beginen. Heute als Leiter des Bereichs Auslandhilfe der Caritas Schweiz in Luzern tätig, wo er mit seiner Familie lebt.

BRIGITTA STOLL

Geboren 1958 in Bern. Studium der Theologie in Bern, Göttingen und Münster. Promotion mit einer Untersuchung zur Auslegungsgeschichte der Bergpredigt im Mittelalter. Seit 1990 Tätigkeit als Oberassistentin für Kirchengeschichte an der Theologischen Fakultät in Zürich.

SR. SABINE STÜSSI

Geboren 1931 in Bern. Ausbildung zur Lehrerin und Studium der Germanistik. Unterrichtstätigkeit an der Neuen Mädchenschule Bern. 1967 Eintritt ins Diakonissenhaus Bern und 1968 Berufung zur Oberin desselben bis zu ihrem Rücktritt im Jahr 1990. Während zehn Jahren Mitglied im Präsidium der Internationalen Generalkonferenz der Kaiserswerther Diakoniewerke und Mitarbeit im Vorstand des weltweiten Verbands Diakonia. Mitglied der Kirchensynode Bern-Jura.

KATHRIN UTZ TREMP

Geboren 1950 in Biel. Studium der Geschichte in Bern und Assistentinnentätigkeit in Lausanne. Promotion in Freiburg i.Üe. mit einer Untersuchung über das Vinzenzstift in Bern im Mittelalter. Gegenwärtige Tätigkeit als Oberassistentin für mittelalterliche Geschichte an der Universität Lausanne. Forschungsschwerpunkte im Bereich der mittelalterlichen Häresie- und Mentalitätsgeschichte. Lebt mit ihrer Familie in Freiburg i.Üe.

MONIKA WALLER

Geboren 1937 in St. Gallen. Handelsmatur und Tätigkeit als Sekretärin. Hausfrau und Engagement in der Frauenarbeit in Kirche, Frauenhilfe und Evangelischem Frauenbund. Seit 1988 Präsidentin des Evangelischen Frauenbundes der Schweiz. Lebt mit ihrer Familie in Winterthur.

ALICE ZIMMERLI-WITSCHI

Geboren 1943 in Bern, aufgewachsen in Olten. Studium der Geschichte, Germanistik und Kunstgeschichte in Zürich. Unterrichtstätigkeit als Gymnasiallehrerin in Basel, Weiterbildung in Heilpädagogik. Engagierte Mitarbeit in der christkatholischen Kirche, unter anderem als Mitglied der Herausgeberkommission "Schritte ins Offene". Lebt mit ihrer Familie in Arlesheim.

ABKÜRZUNGEN VON REIHEN UND ZEITSCHRIFTEN

ADB	Allgemeine deutsche Biographie
AFH	Archivum Franciscanum historicum
AFrA	Alemania Franciscana antiqua
AGP	Arbeiten zur Geschichte des Pietismus
AHP	Archivum historiae pontificiae
AHVB	Archiv des Historischen Vereins des Kantons Bern
AKuG	Archiv für Kulturgeschichte
AnzSG, NF	Anzeiger für schweizerische Geschichte, Neue Folge
BAKG	Beihefte zum Archiv für Kulturgeschichte
BZGAK	Basler Zeitschrift für Geschichte und Altertumskunde
DA	Deutsches Archiv für Erforschung des Mittelalters
DTMA	Deutsche Texte des Mittelalters
FRB	Fontes Rerum Bernensium
Herm., NF	Hermaea, Neue Folge
HS	Historische Studien
Jb.	Jahrbuch
PuN	Pietismus und Neuzeit. Ein Jahrbuch zur Geschichte des neueren Protestantismus
KlProt	Klassiker des Protestantismus
LThK	Lexikon für Theologie und Kirche
NF	Neue Folge
NZZ	Neue Zürcher Zeitung
Orien.	Orientierung, Zürich
PL	Patrologiae cursus completus. Accurante Jacques-Paul Migne. Series Latina
QGDOD	Quellen und Forschungen zur Geschichte des Dominikanerordens in Deutschland
SMGH	Schriften der Monumenta Germaniae historica
SRQ	Sammlung Schweizerischer Rechtsquellen
SZG	Schweizerische Zeitschrift für Geschichte
TB	Taschenbuch
ThQ	Theologische Quartalschrift, Tübingen
ThZ	Theologische Zeitschrift, Basel
TRE	Theologische Realenzyklopädie
VerLex	Deutsche Literatur des Mittelalters. Verfasserlexikon
WA	Luther, Martin: Werke. Kritische Gesamtausgabe (Weimarer Ausgabe)
ZThK	Zeitschrift für Theologie und Kirche